dtv

Der Aberglaube, so Goethe, ist die Poesie des Lebens. Wer die Wahrheit dieses Satzes überprüfen will, wird in diesem Schmöker- und Nachschlagebuch fündig. Warum soll eine Schwangere keinesfalls aus einer angeschlagenen Tasse trinken? Wie kann man seinen Schnupfen schnell und effektiv »abgeben«? Welches Kraut ist gegen verriegelte Türen gewachsen, wie weit können Hexen zählen, wann blühen Schätze, und wie und warum machte man einmal den Blutegeln des Genfer Sees den Prozeß? Die Autoren erzählen anschaulich, spannend und informativ zugleich von Zauberkräften, Orakeln und mythischen Wesen.

Ditte Bandini, geboren 1956, studierte Völkerkunde, Religionsgeschichte und Indologie. Sie arbeitet an der Heidelberger Akademie der Wissenschaften sowie als freie Schriftstellerin und Übersetzerin. Unter dem Namen Ditte König veröffentlichte sie einen Roman sowie ›Die Welt der Feen‹.
Giovanni Bandini, geboren 1951, studierte Indologie, Vergleichende Religionswissenschaft, Romanistik und Indische Kunstgeschichte. Er unterrichtete an der Universität Heidelberg und arbeitet seit 1987 als freier Übersetzer.

Ditte und
Giovanni Bandini

Kleines Lexikon des Aberglaubens

Deutscher Taschenbuch Verlag

Originalausgabe
Dezember 1998
2. Auflage Mai 1999

Umschlagkonzept: Balk & Brumshagen
Umschlaggestaltung unter Verwendung eines span. Gemäldes aus dem 19. Jh.,
Künstler unbekannt, © AKG, Berlin
Satz: dtp, Ismaning
Gesetzt aus der Garamond 10/11˙
Druck und Bindung: C.H. Beck'sche Buchdruckerei, Nördlingen
Gedruckt auf säurefreiem, chlorfrei gebleichtem Papier
Printed in Germany · ISBN 3-423-20210-6

Für meine Großmutter, Elli Schröder, in Liebe

D. B.

Vorwort

J.W. von Goethe sagte vom Aberglauben, er sei die Poesie des Lebens. Für unzählige Menschen war er allerdings jahrtausendelang weit mehr als das: Er bildete die Richtschnur für alle Handlungen, die ihr tägliches Leben und ihre Zukunft betrafen. Er war es, der in wesentlichem Maße dazu beitrug, daß Traditionen bewahrt und alte Sitten über die Generationen hinweg unverändert beibehalten wurden. Wer nun aber meint, die Zeiten hätten sich inzwischen gründlich geändert und aufgeklärte Menschen wie wir könnten über die abergläubischen Vorstellungen und Praktiken unserer Vorfahren allenfalls noch lächeln, der frage sich Hand aufs Herz, ob er nie auf Holz klopft, nie Hals- und Beinbruch wünscht, zu keiner Gelegenheit ein »toi, toi, toi« anbringt; ob er einem Freitag dem dreizehnten nicht mit gemischten Gefühlen begegnet oder nie aufmerkt, wenn eine schwarze Katze von links den Weg kreuzt; ob er den Anblick eines Schornsteinfegers oder ein vierblättriges Kleeblatt nicht als gutes Zeichen nimmt, oder einen Glücksbringer – »nur so« – bei sich trägt oder im Auto aufbewahrt; ob er noch nie an Silvester Blei gegossen hat, eine Patience gelegt, beim ersten Kuckucksruf sein Portemonnaie geschüttelt oder Misteln über die Tür gehängt hat. Wer alle diese Fragen mit einem klaren Nein beantworten kann, der mag dieses Buch getrost beiseite legen – oder (besser!) als reine Kuriosität lesen.

Jeder andere aber – und das dürften mit Sicherheit die meisten von uns sein – wird nun vielleicht doch zögern, über das zu lächeln, was unsere Vorfahren, ja, noch unsere Großeltern glaubten und in ihrem Brauchtum bewahrten.

Es versteht sich fast von selbst, daß das vorliegende Buch nur eine kleine Auswahl aus den unzähligen Riten und Glaubensvorstellungen präsentiert, die oftmals von Dorfschullehrern, von Pfarrern und Landärzten in mühevoller Kleinarbeit gesammelt und in Büchern und Zeitschriftenartikeln festgehalten wurden. Wir mußten uns also auf Wesentliches beschränken und haben dabei vor allem den deutschsprachigen Raum berücksichtigt – allerdings mit gelegentlichen Seitenblicken auf den Rest der Welt. Nicht aufgenommen wurden Orakel, die sich auf die Frage nach dem eigenen Tod beziehen, und gefährliche, grausame oder anstößige Rituale. So mag das folgende ›Kleine Lexikon des Aberglaubens‹ vielleicht auch bewirken, daß der eine oder andere Brauch wieder aktiviert wird und dadurch – wer weiß? – auch ein wenig mehr Poesie in das Leben des einen oder anderen Lesers gelangt.

Wiesenbach, im Herbst 1998

Ditte und Giovanni Bandini

A

Aal

In der Antike ebenso wie im Mittelalter hieß es, der Aal würde aus dem Schlamm, aus Pferdehaaren oder aus Gras geboren und sei ein Zwitter. In bestimmten Nächten suche er Erbsen- und Bohnenfelder auf, um das junge Gemüse oder die Blüten zu essen. Verständlicherweise wurde dieser Fisch seiner Form wegen von manchen für eine Schlange gehalten, und sein Blut galt vielerorts – so beispielsweise auch in Pommern – als giftig. Dennoch oder vielleicht gerade deswegen bestrichen die Mecklenburger damit Warzen oder Hühneraugen in der Hoffnung, das Übel auf diese Weise zum Verschwinden zu bringen. Besondere Kraft aber wurde dem Fett des Aals zugeschrieben: Es sollte Augenleiden, Wunden und Hämorrhoiden heilen und außerdem das Haar kräftigen. Auch die Haut, die Leber, die Galle und der Schwanz des Aals dienten als Kur für so manches Leiden. Fiebernden aber wurde empfohlen, ihre abgeschnittenen Nägel in ein kleines Säckchen zu legen und dieses einem lebenden Aal umzubinden. Dann sollten sie den Fisch ins Wasser zurückwerfen, und das Fieber würde umgehend verschwinden. Daß diese und ähnliche Methoden, eine Krankheit auf einen Aal zu übertragen, nicht selten waren, zeigt folgender Zauberspruch, den man in Mecklenburg aufzusagen pflegte, um den »Schwamm« (das heißt, eine Krebsgeschwulst) zum Verschwinden zu bringen:

»Der Schwamm und der Aal
Gingen beide zur Wahl.
Der Aal gewann,
Und der Schwamm verschwand.«

Abbinden

Das »Abbinden« war und ist eine weitverbreitete Methode, um Warzen, Hühneraugen und anderes mehr zu entfernen. Wenn hierunter einerseits zwar auch der durch das Wort bezeichnete reale Vorgang verstanden werden konnte, meinte »Abbinden«

im Volksglauben zumeist doch eher eine symbolische Handlung, die den Zweck verfolgte, das jeweilige Leiden (das keineswegs ein tatsächlich »einschnürbares« zu sein brauchte) auf einen Faden zu übertragen. Immer ähnlich war dabei die Verfahrensweise, die darin bestand, einen – vorzugsweise aus Seide bestehenden – Faden um die kranke Körperstelle zu wickeln, dann beispielsweise zu einem fließenden Gewässer zu gehen und den Faden rücklings hineinzuwerfen. Die Bayern pflegten bei mehreren Warzen ebenso viele Knoten in die Schnur zu knüpfen und diese dann unter der Dachtraufe zu vergraben. Sobald der Faden verrottet war, verschwand angeblich auch die Krankheit. Bei einem verstauchten Fuß banden die Sachsen einen roten Seidenfaden um den Knöchel, und im Vogtland versuchte man Nasenbluten dadurch zu stillen, daß der davon Betroffene sich einen Zwirnsfaden um den kleinen Finger der linken Hand schnürte.

Sehr beliebt war auch der Brauch, die auf den Faden übertragene Krankheit einem Baum oder auch nur einem Zweig davon anzuvertrauen, damit der darin wohnende Baumgeist, wie man hoffte, sich der Heilung annehme. In der Lüneburger Heide war es üblich, bei Gliederreißen nach Sonnenuntergang einen Tannenzweig um oder auf die betreffende Körperstelle zu legen und dabei leise zu sagen: »Ick binn di an, nimm mi dat af.« Dieser Vorgang mußte dreimal – und zwar jeweils an einem Dienstag, Donnerstag und Samstag – vollzogen werden und war in den beiden folgenden Wochen zu wiederholen.

Weit häufiger allerdings suchte man für eine solche Prozedur einen lebenden Baum auf, und zwar stets einen besonders wirkmächtigen, wie einen → Holunder, einen → Wacholder oder auch einen → Apfelbaum. So wickelte sich beispielsweise in Mecklenburg der Fieberkranke einen blauen Wollfaden um eine Zehe des linken Fußes, behielt ihn neun Tage daran, ging dann vor Sonnenaufgang schweigend zu einem Holunderbusch (im Volksmund »Flieder« genannt) und sprach:

»Guten Abend, Herr Flieder,
hier bring ich dir mein Fieber.
Ich bind es dir an
Und geh davon.«

Abracadabra

Es ist durchaus merkwürdig, daß von den unzähligen Zauberformeln, die aus früheren Zeiten überliefert wurden, gerade diese fast als einzige bis heute jedem Kind geläufig geblieben ist. Dabei zeichnet sie sich durch nichts aus und galt traditionell keineswegs als mächtiger oder wirkungsvoller als andere Zaubersprüche. Über ihre Herkunft und die Bedeutung ist nichts Sicheres bekannt. Während man einerseits liest, das Wort sei schon um 200 nach Christus belegt und entstamme dem Spätlateinischen, heißt es andererseits, Abracadabra sei vom Gottesnamen »Abraxas« abgeleitet, oder aber, es bedeute überhaupt nichts. Schließlich wird auch behauptet, das Wort sei balkanischer Herkunft; es sei im 16. Jahrhundert in Mode gekommen und lasse sich mit »Schaum und Rauch« übersetzen. Alle Meinungen stimmen allerdings darin überein, daß es ein magisches Wort, eine höchst wirksame Zauberformel sei, die vor allem gegen Fieber und Zahnschmerzen eingesetzt wurde. Zu diesem Zweck schrieb man das Wort so auf einen Zettel, daß es ein Dreieck ergab:

ABRACADABRA
BRACADABR
RACADAB
ACADA
CAD
A

Anschließend faltete man das Papier so zusammen, daß das Geschriebene eingeschlagen war, übernähte es über Kreuz mit Zwirn und trug es um den Hals gehängt über der Herzgrube. Besonders wirksam aber sollte es sein, wenn man es neun Tage nach Gebrauch vor Sonnenaufgang schweigend rücklings in ein nach Osten fließendes Wasser warf.

Achat

Der Achat (oder »Augenstein«, wie man ihn man wegen seiner Ähnlichkeit mit einem Augapfel in den Alpen auch nannte) galt bereits in der Antike als ein besonders kraftvoller Stein. Da er nicht nur gegen alle Zaubereien, sondern beispielsweise auch gegen jede Art von Gift und, wie vor allem die Angelsachsen glaubten, obendrein gegen Blitzschlag schützen soll, trug man ihn vielerorts, vor allem in Silber gefaßt, als Amulett mit sich. Damit sind die wohltätigen Wirkungen des Achats aber noch keineswegs erschöpft: So soll er seinen Träger vor jeder Art von Unfall bewahren, ihm Sieg in allen Angelegenheiten bringen und – wie die Schwaben glaubten – auch gegen Zahnschmerzen helfen. Unter die Zunge gelegt, stillt er angeblich den Durst, unter dem Kissen versteckt, bringt er gute Träume. Er ist der Monatsstein der im Juni Geborenen; ihnen verhilft er, wie es heißt, zu einem langen, glücklichen und gesunden Leben.

Adventswochen

Das von dem lateinischen Verb *advenire* (ankommen) abgeleitete Wort Advent bezieht sich natürlich auf die Ankunft, die Geburt Jesu und ist damit christlichen Ursprungs. Mit den Wochen vor dem Lichterfest, das die Christen Weihnachten nennen, sind jedoch auch weit ältere Glaubensvorstellungen verbunden, die eng mit der in diese Zeit fallenden Wintersonnenwende und dem keltischen Neujahrsfest zusammenhängen. In den dunkelsten Nächten des Jahres sollen nach altem Glauben Geister aller Art besonders aktiv sein – und zwar vor allem an den Donnerstagen. Unterwegs sind beispielsweise die Holzfräulein, die feurigen Männer, Irrlichter, Kobolde und die wilden Jäger. Gespenstische Hunde gehen um, und das Adventsschwein (→ Schwein) lauert den Wanderern auf.

Bis vor nicht allzulanger Zeit wurden daher in der Adventszeit die verschiedensten Vorsichtsmaßnahmen ergriffen, um diese Wesen von Haus und Hof fernzuhalten. Nicht nur wurden über die Türen und an die Fenster Tannenzweige und Misteln gesteckt oder gehängt und verschiedene Opfergaben dargebracht, es wurden auch die Häuser und Ställe regelmäßig geräuchert (→ Rauchnächte). Arme und Kinder wanderten zudem in Umzügen durch die Straßen und warfen Erbsen und Bohnen gegen die Fenster; in anderen Gegenden wurde obendrein ein Madonnenbild von Gehöft zu Gehöft getragen. Wie stark sich aber dennoch der Einfluß der Geister auswirken soll, zeigt die vielfach geäußerte Meinung, daß Kinder, die in der Adventszeit geboren werden, Geister sehen können. Auch hieß es wohl aus diesem Grund, Schätze könne man am besten in diesen Wochen heben und eine Wünschelrute werde besonders wirkmächtig, wenn man sie am ersten Advent um Mitternacht auf einer Landesgrenze bricht. Auch die Träume der Adventssonntage gehen angeblich in Erfüllung, und eine ganze Reihe von Tagen dieser Zeit sollen sich besonders gut dafür eignen, die Zukunft betreffende Orakel durchzuführen. (→ Andreastag, → Rauchnächte, → Neujahr). Allgemein wurde jedoch empfohlen, sich in diesen Wochen möglichst »unauffällig« zu verhalten, um den Zorn der Geister nicht zu erregen. Hochzeiten und andere große Festlichkeiten sollten daher nach Möglichkeit verschoben werden, denn, wie man in Tirol zu sagen pflegte: »Advent ist da, die Diandln sein in den Rauch gehängt.«

Ahorn
Der Ahorn (*Acer pseudo-platanus*), auch Maßholder genannt, war einer der Bäume, die in vorchristlicher Zeit kultische Bedeutung besaßen und daher an heiligen Plätzen angepflanzt wurden. Gleichzeitig aber galt er auch als Unglücksbaum, und in Westfalen etwa glaubte man, daß Kühe blutige Milch gäben, wenn sie mit Ahornruten geschlagen würden. In Frankreich hielt man gar das bloße Berühren der Tiere mit einem solchen Zweig für todbringend. Um den Baum (und die darin wohnenden Geister) gnädig zu stimmen, wurden ihm daher regelmäßig Opfergaben dargebracht, wobei Bier an erster Stelle rangierte. Zweige eines auf diese Weise freundlich gestimmten Ahorns steckten die Mecklenburger an → Johanni (24. Juni) vor Türen und Fenster, um die Kartoffeläcker und die Flachsfelder, weil sie davon überzeugt waren, daß sie die Hexen und andere dämonische Wesen abhalten würden. Die an diesem Tag gesammelten und getrockneten Blätter des Baumes sollen außerdem eine solche Kraft besitzen, daß sie jede Wunde heilen können. Auch wußte man mancherorts, daß Kopfweh vertrieben werden könne, indem man mit einem Ahornzweig über die Stirn streicht. Den Bauern in Oberbayern aber ist der Ahorn noch aus einem anderen Grund von Nutzen: Sie

begutachten nämlich sein Laub und erklären, es gebe eine gute Ernte, wenn die Ahornblätter »recht fett« seien.

Alraune

Wohl kaum eine Pflanze ist von solch einer geheimnisvollen Aura umgeben wie die sagenhafte Alraune. Ihr eigentlicher Name ist Mandragora (*Mandragora officinalis*), und sie stammt aus dem Mittelmeergebiet. In unseren Breiten wurde sie aber beispielsweise durch das Knabenkraut, die Zaunrübe, den Enzian oder auch den Allermannsharnisch ersetzt. Die all diesen Stellvertretern – und dem »Original« – gemeinsame Besonderheit ist eine oftmals gespaltene Wurzel, die zusammen mit den oberirdischen Teilen der Pflanze an eine menschliche Gestalt erinnert. Aus diesem Gebilde, das man sorgfältig trocknete, pflegte man seit frühesten Zeiten in ganz Europa ein richtiges Menschlein zu schnitzen, das man mit Augen aus Samenkörnern versah, mit Haaren, Bart und anderen Details ausstattete, gegebenenfalls auch hübsch einkleidete und dann in einem Kästchen an einem geheimen Ort des Hauses aufbewahrte. An bestimmten Tagen badete man es in Wein und Wasser, gab ihm zu essen und zu trinken und behandelte es auch sonst mit Ehrerbietung, weil man davon überzeugt war, es bringe dem Haus und seinen Bewohnern jedes nur denkbare Glück, schütze vor Gefahren, mache die Frauen fruchtbar, halte alle Krankheiten fern und beantworte alle Fragen. Nicht zuletzt sollte es Reichtum bringen, und wenn man nachts neben ein Alraunmännchen Geld legte, so glaubte man, würde man am nächsten Morgen die doppelte Menge vorfinden.

So groß der Segen auch war, den die Pflanze angeblich brachte, so schwierig war es, sie zu erlangen. Seit der Antike heißt es nämlich übereinstimmend, daß sie beim Ausgraben jämmerlich schreie, und daß derjenige, der diesen Schrei höre, unweigerlich sterben müsse. In ›Romeo und Julia‹ läßt William Shakespeare, dem dieser Glaube auch bekannt war, die Julia, bevor sie den Schlaftrunk nimmt, dementsprechend sagen:

»Weh, wenn ich da zu früh erwachen sollte,
Wenn mich ein ekelhafter Dunst umqualmt,

Mandragorapflanzen

Wenn's kreischt, als grübe man Alräunchen aus,
Bei deren Ton der Mensch von Sinnen kommt.« (IV.3)

Eine der verschiedenen altüberlieferten Methoden, wie man dennoch eine Alraune erlangen konnte, war die folgende: An einem Freitag soll man sich vor Sonnenaufgang die Ohren mit Wachs, Pech oder etwas anderem gut verstopfen und mit einem schwarzen Hund zu der Stelle gehen, an der die Pflanze wächst. Dann macht man drei Kreuze über der Alraune, bindet den Hund mit dem Schwanz an der Pflanze fest, hält ihm eine Wurst vor die Nase und geht beiseite. Der Hund, der nach dem Leckerbissen giert, wird hinterherlaufen wollen und dadurch die Wurzel aus dem Boden ziehen. Sobald die Alraune aber zu schreien anfängt, fällt das Tier tot zu Boden. Noch zu Anfang des neunzehnten Jahrhunderts ist bezeugt, daß jemand auf dem Leinberg bei Göttingen versuchte, eine Alraune auf diese Weise zu erlangen.

Da man im Mittelalter auch glaubte, die Alraune entstehe aus dem Harn oder dem Sperma eines Gehängten und finde sich daher vor allem unter Galgen, hieß sie früher auch Galgenmännchen. Solche Pflanzen waren selbstredend nicht eben häufig, und so galt eine gut gewachsene Alraune als eine wahre Kostbarkeit und wurde, wenn überhaupt, dann sehr teuer verkauft. Doch eignete sich offenbar auch minderwertige Ware, um Käufer anzulocken, denn der Handel mit Alraunen war zeitweise ein ausgezeichnetes Geschäft. Im Jahre 1540 wurden bei Meißen Alraunen das Stück zu zehn Talern verkauft, und noch bis in den Anfang dieses Jahrhunderts hinein boten Warenhäuser aus unterschiedlichsten Wurzeln hergestellte Alraunen an, deren Beipackzettel dem Besitzer Glück und Reichtum versprach. Dieser Glaube an den nicht zuletzt materiellen Segen, den eine Alraune verschaffen sollte, war so tief im Bewußtsein der Menschen verwurzelt, daß die Wiener noch vor kurzem von einem, der schnell zu Geld gekommen war, sagten: »Der muß a Oraunl im Sack haben.«

Altweibersommer

Marienseide, Liebfrauenfäden, Herbstgarn und Muttergottesgespinst sind nur einige der Volksbezeichnungen für die unzähligen dünnen Fäden winziger Spinnen, die vor allem im Frühherbst überall zu sehen sind. Wie diese Namen andeuten, glaubte man in vielen Gegenden, die heilige Maria ziehe im Herbst mit elftausend Jungfrauen durch das Land und überspinne alles mit Seide. In Schlesien allerdings war man davon überzeugt, es sei die Frau Holle, die regelmäßig den Fleiß der Mädchen überprüfen wolle und deshalb als Spinnerin die Runde mache. Auch andernorts waren es eher solche Feenwesen, die für die »Sommerseide« verantwortlich gemacht wurden. Während diese Vorstellungen aus alter Zeit datieren, kam das heute gebräuchliche und für die duftigen Gespinste durchaus unpassende Wort »Altweibersommer« wahrscheinlich erst zu Anfang des neunzehnten Jahrhunderts auf und diente als Vergleich mit der späten Liebe alternder Frauen.

Gerade aber wegen der ihnen zugeschriebenen engen Verbindung zu nicht-irdischen Wesen galten die silbern schimmernden Fäden seit jeher als glückbringend, vor allem dann, wenn sie sich einem an die Kleider heften. Auch wurden ihnen heilkräftige Wirkungen zugeschrieben. So sollen nach preußischem Glauben kranke Augen heilen, wenn sie mit dem Tau, der an der Marienseide haftet, bestrichen werden. Schließlich war man allgemein der Ansicht, daß ihr massenhaftes Auftreten auf einen schönen sonnigen Herbst schließen lasse, was durch den rheinischen Ausspruch: »Aldewiwersommer – Herwst drög« bestätigt wird.

Ameise

Während die heilige Hildegard von Bingen erklärte, die Ameisen entstünden aus der Feuchtigkeit, die von Gewürzen hervorgebracht würde, glaubten die Oberpfälzer, der heilige Petrus habe sie erschaffen. Die Schweizer und Ostbayern wiederum erzählten ihren Kindern, die in Honig gefallenen Brotkantenbrösel verwandelten sich in Ameisen. Einig waren sich aber alle in ihrer grundsätzlich positiven Beurteilung dieses Insekts – dem gleichwohl eine Verbindung zu dämonischen Mächten nachgesagt wurde. Vermutlich deshalb spielte die Ameise in mancherlei Orakeln eine wesentliche Rolle. Wollte man beispielsweise wissen, ob ein neugeborenes Kind lange leben würde, legte man dessen Nachgeburt vor Sonnenaufgang in einen Ameisenhaufen. Trugen die Tierchen sie vor Sonnenuntergang fort, wurde dies als positives Zeichen gewertet. Nach Ansicht der Schlesier bringt es Glück, am Morgen von → Johanni (24. Juni) rote Ameisen unter einem Rasenstück zu sichten, und im Erzgebirge hieß es, es stehe Geldsegen ins Haus, wenn man Ameisen in seinem Portemonnaie finde.

Ebenso wie den Ameisen selbst wurde aber auch ihrem Haufen besondere Wirkmächtigkeit zugeschrieben; so soll Wein, der mehrere Monate darin gelagert wird, nach allgemeinem Glauben ungeheure Kräfte verleihen. Ist man aber unglücklich verliebt, genügt es angeblich, am ersten Freitag des abnehmenden Mondes einen Zettel mit dem Namen des Liebsten in einem Topf in einen Ameisenhaufen zu legen, dann drei Schritte zurückzutreten und drei Vaterunser zu beten. Sobald die Ameisen den Zettel aufgefressen haben, ist einem die Liebe des Betreffenden sicher.

Amethyst

Im vierzehnten Jahrhundert schrieb der Schriftsteller Konrad von Megenberg über den Amethyst, daß er den Menschen »wacker« mache, die bösen Gedanken vertreibe, »gute Vernunft« bringe und ihn mild und sanft werden lasse. Damit aber nicht genug, soll der Stein altem Jägerglauben zufolge Glück bei der Jagd garantieren und, als Amulett im Fingerring getragen oder auf den Nabel gelegt, auch vor Trunkenheit schützen. Auf diese Eigenschaft spielt im übrigen sein Name an (griechisch *améthystos*, nicht-trunken), und zwar, wie Eduard Mörike in seinem ›Stuttgarter Hutzelmännlein‹ erklärt, »weil er den schweren Dunst des Weines geschwinde aus dem Kopf vertreibet, ja schon von Anbeginn dawider tut, daß einen guten Zecher das Selige berühret; darum ihn auch weltliche und geistliche Herren sonst häufig pflegten am Finger zu tragen«.

Der Amethyst ist der Monatsstein der im Februar Geborenen. Ihnen ganz besonders soll er Glück und Wohlbefinden schenken.

Amulett

Seit Urzeiten suchen sich die Menschen auf der ganzen Welt durch bestimmte Objekte, denen sie aus den unterschiedlichsten Gründen eine besondere Macht zuschreiben, vor Unglück oder Krankheit zu schützen. Dabei waren und sind der Vielfalt der verwendeten Gegenstände praktisch keine Grenzen gesetzt: Als Amulett konnten Edelsteine, Pflanzen, Haare, Zähne, Nägel und Knochen dienen, ebensogut wie Donnerkeile, Münzen, kleine Figuren, Bilder, Muscheln und dergleichen Dinge mehr, die häufig in Säckchen, Beutelchen oder ähnliches eingenäht und zumeist am Körper getragen wurden (→ Schmuck). Oft, aber durchaus nicht immer, legte man ihnen in späteren Zeiten ein Zettelchen bei, auf dem bestimmte Formeln standen, die der (lateinischen oder deutschen) Bibel entnommen, aber auch dem Griechischen, Hebräischen und Arabischen entlehnt sein konnten – oder gelegentlich auch überhaupt keinen Sinn ergaben.

Zwei im Mittelalter sehr beliebte und weit verbreitete Formeln (die erste ist bereits aus der Antike bekannt) waren die folgenden:

Antikes Amuletthalsband

S A T O R	S A T A N
A R E P O	A D A M A
T E N E T	T A B A T
O P E R A	A M A D A
R O T A S	N A T A S

Diese beiden »magischen Quadrate« – das erste bedeutet: »Der Sämann Arepo hält mit Mühe die Räder (des Pfluges)«, das zweite scheint in einer Phantasiesprache abgefaßt zu sein – waren bald nicht nur bis Afrika und (später) Amerika verbreitet, sie fanden sich noch Ende des achtzehnten Jahrhunderts in einer kostbar gebundenen Handschrift, die, wie es heißt, einem »verdächtigen Individuum« abgenommen wurde. Kaiser Joseph II. ließ sie sich extra nach Wien kommen, um sie sich anzusehen, und überließ sie dann der Prager Universitätsbibliothek.

Allgemein verwendet wurde daneben auch sehr oft ein Auszug aus dem Johannes-Evangelium, doch beschränkte sich durchaus nicht jeder Amulettliebhaber auf orthodoxe Texte oder bereits bekannte Formeln, vielmehr waren auch hier der Phantasie offenbar keine Grenzen gesetzt. Ein von Soldaten häufig getragener Amulettext lautete etwa: »Heiliger Schutzbrief im Namen Gottes des Vaters, des Sohnes und des Heiligen Geistes. So wie Christus im Ölgarten stillstand, so sollen alle Geschütze stillstehen. Wer dies bei sich trägt, dem wird nichts schaden, es wird ihn nicht treffen des Feindes Geschütz.«

Oft genug wurden die Worte oder auch magischen Zahlen obendrein mit verschiedenen Symbolen, wie etwa dem Pentagramm oder dem Kreuz, umgeben, Zeichen also, die als äußerst wirksam für die Abwehr böser Geister gehalten wurden. Aus dem gleichen Grund verwendete man ganz besonders solche Pflanzen für Amulette, die als »hexenwidrig« galten, wie – in unseren Breiten – vor allem das → Johanniskraut, daneben auch → Beifuß, → Farn, → Holunder, Haselzweige und eine Reihe weiterer → Zauberkräuter.

Während viele dieser Amulette allgemeinen Schutzzwecken dienten, gab es zusätzlich solche, die auf bestimmte Anlässe, wie etwa die Geburt eines Kindes oder eine Hochzeit, zugeschnitten waren. So sollen Brautleute etwa nach altem Glauben ein Amulett aus Rosmarin, Salz und Ähren tragen und am besten auch geweihte Dinge in den Bettzipfel einnähen, damit ihre Ehe fruchtbar und glücklich wird und nichts Böses Macht über sie gewinnen kann. Wie sehr an die Kraft der Amulette geglaubt wurde, wird daran deutlich, daß man auch kranke Tiere damit versah. Aus Lübeck wird beispielsweise berichtet, daß eine Frau, da sie kein passendes »Tier-Amulett« zur Hand hatte, ihrer Sau das Ferkeln mit ihrem eigenen geweihten Amulett zu erleichtern versuchte, das sie selbst in einer schweren Stunde erhalten hatte.

Andreastag

Mit dem 30. November, dem Tag des heiligen Andreas, beginnen die dunkelsten Wochen des Jahres und damit auch die Zeit, in der die Geister umherschweifen. Aus diesem Grund galt dieser Tag vor allem bei jungen Mädchen als besonders geeignet für die Durchführung bestimmter Orakel. Vielleicht weil der heilige Andreas unter anderem auch als »Heiratsvermittler« gilt, bezogen sich diese Orakel zumeist auf das Liebesleben. Eines der einfachsten und am weitesten verbreiteten bestand darin, in der Nacht vor dem Andreastag nackt den Heiligen anzurufen und sich anschließend schlafen zu legen. Dann, so glaubte man, würde der künftige Ehemann im Traum erscheinen. Zur zusätzlichen Absicherung wurde allerdings empfohlen, zuvor gegen die Bettlade zu treten, mit dem linken Fuß zuerst oder rückwärts ins Bett zu springen und den Bettzipfel zu schütteln. In Pommern streute das verliebte Mädchen vor dem Schlafengehen eine Handvoll Leinsamen und Hafer vor ihr Bett und sprach dazu:

»Ich säe Hafer und Lein,
daß mein Herzliebster erschein'.
Wie er am Tag gegangen ist fein,
soll er mir jetzt bei Nacht erschein'.«

Anemone

Das Buschwindröschen (*Anemone nemorosa*) ist einer der ersten Frühlingsblüher unserer heimischen Wälder und überzieht den noch kahlen Boden mit seinen fiedrigen Blättchen und hübschen weißen Sternblüten. Bis in die Antike zurück geht der Glaube, daß man das ganze Jahr über gegen Fieber geschützt ist, wenn man die ersten drei Blüten dieser Blume ißt, die man im Frühling sieht. Andererseits sollte man aber besser keinen Strauß davon mit ins Haus nehmen, denn in vielen Gegenden Deutschlands war man davon überzeugt, dies sei von unguter Vorbedeutung und bewirke etwa, daß der Blitz einschlage. Deshalb wird die Anemone in Franken und andernorts auch »Blitzblümchen« genannt. Ein anderer ihrer volkstümlichen Namen, Augenblume, spielt dagegen auf den aus Schlesien und Ostfriesland bezeugten Glauben an, es schade den Augen, ihnen diese Blume zu nahe zu halten. Wachsen dagegen im Garten Anemonen, sind Haus und Grundstück vor allen bösen Einflüssen gefeit.

Angang

Unter »Angang« versteht man die zufällige Begegnung mit einem Menschen, einem Tier oder einem unbelebten Gegenstand, der eine zukunftsweisende Bedeutung zugeschrieben wird. Der Angang spielt im Aberglauben aller Völker eine sehr große Rolle. Für ganz besonders wichtig wurde die *erste* Begegnung gehalten – sei es allgemein oder, ganz besonders, an einem außergewöhnlichen Tag wie etwa dem Hochzeits- oder dem → Neujahrstag. Als unglückliches Zeichen wertete man grundsätzlich den Anblick alter Menschen, vor allem alter Frauen, denn es hieß, diese hätten selbst nicht mehr Glück genug, um davon abgeben zu können. Von negativer Bedeutung sollen außerdem Grabende sein, Kranztragende und Menschen mit leeren Gefäßen in den Händen und überhaupt alles, was schwarz ist – also etwa Krähen, Dohlen, schwarze Katzen und Hunde. »Gut« sind dagegen, wie es heißt, geliebte Menschen, solche mit vollen Gefäßen, Schwangere, Reiter und Pflügende und alles Weiße, wie eine Ziege oder ein Schimmel. Bei vielen weißen Tieren verkehrt sich allerdings die Deutung wieder ins Unglückliche. So soll der Angang einer Schaf- oder Ziegen*herde* unangenehme Folgen haben. Ähnlich differenziert wurde auch bei anderen Angängen, denn während ein den Weg kreuzender Hase grundsätzlich als schlechtes Omen ausgelegt wurde, kann man angeblich auf Neuigkeiten hoffen, wenn er von vorne kommt.

Wird man nun einer Unglück kündenden Person oder eines solchen Tieres ansichtig, sollte man rasch ausweichen und einen großen Bogen schlagen. Ist dies nicht mehr möglich, gibt es eine ganze Reihe von apotropäischen (Unheil abwehrenden) Maßnahmen, von denen das Ausspucken (→ Spucken) eine der gebräuchlichsten ist. Weiterhin wird empfohlen, sich zu bekreuzigen, drei Schritte zurückzugehen, sich dreimal umzudrehen, drei Verbeugungen zu machen oder dem »Unglücksboten« zu sagen: »Euch ebensoviel«. Andererseits soll es genügen, Brot bei sich zu tragen, um üblen Auswirkungen vorzubeugen.

Der Angang wurde aber auch als Orakel, also als Antwort auf bestimmte Fragen in Anspruch genommen. So ritt in Siebenbürgen die Schwangere mit geschlossenen Augen auf einem Stock hinaus auf die Straße und wartete nun darauf, wer zuerst vorbeikam, ein Mann oder eine Frau. Dementsprechend würde ihr Kind ein Junge oder ein Mädchen werden. Und überall schlossen ledige Mädchen aus der Kleidung, dem Auftreten und dem Aussehen des ersten Mannes, dem sie an einem bestimmten Tag begegneten, auf den Stand ihres künftigen Ehemannes.

Apfel

Der Apfelbaum (*Pirus malus*) ist einer der wichtigsten Bäume im deutschen Aberglauben, da er sowohl als Fruchtbarkeitssymbol als auch als Lebensbaum galt. Aus diesem Grund sorgte sein Besitzer besonders gut für sein Wohlergehen, brachte ihm etwa am Weihnachtstag Opfer dar, umwand ihn mit Stroh und umkreiste (→ Umkreisen) ihn bei bestimmten Anlässen. Um eine reiche Ernte zu gewährleisten, pflegte man in Oberbayern am Karsamstag beim Glorialäuten oder am 25. März vor Sonnenaufgang aufzustehen und seine Apfelbäume ordentlich zu schütteln, während man anderswo mit einem Stock auf sie einschlug. Weit verbreitet war außerdem der Brauch, bei der Ernte ein oder zwei Äpfel für die Baumgeister hängen zu lassen. Vermutlich gleichfalls als ein solches Opfer ist die niederbayrische Sitte zu verstehen, die Äpfel eines Bäumchens, das zum ersten Mal trägt, nicht abzupflücken, weil es sonst angeblich nie wieder Früchte tragen wird.

Wie eng der Apfel seit ewigen Zeiten mit der Liebe verknüpft ist, zeigen nicht nur die Geschichte vom Sündenfall und die griechische Paris-Sage, sondern auch eine große Zahl von Liebeszaubern, die mit dieser Frucht und deren Kernen ausgeführt wurden. So soll, wie die Wenden glaubten, ein längere Zeit unter der Achsel oder auf den Genitalien getragener Apfel eine ebenso unfehlbare aphrodisische Wirkung haben wie einer, in den man einen Zettel mit den mit Blut geschriebenen Namen der zwei zu »verkuppelnden« Personen steckt und den man anschließend unter das Kissen des oder der Angebeteten legt. Auch die Asche verbrannter Apfelkerne, die ein Mädchen mit ihrem Menstruationsblut vermischt und anschließend dem Angebeteten in das Essen mengt, soll unfehlbar dessen Leidenschaft erwecken.

Weniger unappetitlich, leichter auszuführen und vielleicht deshalb besonders beliebt war ein Apfelorakel, das man in der Hauptsache an Weihnachten oder Silvester durchführte. Zu diesem Zweck schält man einen Apfel so, daß die Schale in einem Stück bleibt. Dann wirft man diese rückwärts über die Schulter. Die Figur, die dabei entsteht, stellt den Anfangsbuchstaben des oder der Zukünftigen dar. In Schlesien und anderen Gegenden Deutschlands ebenso wie in Frankreich, England oder Ungarn legte das wißbegierige Mädchen in einer der → Rauchnächte einen Apfel unter ihr Kissen, in der festen Erwartung, von ihrem künftigen Liebsten zu träumen. Standen bereits mehrere Kandidaten zur Auswahl, nahm sie ebenso viele Äpfel und schrieb auf jeden einen Namen. Wenn sie dann in der Nacht erwachte, griff sie blind unter das Kissen. Derjenige, dessen Name auf dem zufällig gewählten Apfel stand, würde bald, so glaubte sie, ihr Ehemann werden.

Die Mecklenburger wiederum pflegten, gleichfalls an einem dieser ominösen Tage, auf eine Nadel gespießte Apfelkerne über eine Flamme zu halten und sich gleichzeitig etwas zu wünschen. Platzten die Kerne knisternd, wußten sie, daß ihr Wunsch in Erfüllung gehen würde. Doch diente der Apfel längst nicht nur zum Essen oder für derlei Orakelzwecke: Es war auch allgemein üblich, Krankheiten zu kurieren, indem man sie auf ihn – oder seinen Baum – übertrug. In der Oberpfalz ebenso wie in Bayern und in Schlesien versuchte man sich beispielsweise dadurch seiner Warzen oder Hühneraugen zu entledigen, daß man einen Apfel entzweischnitt, mit ihm über die entsprechende Körperstelle strich, ihn dann wieder zusammenfügte und unter der Dachtraufe vergrub. In Mecklenburg ging der Fieberkranke schweigend zu einem Apfelbaum und sagte dann:

»Apfelbaum, ich tue dir klagen,
das Fieber tut mich plagen.
Der erste Vogel, der über dich fliegen tut,
benehme mich des Fiebers gut.«

Aphrodisiakum

Mangelhafte oder gar fehlende männliche Potenz sowie weibliche Unfruchtbarkeit gehörten früher zu den am wichtigsten genommenen menschlichen Gebrechen, weshalb es auch eine wahre Fülle an Rezepten gab, mit denen man beiden Problemen zu Leibe rücken konnte. Nicht selten wurden zur Beschleunigung und/oder Intensivierung der Wirkung gleich mehrere Aphrodisiaka zusammen eingenommen, doch genügten auch bereits einzelne tierische oder pflanzliche »Präparate«, um den erwünschten Zweck zu erzielen. Als besonders aphrodisisch galten begreiflicherweise das Fleisch und andere Körpersubstanzen solcher Tiere, die entweder viele Nachkommen haben, wie etwa die → Hasen, oder als besonders begattungsfreudig gelten, wie zum Beispiel die Esel. Dementsprechend soll in Eselsmilch eingeweichte → Wolle fruchtbar machen und, wie es in Oberbayern hieß, der Lauf eines am ersten Freitag im März erlegten Hasen gegen Impotenz helfen – ebenso übrigens, wie im Oktober oder Mai gegessenes Hirschfleisch.

Auch → Pferde sind, wie man glaubte, im einen wie im anderen Fall von Nutzen. Nach Ansicht der Pommern weckt in Branntwein getrunkener Pferdemist die Lust des Mannes, und die Masuren pflegten die Unfruchtbarkeit der Frau durch Wasser zu kurieren, das vom Maul eines Hengstes ablief, nachdem dieser getrunken hatte. → Schweine zählten ebenfalls zu den aphrodisischen Tieren. Ein Paar, das Nieren und Leber eines Spanferkels ißt, das als einziges von einer Sau ausgetragen wurde, wird nach früher weitverbreiteter Ansicht »Kinder machen sonder Zweifel«.

Unter den Vögeln waren es zum einen die Enten, deren Fleisch als die Liebe erregend galt, und dann natürlich der → Hahn. Aber auch → Eier genossen allgemein den Ruf einer hochwirksamen »Kraftnahrung«: So sollen frische Eier von Hennen, die ohne Hahn leben, jede Unfruchtbarkeit besiegen. Fisch gilt ebenfalls überall als aphrodisisch, daneben auch Krebse und Schnecken.

Doch gibt es auch eine Unzahl an pflanzlichen Mitteln, die gegen Impotenz und Unfruchtbarkeit wirken sollen. Hier ist zunächst der → Beifuß zu nennen, der, unter das Kissen gelegt, angeblich »unkeusche Begier« erregt und den sich Frauen, die schwanger zu werden wünschten, an die Schenkel banden. Als gleichfalls gute Mittel gegen Impotenz wurden in verschiedenen Gegenden Deutschlands und Europas in Wein gesottene Nesselblätter oder -samen, in Essig getrunkene Pfefferminze sowie Nüsse, Pistazien, Pfeffer, Eschen-, Lein- und Fenchelsamen, → Baldrian, Ingwer, → Knoblauch, Kresse, Liebstöckel und Mandeln empfohlen. Daß auch Muskat und Nelken bei Kennern als aphrodisisch galten, bezeugt folgende Strophe aus dem sechzehnten Jahrhundert:

»In meines bulen garten
Da sten zwei beumelein,
Das ein das tregt muscaten,
Das ander negelein.«

April

Die Römer leiteten den Namen dieses Monats vom lateinischen Verb *aperire*, öffnen, ab, da mit ihm der Frühling eröffnet wurde. Heute hält man einen Zusammenhang mit dem etruskischen *aprodita* (Aphrodite) für wahrscheinlicher, wofür auch die Tatsache spräche, daß dieser Monat der Venus heilig war, der Göttin der Sinnlichkeit und Liebe.

Obwohl er den Frühling einläutet und daher allen Grund zur Freude gibt, gilt der April als potentiell unheilvoller Monat, in dem sich namentlich alte Leute besonders in acht nehmen sollten. So ist es auch besser, während dieser Zeit nichts Neues zu beginnen und zumindest alle wichtigen Unternehmungen auf den Mai zu verschieben. Auch Gemüse darf nach landläufiger Ansicht wenn möglich nicht im April gepflanzt werden, denn, wie es in Österreich hieß:

»Baust mi im April,
kimm i, wann i will.
Baust mi im Mai,
kimm i glei.«

Nur die Bienen sollte man in der ersten Aprilwoche, und zwar an einem Mittwoch oder Donnerstag, zum ersten Mal fliegen lassen. Dann, so sagte man, werden sie fleißig, fett und munter. Und noch eines wurde, wenigstens in Schlesien, für diesen Monat empfohlen: Um Motten abzuwehren, sollte man die Wurzeln des → Baldrian ausgraben, trocknen und anschließend in die Schränke unter die Kleider legen – dann wirken sie angeblich besonders gut.

Woher die Sitte des »in-den-April-Schickens« stammt und was sie bedeutet, ist nicht bekannt. Die einen behaupten, sie hänge mit der Unbeständigkeit des Wetters in diesem Monat zusammen, die anderen halten sie für ein Überbleibsel aus dem alten Rom, wo man um diese Zeit das Narrenfest feierte. Die meisten Forscher sehen in ihr allerdings einen alten Frühlingsbrauch, der an die Verrücktheiten der Fastnacht erinnert. Sicher ist jedenfalls, daß die Aprilscherze in Deutschland seit dem siebzehnten Jahrhundert bekannt sind und daß die Wendung »jemanden in den April schicken« zum ersten Mal im Jahr 1618 bezeugt ist. Der Brauch ist in ganz Europa und inzwischen auch in den USA bekannt, wobei viele Länder ihre eigenen spezifischen Scherze entwickelt haben. In Frankreich und in Italien liebt man es, an diesem Tag einem Fremden unbemerkt einen Papierfisch an den Rücken zu heften, und bezeichnet den zum Narren Gehaltenen als »Aprilfisch«. Auch gibt es in den Confiserie-Läden Fische in jeder Größe und Form aus Schokolade zu kaufen. In Portugal dagegen bespritzt man die Vorübergehenden mit Wasser oder bläst ihnen Puder ins Gesicht. Während sich bei uns die Aprilscherze heutzutage im wesentlichen darauf beschränken, daß erfundene Nachrichten erzählt werden, liebte man es früher, Kinder (oder Einfaltspinsel) mit einem unsinnigen Auftrag in einen Laden zu schicken. Am beliebtesten war hierbei die Apotheke, wo der arme Tropf etwa Mückenfett, Krebsblut, ein grades Häkchen, gedörrten Schnee, Nebeltrenner oder Büberlsamen verlangen sollte. Studenten machten sich auch einen Spaß daraus, des Lateinischen Unkundige nach *mens*, das heißt, Verstand, zu schicken. In Bayern sollten Kinder »ein Tüterl Ibidum (ich bin dumm)« holen. In Württemberg gab man den Kindern, die mit einem solchen Auftrag ausgeschickt wurden, immerhin barmherzigerweise ein Zettelchen mit, auf dem zu lesen stand:

»Aprilenbot, Aprilenbot!
Schick den Narren weiter,
Gib ihm auch ein Stücklein Brot,
Daß er nit vergebens goht.«

Ärmel

Der Ärmel spielt im Aberglauben nicht nur deswegen eine wichtige Rolle, weil er als Teil der Kleidung direkt mit dem Körper in Berührung kommt, sondern auch weil er durch seine Röhrenform eindeutige sexuelle Assoziationen weckt. Vielleicht ist er gerade aus diesem Grund ein wichtiger Bestandteil mancherlei Liebeszaubers. So hieß es in der Gegend von Landshut, ein Mann könne dadurch die Zuneigung eines Mädchens erlangen, daß er sich ein von ihr während ihrer Regel getragenes Hemd besorgt und durch dessen rechten Ärmel uriniert. Will er sich von dieser Liebe wieder freimachen, genügt es angeblich, wenn er das gleiche mit dem linken Ärmel vollzieht. Ein Mädchen wiederum, das seinen künftigen Liebsten kennenlernen möchte, soll, wie es im Herzogtum Coburg hieß, an Weihnachten, Silvester und am Dreikönigstag jeweils ein Streichholz verglimmen lassen und dann alle drei in ein neues Hemd einnähen. Erscheint, wenn sie das Hemd das erste Mal wäscht, zufällig ein junger Mann, wird er ihr zukünftiger Bräutigam sein.

Doch nicht nur für derlei Liebeszauber bediente man sich eines Ärmels: Auch die Imker wußten um seine magischen Qualitäten. Im Oldenburgischen etwa dachten sie, daß sie im Sommer einen Bienenschwarm fangen würden, wenn sie den ersten Schmetterling des Jahres durch einen Ärmel fliegen ließen. Während hier vielleicht das Ärmelloch den Eingang zum Bienenstock symbolisieren soll, ist ein weiterer, aus dem Böhmerwald bezeugter Brauch ziemlich sicher auf den tief verwurzelten Glauben an Feenwesen zurückzuführen: Jemand, der sich im Wald verirrt hat, soll seinen Mantel oder seine Jacke ausziehen und den rechten Ärmel umstülpen – dann, so heißt es, findet er den richtigen Weg wieder. In der Welt der Geister, die man für jede »Verirrung« verantwortlich machte, ist nämlich vieles genau umgekehrt wie bei uns; also muß man sich ihr – gewissermaßen aus Höflichkeit – auf irgendeine Weise anpassen, damit sie einen losläßt und man wieder zu den Menschen zurückfinden kann.

Schließlich hing auch ein von Mecklenburg bis Bayern beliebtes Heilmittel gegen Fieber mit dem Ärmel zusammen. Der Kranke sollte ein Morgengebet sprechen, anschließend sein Hemd ausziehen und die Innenseite nach außen wenden – und zwar den linken Ärmel zuerst. Dazu sollte er sagen: »Kehr dich um, Hemd, und du, Fieber, wende dich! Das sage ich dir zur Buße. Im Namen des Vaters und des Sohnes und des Heiligen Geistes.« Diese Prozedur mußte er drei Tage hintereinander wiederholen, und dann war das Fieber kuriert.

Aschermittwoch
Dieser Tag ist mit mancherlei Verboten behaftet, vermutlich weil der Mittwoch überhaupt – und dieser im besonderen – halb als ein unheilvoller Tag gilt. So darf man an ihm nicht ins Holz gehen und am besten seinen Wohnort überhaupt nicht verlassen. Auch die Zimmer sollten nicht geputzt werden, weil, so hieß es im Erzgebirge, sie sonst grau werden. Andererseits gibt es aber auch eine Reihe von Dingen, die man nach weitverbreiteter Ansicht *gerade* an diesem Tag tun soll, wie etwa sein Portemonnaie an einem Brunnen oder einer Quelle auswaschen, damit einem das ganze Jahr über das Geld nicht ausgehe. Schneebälle, die am Aschermittwoch ins Haus geworfen werden, sollen das Unglück fernhalten, und in Hessen schnitt man den Hühnern an diesem Tag die Schwanzfedern, damit sie die Eier im Stall und nicht anderswo legten. Auch fütterte man sie mit Reis, damit sie brav blieben, wo sie hingehörten, und nicht dem Salat in Nachbars Garten zu Leibe rückten. Vielerorts war es zudem Brauch, am Aschermittwoch Erbsen zu essen, und angeblich glaubten noch vor nicht allzulanger Zeit manche Menschen felsenfest, daß sie noch vor Martini (11. November) zu Eseln würden, wenn sie an diesem Tag nicht »gelbes Mus« zu essen bekämen.

Astloch
Wie der Ärmel, besitzt das Astloch in zweierlei Hinsicht eine magische Bedeutung. Zum einen ist es Teil eines Baumes, der – je nach Art – als Wohnort eines oft wohlwollenden Feenwesens betrachtet wurde. Zum anderen spielen hier aber die mit dem Loch und dem → Kreis verbundenen uralten magisch-religiösen Vorstellungen mit hinein. Im wesentlichen dienten Astlöcher zum »Verpflöcken« und damit zum Übertragen von Krankheiten. Den kranken Zahn eines Kindes beispielsweise steckte man in Sachsen, in Oldenburg und anderen Regionen Deutschlands vor Sonnenaufgang schweigend in das Astloch einer Linde oder einer → Weide und vernagelte dieses an-

schließend. Dann blieb das Kind, wie man glaubte, für immer von Zahnschmerzen verschont. Wer aber von einem Gerstenkorn geplagt wird, dem wäre früher in der Oberpfalz empfohlen worden, mit dem kranken Auge durch das Astloch eines Brettes zu schauen und zu sprechen: »Binkenlöcherl, vertreib mir mein Wernlöcherl.« In Mecklenburg hieß es analog dazu, man solle in diesem Fall durch das Astloch eines Bretterzaunes sehen und den Wind in das kranke Auge wehen lassen. Dann würde das Gerstenkorn auf immer verschwinden.

Daß Astlöcher aber nicht nur für derlei medizinische Zwecke von Nutzen waren, zeigt die folgende Anweisung, die sich in einem handgeschriebenen Zauberbuch aus Westböhmen findet: »Wann dir Federvieh gestohlen worden, und noch lebendig ist, daß es dir wieder gebracht werde: Such in deinem Haus oder Stall ein Astloch in einem bretternen Gegenstand und schreye durch dasselbe Astloch dreymal folgende Worte: Kom wieder in alle Teufelsnahmen. Das ist probat.«

Aufstehen

Die heutzutage immer noch völlig gebräuchliche Redewendung »mit dem linken Bein zuerst aufstehen« beruht auf dem schon bei den Römern bezeugten Glauben, daß das linke das »verkehrte« Bein ist. Jemandem, der damit zuerst aus dem Bett steigt, geht, so hieß und heißt es allgemein, dementsprechend an diesem Tag auch alles verkehrt. Aber nach Meinung beispielsweise der Schlesier genügt es nicht, wenn man aufgewacht ist, darauf zu achten, daß man das rechte Bein zuerst auf den Boden stellt, man soll am besten auch nicht sofort aus dem Bett springen, weil man sonst im Laufe des Tages hinfallen, oder, wie die Oberpfälzer glaubten, verdrießlich sein wird.

Doch auch sonst kann das Aufstehen von Bedeutung sein – und zwar besonders beim Abendessen am Weihnachtstag. Auf keinen Fall darf man nämlich während der Mahlzeit aufstehen, und zwar am allerwenigsten die Hausfrau, will sie nicht zum mindesten riskieren, daß ihre Hühner im kommenden Jahr die Eier verlegen. Und im Erzgebirge heißt es obendrein, daß die Stubentür unbedingt geschlossen sein muß, wenn man sich nach dem Essen erhebt. Wer allerdings die Tür schließen soll, falls sie offensteht, wird nicht gesagt.

Aufwachen

Den Wecker ersetzen soll nach Ansicht der Vogtländer, der Thüringer und der Schlesier folgendes Ritual: Will man am nächsten Morgen zu einer bestimmten Uhrzeit aufwachen, stößt man vor dem Einschlafen entsprechend oft mit dem großen Zeh gegen das Fußende des Bettes – also etwa sechsmal für sechs Uhr. Die halbe Stunde schlägt man mit einer der übrigen Zehen an. Dazu ruft man den heiligen Veit an und bittet:

»Heiliger Sankt Veit,
Weck mich auf zur rechten Zeit,
Daß ich mich nicht verschlafe
Und zur rechten Zeit erwache.«

Augen

Es ist bemerkenswert, wie viele Charaktereigenschaften nach deutschem Volksglauben angeblich von den Augen, Augenbrauen und Wimpern eines Menschen abgelesen werden kön-

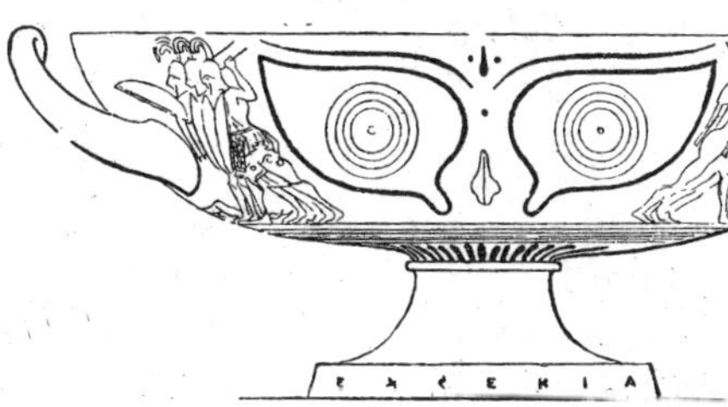

Trinkschale mit Augenzeichnung

nen. Daß rote, blutunterlaufene und entzündete Augen immer Zeichen von besonderer Bösartigkeit und Grausamkeit sein sollen, ist genügsam aus Hexenbeschreibungen in Märchen bekannt. Menschen, deren Augenbrauen stark und borstig sind, wird dagegen nachgesagt, daß sie viel nachdenken und grübeln. Auch sollen sie angeblich zur Traurigkeit neigen und »eine grobe Sprache führen«. Lange Augenbrauen wurden als Zeichen von Hochmut und Unverschämtheit gewertet, dünne sollen auf einen schwachen Charakter und geschwungene auf Ehrgeiz und Stolz hinweisen. Jemand, dessen Brauen zusammengewachsen sind, hat (wie bereits Aristoteles behauptete) einen grämlichen und melancholischen Charakter und kann, wie es beispielsweise in der Schweiz und in Bayern hieß, Geister sehen. Dort nannte man solche Menschen Rätzel oder Haarhammel und glaubte, sie neigten dazu, verrückt zu werden. In Mecklenburg hieß es weiterhin, so viele Falten ein Mensch zwischen den Augenbrauen habe, so oft werde er im Laufe seines Lebens heiraten. Dichte Wimpern schließlich sollen von einem energischen Charakter zeugen.

Sehr weit verbreitet war der Glaube an die ominöse Bedeutung von Augenjucken, -zwinkern oder -zucken. Stellte sich eines dieser Symptome am rechten Auge ein, wurde auf etwas Positives, ansonsten auf etwas Negatives geschlossen. Schließlich sei noch ein kleines Orakel erwähnt, das unter anderem in Schlesien praktiziert wurde: Fällt einem eine Wimper aus, kann man sie sich auf den Handrücken legen und sich etwas wünschen. Läßt sich die Wimper anschließend leicht wegpusten, wird der Wunsch in Erfüllung gehen.

August

Dem volkstümlichen Wetterglauben zufolge ist der August der heißeste Monat des Jahres, und vielleicht deshalb wird für ihn Mäßigkeit in allen Dingen empfohlen. Während der 1. August ganz allgemein als Unglückstag gilt, an dem man etwa auf keinen Fall heiraten sollte, beginnen mit Mariä Himmelfahrt die sogenannten → Frauendreißiger. Diese Tage galten als diejenigen, an denen Kräuter die meiste Kraft besitzen und deshalb gesammelt werden sollten. Möglicherweise mit dem Glauben an die in diesen Wochen besondere Kraft der Pflanzen hängt die schweizerische Vorstellung zusammen, ein bis dato unfruchtbarer Baum werde Früchte tragen, wenn man ihn am 18. August besteigt.

Weit verbreitet war daneben der seltsam anmutende Glaube, man dürfe ab dem Stephanstag, also dem 20. August, nicht mehr im Freien baden gehen, weil, so die »moderne« Erklärung, ab dann die Hirsche ins Wasser urinieren. Der wirkliche Grund für dieses Verbot dürfte aber vermutlich eher mit dem alten Glauben an Wassergeister zusammenhängen, die das Baden als Störung, als »Grenzverletzung«, ansehen und nicht über eine bestimmte Zeit des Jahres hinaus dulden.

Für den Bauern ist der August der Monat, in dem er pflügen und säen sollte, und dementsprechend heißt es auf dem Land: »Was der August nicht kocht, kann der September nicht braten«, was soviel bedeutet wie: Was in diesem Monat nicht reif wird, wird auch nicht mehr reif werden.

Ausgehen
Bleibt man beim Verlassen des Hauses an der Tür hängen, sollte man nach ganz allgemeiner volkstümlicher Ansicht besser wieder umkehren, weil ein solcher Aufbruch zu nichts Gutem führen kann. Von schlechter Vorbedeutung – und ausreichend Grund zum Umkehren – soll es auch sein, beim Weggehen von jemandem ins Haus zurückgerufen zu werden.

Auto
Obgleich die Erfindung des Autos erst aus einem Jahrhundert datiert, da die Zeit des Aberglaubens fast schon vorbei war, knüpfen sich auch an dieses angeblich liebste Kind der Deutschen mittlerweile eine Reihe von abergläubischen Vorstellungen. Während das Hufeisen am Kühlergrill eher Luxuskarossen vorbehalten zu sein scheint, erfreuen sich am Rückspiegel baumelnde Püppchen bekanntlich bei allen Klassen und Schichten der größten Beliebtheit. Solche und ähnliche Amulette haben natürlich den (wenn auch vielleicht uneingestandenen) Zweck, das Auto vor Unfällen, technischen Defekten und Strafzetteln zu bewahren.

Hat man dennoch einmal eine Panne, soll man darauf achten, wo sie sich ereignet. Bleibt man nämlich auf offener Landstraße liegen, so bedeutet dies nach Ansicht der Schweizer, daß den Fahrer etwas Erfreuliches erwartet. Tritt die Panne hingegen in der Nähe eines fließenden Gewässers auf, weist sie auf ein bevorstehendes Ereignis hin, das große Seelenkraft erfordern wird. Platzt ein Reifen, so steht einem, wie es in England heißt, bald eine wichtige Entscheidung ins Haus. Schließlich sollte ein Mann stets darauf achten, daß er die erste Fahrt mit einem völlig neuen Auto weder mit seiner Braut oder jungen Frau noch mit der Schwiegermutter unternimmt.

B

Bachstelze
Die zierliche Bachstelze, im Volksmund auch Wippschwanz, Klosterfräulein, Nonne und Ackermännchen geheißen, galt früher als heilig, und in Tirol glaubte man – vielleicht weil man sie so oft in der Nähe von Kühen, Schafen und Pferden sieht –, sie sei die Seele eines verstorbenen Haustiers. Wer daher diese Vögel beunruhigt oder ihre Nester ausnimmt, den wird nach allgemeiner traditioneller Ansicht ein Unglück treffen. Klopft man hingegen beim Anblick der ersten Bachstelze dreimal schweigend auf sein Portemonnaie, dann wird einem nach schlesischem Glauben das ganze Jahr über das Geld nicht ausgehen. Als einem Seelentier wurde der Bachstelze auch überall ein ominöser Charakter zugeschrieben, das heißt, man zog aus ihrem Erscheinen und ihrem Verhalten bestimmte Schlüsse für die eigene Zukunft. Sitzt beispielsweise die erste Bachstelze, die man im Frühling sieht, still auf einem Fleck, wird man nach Ansicht der Böhmen ebenfalls bleiben, wo man ist; fliegt sie aber unruhig hin und her, wird man umziehen. Daneben soll auch der Platz, an dem man sie zum ersten Mal sichtet, von Bedeutung sein. Sitzt sie nämlich auf einem Dach, wird man in diesem Jahr große Ehren erfahren, sieht man sie dagegen auf einem Rasen, steht große Freude ins Haus. Trippelt sie aber am Wasser oder auf dem Acker herum, wird man weinen oder trauern müssen. Gut ist es, meinten schließlich die Oldenburger, sich beim Anblick der ersten Bachstelze auf dem Boden zu wälzen: dann ist man nämlich das ganze Jahr über vor allen Krankheiten geschützt.

Baden
Am Sonntag zu baden war früher nicht nur verpönt, sondern geradezu verboten, und die Sache wurde so ernst genommen, daß der Türmer von Würzburg im Jahre 1599 einen strengen Verweis erhielt, weil er an diesem Tag »Bad gehalten« habe. Aber auch über das Baden an den übrigen Wochen-

Finnische Badestube

tagen herrschten feste Ansichten – wie der folgende alte Spruch zeigt:

»Am Montag baden die truncken,
am Aftermontag die reichen,
am Mittwoch die witzigen,
am Donnerstag die gryndig und lausig seind,
am Freytag die ungehorsamen,
am Samstag die hochvertigen.«

Daß die »Grindigen« und »Lausigen«, also Kranke, ihre Heilbäder donnerstags nehmen sollten, war allgemein bekannt. Oft wurde dafür besonders der Monat März oder auch der Mai empfohlen und dann jeweils drei Donnerstage hintereinander. Die übrige Menschheit pflegte aber bei weitem den Samstag als Badetag vorzuziehen – ein Umstand, den der steirische Arzt Guarinonius Anfang des siebzehnten Jahrhunderts bitter beklagte. Seiner

Ansicht nach hielten nämlich der »Böffel« und viele ehrenwerte Bürger so steif und fest an ihren Badegewohnheiten fest, »daß sie vermeyneten viel verloren und verabsäumt zu haben, wann sie nit alle Sambstag vor dem Sonntag, oder alle Feyrabend vor den Fest- und Feyrtägen (Sommer und Winter) in das gemeine feil und besondere Schweißbad gehen, schwitzen, sich reiben, fegen, butzen, und abwaschen lassen sollten«.

Daneben gab es aber noch bestimmte Zeiten im Jahr, an denen sich das Baden besonders lohnen sollte, so vor allem die Karfreitagsnacht, das heißt, die Nacht von → Gründonnerstag auf den Freitag oder frühmorgens kurz vor Sonnenaufgang. Dabei aber mußte darauf geachtet werden, daß dieses Bad oder diese Waschung in fließendem oder davon geschöpftem Wasser geschah. Es galt in ganz Deutschland als läuternd und heilkräftig und sollte bewirken, daß man frei von Krankheiten blieb. Aus Mulfingen in Schwaben wird berichtet, daß in dieser Nacht der Bach, der das Städtchen durchfließt, voll von Menschen gewesen sei, die schweigend darin ihre Füße badeten. Dieselbe Wirkung wird daneben dem Baden am → Dreikönigstag zugeschrieben, und gleichfalls Gesundheit und Schönheit wird dem garantiert, der sich am ersten Ostertag vor Sonnenaufgang mit kaltem Wasser wäscht. Baden am Aschermittwoch und an Weihnachten soll hingegen vor Rückenschmerzen, Fieber und Zahnweh schützen. Weiterhin hieß es zum Beispiel in Schwaben, daß ein am → Johannistag (24. Juni) genommenes Kräuterbad soviel wirke wie neun Bäder zu einer anderen Zeit, und dieses »Johannisbad« – es hat in einem fließenden Gewässer zu geschehen – war in ganz Deutschland als eines der wirkmächtigsten des Jahres bekannt. Der italienische Humanist und Dichter Francesco Petrarca sah Johanni 1330 in Köln, wie das ganze Rheinufer entlang Frauen sich die Arme wuschen; auf seine verdutzte Frage hin, was sie da täten, erklärten sie ihm, das Elend des Jahres werde damit fortgespült und alles werde nun nach Wunsch gelingen. Auch das an Johanni um Mitternacht geschöpfte Wasser zu trinken soll positive Auswirkungen zeitigen, und schließlich empfahlen die Schlesier, das Bad am Johannistag mit Wasser zu vollziehen, in dem neunerlei Kräuter gekocht worden waren.

Eines allerdings ist, wie es überall hieß, unbedingt zu beachten: Das Baden unter freiem Himmel darf an diesem Tag, ebenso wie am 1. Mai und am Himmelfahrtstag, nicht zum Vergnügen geschehen, denn sonst fordert es Opfer. Wie ernst dieses Baden an Johanni von Jung und Alt genommen wurde, zeigt nicht nur die Tatsache, daß die Kirche noch Mitte des vorigen Jahrhunderts gegen diesen abergläubischen Brauch vorgehen wollte, sondern auch der Bericht eines Augenzeugen aus dem Jahr 1647. Er sah nämlich, »in unserem Sultzbad, das gemeine Leuthe an St. Johanns tag 24 stunden continue nach einander in dem bade gesessen, die baden Cur in solcher Zeit zu ende geführt, und in dem bade gessen, getruncken, geschlaffen, auch wol, wann sie in der grösten hitze gewesen und köpffe, so roth als die Zinßkappen gehabt, ein Glaß nach dem andern von dem gesaltzenen Wasser auß getruncken«.

Baldrian
Der volkstümlich unter anderem auch Katzenwurzel, Katzenkraut und Bullerjan genannte Baldrian (*Valeriana officinalis*) galt früher, vielleicht wegen des starken Geruchs seiner Wurzeln, als eines der wichtigsten »antidämonischen« Kräuter überhaupt. Er wurde vor Stall und Haus gehängt, damit die Hexen Mensch und Tier nichts anhaben konnten. Man sammelte ihn besonders am Himmelfahrtstag oder zwischen den beiden Frauentagen (→ Frauendreißiger), und zwar, wie es etwa im Zillertal hieß, am besten an den drei Sonntagen dieser Zeit vor Sonnenaufgang. Davon abgesehen galt die Pflanze aber auch als Aphrodisiakum. In einer Handschrift aus dem fünfzehnten Jahrhundert heißt es nämlich, daß man Baldrian zu Pulver stoßen und in Wein geben soll, wenn man »gute Freundschaft« zwischen einem Mann und einer Frau bewirken möchte. Zusammen mit Eberwurz in rotes Wachs eingegossen und am Leib getragen, bewirkt er nach Ansicht der Bayern außerdem, daß einem das andere Geschlecht nichts abschlagen kann. Noch heute allgemein bekannt ist, daß der Geruch der Baldrianwurzel Katzen anziehen soll, doch sagte man früher auch, der Angler brauche die Pflanze nur ins Wasser zu werfen, und schon kämen die Forellen in Scharen herbei.

Neben diesen eher magischen Qualitäten wurden dem Baldrian aber auch heilende Kräfte zugeschrieben. Wie sein Volksname Augenwurzel verdeutlicht, soll er beispielsweise gegen Augenleiden und schlechtes Sehen helfen. Nach Ansicht der Bewohner von Siebenbürgen werden trübe Augen klarer, wenn man Baldrian kaut und den Atem nach oben in die Augen haucht. Weiterhin soll die Pflanze gegen viele vor allem seuchenartige Krankheiten, wie früher etwa die Pest, wirksam sein. So lautete einer der zahlreichen und weit verbreiteten »Pestsprüche« früherer Zeiten:

»Koch, koch Baldrian,
Es wird schon wieder besser wa'n.«

Band

Allgemein hieß es, eine Braut sollte bei der Hochzeit ein rotes Band bei sich tragen, sei es ins Haar oder um den Hals gebunden oder auch als sonstigen Schmuck. Damit, so glaubte man früher, wird der böse Blick gebannt und alles Übel von ihr abgewehrt.

Barbaratag

Der Tag der heiligen Barbara, der 4. Dezember, gilt als ein besonderer Festtag. An ihm soll man nicht nähen, weil sonst, wie die Ungarn glaubten, die Hühner das ganze Jahr keine Eier mehr legen. Nach alter Vorstellung empfiehlt sich dieser Tag vor allem für die Durchführung von Liebesorakeln. Wenn beispielsweise ein südslawischer Junggeselle gern seine zukünftige Frau im Traum sehen wollte, mußte er am Barbaratag fasten und dann nachts einen Frauenrock unter sein Kissen legen.

Sind dieser und weitere vergleichbare Bräuche heute auch kaum noch bekannt, wird eine andere Sitte durchaus noch gepflegt – meist allerdings ohne Wissen um deren eigentliche, ursprüngliche Bedeutung. Vielerorts bricht die Hausfrau nämlich am Barbaratag Zweige von Obstbäumen und stellt sie in die Wohnung. Von ihnen heißt es, sie würden an Weihnachten blühen. Früher betrachtete man dies allerdings als mehr als eine hübsche Sitte, denn aus der Art, wie sich die Blüten und

Blätter an den Zweigen entwickelten, zog man Schlüsse auf den Verlauf des kommenden Jahres. Auch stellte man so viele Zweige in die Vase, wie die Familie Köpfe zählte, und dann hieß es, daß derjenige, dessen Zweig am schönsten blühte, im folgenden Jahr das meiste Glück haben würde. Der Barbaratag ist auch einer der → Lostage. Von ihm sagten die Bauern:

»Kalt mit Schnee –
Verspricht viel Korn auf jeder Höh'.«

Barfuß

Läuft man im ersten Maientau barfuß, überträgt sich, wie es heißt, die Wunderkraft des Frühlings auf den eigenen Körper. Überhaupt wirkt sich das Gehen auf Tau nach landläufiger Ansicht gut auf die Gesundheit aus – allerdings erst nach Ostern. Und wer sich während des ersten Regens im Mai barfüßig und barhäuptig, am besten ganz nackt, im Kreis herumdreht, dem sollen nach früherem böhmischen Glauben die Haare besonders gut wachsen.

Am → Johannistag (24. Juni) darf man allerdings nicht barfuß laufen, weil sonst die an diesem Tag entfesselten dämonischen Mächte, wie man in Mecklenburg glaubte, von unten in den Körper eindringen. Auch wenn man den → Kuckuck das erste Mal hört, sollte man besser Schuhe anhaben, damit man keine schlimmen Füße bekommt. Ganz besonders unheilvoll aber soll es sein, nur an einem Fuß barfuß zu laufen, denn Erwachsene holen sich davon den Schnupfen und Kinder werden in ihrem Leben nicht zu Geld kommen – so wenigstens sagte man in Ostpreußen.

Bärlapp

Die Vielzahl der Volksnamen, wie etwa Schlangenmoos, Drudenkraut und Johannisgürtel, für den an Moos erinnernden Bärlapp (*Lycopodium clavatum*) macht deutlich, wie beliebt diese unscheinbare Pflanze für die unterschiedlichsten Zwecke war. Der Bärlapp war nicht nur eines der Kräuter, die, in Kränze gewunden vor die Tür gehängt, nach dem Volksglauben dämonische Wesen fernhielten: Bei Gericht in der Tasche getragen, sollte er auch einen glücklichen Ausgang des Prozesses garantieren. Wirte befestigten ihn über der Eingangstür, weil sie davon überzeugt waren, daß er für reichlichen Zustrom an Gästen sorgte; und Mädchen, die zum Tanz gingen, nähten sich Bärlapp in den Saum, damit ihnen die Tänzer nie ausgingen. Da die Pflanze aber auch den Blitz anziehen und, unter die Leute gebracht, Streit bewirken soll, hielt man es allgemein für besser, sie nicht ins Haus zu holen.

Beifuß

Der Beifuß (*Artemisia vulgaris*), im Volksmund auch Sonnwendgürtel, Johannisgürtel und Fliegenkraut genannt, war bereits in der Antike bei Griechen und Römern eine berühmte Zauberpflanze, die man nicht nur ihrer Heilkräfte, sondern auch ihrer apotropäischen (Unheil abwehrenden) Eigenschaften wegen außerordentlich schätzte. Unter anderem in Deutschland, Frankreich, Rußland, Belgien, Dänemark und auf der Isle of Man bediente man sich ihrer in späteren Jahrhunderten zur Abwehr des bösen Blickes, weshalb man sie auch den Kräuterbündeln beimischte und an strategisch wichtigen Stellen in Haus und Hof anbrachte. Seine größte Kraft besitzt der Beifuß angeblich an → Johanni (24. Juni), und so soll er an diesem Tag – vor Sonnenaufgang, mit der linken Hand – gesammelt werden. Seltsam ist der nicht nur in Deutschland weitverbreitete Glaube, daß man, gräbt man an Johanni um zwölf Uhr mittags oder aber um Mitternacht unter einer Beifußstaude, kleine Kohlen finden kann. Diese sogenannten Narrenkohlen oder Thorellensteine waren, wie man hört, ein probates Mittel gegen mancherlei Krankheiten. Ein anderer viel geübter Brauch war, sich gleichfalls am Johannistag mit einem aus Beifuß gewundenen Kranz zu umgürten und diesen Gürtel anschließend in das Feuer zu werfen. Diese Handlung schützte angeblich das ganze nächste Jahr vor Krankheiten. Allgemein wird der Pflanze zugeschrieben, daß sie, im Schuh getragen, den Wanderer vor Müdigkeit bewahrt – eine Verwendungsweise, auf die vielleicht der Name »Bei-Fuß« zurückgehen könnte. Eine weitere Schutzmaßnahme in Verbindung mit dieser Pflanze wurde wie folgt beschrieben: »Nimm den Stengel vom Beifuß, wenn dieser blüht, und schneide den Zweig möglichst nahe am Boden ab. Am dritten Tage hefte ihn mit einem Stückchen Stahldraht an den First des Hauses, so daß die Spitzen der Pflanze nach abwärts stehen; kein Blitzstrahl wird jemals auf dieses niederfahren, keine Seuche ins Haus einkehren.«

Schließlich kannten die Böhmen noch eine geheimnisvolle Methode, sich mit Hilfe des Beifußes Geld zu verschaffen. Zu diesem Zweck muß man am Karfreitag schweigend rückwärts zu einer Beifußpflanze gehen und sie ausgraben. An der Wurzel findet man ein schwarzes Würmchen, das man in eine Flasche legen und gut aufbewahren soll. Nun enthält man sich während der Dauer von neun Tagen des Betens und Waschens und wirft bei jedem Mittagessen etwas Nahrung unter den Tisch, weil sonst das Würmchen böse wird und alle Mühe umsonst gewesen ist. Hat man aber alles wie geheißen ausgeführt, fängt das Würmchen am neunten Tag an zu reden und erfüllt seinem Besitzer jeden Wunsch. Eines aber hat der so Beglückte unbedingt zu beachten: Er muß nämlich alles Geld, das er auf diese Weise erlangt, noch am selben Tag ausgeben.

Beinekreuzen

Die Beine übereinanderzuschlagen ist nach weit verbreitetem und bis zu den Römern zurückreichendem Glauben eine zauberische Handlung, die nur zu bestimmten Zwecken ausgeführt werden darf. Beim Essen die Beine zu kreuzen war beispielsweise nach Ansicht der Mecklenburger und Oberpfälzer ein Sakrileg, das Unheil nach sich zieht – sei es in Form von Bauchschmerzen für den Frevler oder allgemeinem Schweigen, wenn nicht gar Streit in der Tischrunde. Auch in Tirol hieß es dementsprechend bis vor noch nicht langer Zeit bei einer plötzlich auftretenden Gesprächspause: »Da hat gewiß jemand die Beine übereinandergeschlagen.« Zu anderen Gelegenheiten aber wurde das Beinekreuzen sogar ausdrücklich empfohlen. In Norddeutschland sagte man, um Alpträume zu vermeiden, müsse man nur vor dem Schlafengehen Arme und Füße kreuzen. Der Sinn hierbei ist ebenso wie etwa beim Bekreuzigen deutlich das Abwehren dämonischer Mächte, die für das Alpdrücken verantwortlich gemacht wurden.

Wie fest diese Vorstellung im Volksglauben verwurzelt war, wird aus einer Begebenheit deutlich, die sich Ende des letzten Jahrhunderts in Baden zutrug. Einem Bauern, dem die Schweine reihenweise starben, wurde geraten, die Frau, die er für die Urheberin dieser offensichtlichen Hexerei hielt, auf den nächsten Sonntag zu sich einzuladen; dann sollte er in ihrer Anwesenheit ein Päckchen in die Hand nehmen und die Füße über Kreuz stellen. Der Bauer tat wie geheißen. Kaum hatte sich die Familie mit dem Gast zu Tisch gesetzt, fing die mutmaßliche Hexe an zu zittern, sprang dann plötzlich auf und suchte, so rasch sie nur konnte, das Weite. Von dem Tag an, versichert uns der zeitgenössische Bericht, war mit den Tieren des Bauern alles wieder in bester Ordnung.

Bernstein
Der Name des fossilen Harzes geht auf das niederdeutsche Verb *bernen*, »brennen«, zurück und spielt somit auf dessen leichte Brennbarkeit an. Bereits im Altertum glaubte man, Bernstein schütze gegen Geister, Hexen und Krankheiten, und viele Eltern behängten daher ihre Kinder mit aus ihm gefertigten Halsketten. Im Mittelalter benutzte man ihn sogar innerlich, als Abortivum oder allgemein die Wehentätigkeit förderndes Mittel. Eine weit stärkere Wirkung wurde dem Bernstein allerdings in Amulettform zugeschrieben. Er sollte nach allgemeiner Ansicht das Zahnen erleichtern und gegen Kopfschmerzen, Augenentzündungen, Gicht und Rheuma helfen.

Berufkraut
Es ist nicht immer ganz klar, welche Pflanze früher in volkstümlichen Rezepten unter dieser Bezeichnung verstanden wurde. Sicher ist, daß es keineswegs immer die heute »Berufkraut« (*Erigeron acer*) genannte unscheinbare Blume war, sondern unter anderem auch der Frauenflachs, das Christophskraut, das Kreuzkraut und der Ziest. Ein solches Berufkraut bei sich zu tragen war auf jeden Fall von Vorteil, denn dann konnte, wie man glaubte, niemand einem etwas anhaben. Befürchtete in Thüringen eine Mutter, ihr Kind sei beschrieen worden (→ Beschreien), brauchte sie es nur mit dem Absud

des Berufkrautes zu waschen. Nahm die Brühe anschließend eine gallertartige Konsistenz an, wußte sie, daß ihr Verdacht begründet gewesen war, blieb sie aber klar, mußte sie nach einer anderen Ursache für das ungewöhnliche Verhalten ihres Kindes suchen. Diese Funktion des Berufkrautes war so allgemein bekannt und anerkannt, daß noch Mitte des vorigen Jahrhunderts Berliner Apotheken das Kraut ausdrücklich für diesen Zweck feilboten.

Beryll

Schon in der Antike glaubte man, daß der Beryll, dessen Farbe (und Name) von Gelb (Goldberyll) über Rosa und Rot (Morganit), Blau (Aquamarin) bis hin zu Grün (Smaragd) variieren kann, besonders heilkräftig bei Augenerkrankungen sei. Seiner Durchsichtigkeit wegen wurde er auch oft als Zauberspiegel benutzt, der dem Hineinschauenden die Zukunft weissagen sollte. Ob hierbei auch »reale« optische Eigenschaften dieses Steines eine Rolle spielten, ist nicht klar. Schon früh wurden jedenfalls in Reliquiare und Monstranzen linsenartig geschliffene Berylle eingesetzt, damit der Betrachter den Inhalt vergrößert sehen konnte, und so entstanden um das Jahr 1300 die ersten »B(e)rillen«.

Doch sollte der Beryll nicht nur für das Auge gut sein, er fand auch sonst in der Medizin Verwendung. Beispielsweise wurde Wasser, in dem längere Zeit ein Beryll gelegen hatte, im Mittelalter gegen Halsentzündungen und andere Beschwerden getrunken. Der Beryll gilt als Monatsstein der im Oktober Geborenen und soll besonders diesen Menschen Ansehen verleihen. Außerdem sorgt er, wie es hieß, dafür, daß Verheiratete sich vertragen.

Beschreien

Die Formel »Beschrei es nicht« ist auch heutzutage noch jedem geläufig und allgemein gebräuchlich. Ein in Aussicht stehendes positives Ereignis wird »beschrieen« (oder »berufen«), wenn man es im voraus bewundernd lobt oder als bereits eingetreten behandelt. Dazu gehören etwa auch vorzeitige Glückwünsche zu einem Geburtstag, einer Hochzeit oder einer Prüfung.

Durch ein solches Verhalten werden nach altem Glauben aller Länder die unheilvollen und mißgünstigen dämonischen Mächte auf die betreffende Angelegenheit aufmerksam gemacht und auf den Plan gerufen. Und sie, sagte man, mobilisieren prompt alle ihre Kräfte, um das fragliche Ereignis zu guter Letzt noch zu vereiteln.

Ist das Unglück aber dennoch einmal geschehen, so gibt es eine Reihe von Möglichkeiten, mit denen versucht werden kann, den Schaden wiedergutzumachen. Eine davon ist die bereits erwähnte Formel »Beschrei es nicht«. Damit hoffte man, den von Neidern absichtlich oder von Wohlwollenden unabsichtlich in Gang gesetzten Schadenzauber wieder aufzuheben. Eine andere, jedem vertraute Methode ist das auf Holz → Klopfen. In der Oberpfalz verfiel man auch darauf, sich sofort mit schmutzigen Windeln oder etwas ähnlichem das Gesicht abzuwischen, in Baden dagegen wusch man sich mit einem Absud des → Berufkrautes oder des Frauenflachses. Sonst probierte man es auch mit dem Verschlucken von Kehricht aus vier Zimmerecken, Abschabseln von Tischen, Riemenstückchen oder getrockneter Nabelschnur. Eine uralte heidnische Sitte, die auf keinen Fall nachzuahmen ist, bestand schließlich darin, ein Kind, von dem man befürchtete, daß es beschrieen worden sei, dreimal kurz in den Backofen zu schieben und wieder herauszuholen. Wie es lakonisch heißt, starb das arme Wurm daraufhin entweder bald oder gedieh von nun an wieder. (→ Böser Blick)

Besen

Der Besen galt in ganz Europa als hochmagischer Gegenstand. Zum einen hängt dieser Glaube sicher damit zusammen, daß Fegen in etwa gleichbedeutend mit Erneuern ist, daß also mit dem Entfernen des zusammengekehrten Schmutzes auch alles Üble aus Haus und Hof beseitigt wird. Zum anderen ist dieser Schmutz, mit dem der Besen täglich in Berührung kommt, selbst eine äußerst magische und – weil innig, »wesenhaft« mit dem Haus und seinen Bewohnern verbunden – auch potentiell gefährliche Substanz. Hinzu kommt, daß wenigstens früher Besen aus Reisern hergestellt wurden, und zwar oft aus

→ Birkenreisern, also aus Zweigen eines Baumes, der als Sinnbild der Lebenskraft angesehen wurde. So konzentrieren sich im Besen nach dem Volksglauben starke Kräfte, die dazu eingesetzt werden können, das Haus vor bösen Mächten und negativen Einflüssen zu schützen. Daher war es allgemein üblich, ihn als Schutz vor die Türe zu stellen und vielleicht zusätzlich noch mit ein wenig Salz zu bestreuen. In Niedersachsen und Westfalen hieß es sogar, daß ein an die Eingangstür gelehnter Besen (oder ersatzweise auch nur ein in den Türring gestecktes grünes Reis oder eine Rute) während der Abwesenheit seiner Bewohner den Zutritt Fremder verhindere, und die Böhmen postierten ihn auch auf dem Dachboden, um dadurch Hagel und Stürme vom Haus fernzuhalten.

Sowohl die reinigende als auch die schützende Funktion des Besens zeigte sich auch in dem allgemein geübten Brauch, bei bestimmten Anlässen, wie etwa einer Taufe oder einer Hochzeit, über einen Besen zu schreiten. Ein ähnlicher Zweck war vermutlich mit dem weit verbreiteten »Rutenschlagen« verbunden, mit dem man vorzugsweise Krankheiten bei Tieren zu kurieren versuchte. Doch wandte man die gleiche Methode durchaus auch bei Menschen an: Die Böhmen beispielsweise bestrichen Warzen mit einem Besen, mit dem zuvor der Backofen ausgekehrt worden war. Auch das Nachwerfen des Besens hielt man für eine positive magische Handlung und ein gutes Omen. So warf man in der Schweiz etwa einem zu einer wichtigen Unternehmung Aufbrechenden, von ihm unbemerkt, einen Besen nach, um ihm den glücklichen Ausgang seiner Geschäfte zu sichern. Dem Angler soll diese Handlung, wie zumindest die Wenden meinten, einen reichen Fang bescheren. Wollte aber jemand etwas Unrechtes tun, und auch sicher sein, daß er damit Erfolg haben würde, stellte er sich auf den Misthaufen, hielt einen nach oben gerichteten Besen in der Hand und rief:

»Hier steh ich auf dem Mist
und entsage Jesum Christ.«

Bett
Welche Bedeutung früher diesem Möbel beigemessen wurde, zeigt die weit verbreitete Ansicht, bei einem Umzug sei das erste, was ins neue Heim gebracht werden müsse, das Bett. Dabei war es aber mitnichten gleichgültig, wohin es gestellt wurde, denn über die Ausrichtung gab es sehr feste Ansichten. Vielerorts – beispielsweise in Schlesien, im Erzgebirge und in Hessen – war man der Meinung, das Fußende dürfe auf keinen Fall zur Tür hin zeigen, weil sonst der darin Schlafende bald als Leiche hinausgetragen werde. Aber auch das Kopfende darf, wie andernorts behauptet wurde, nicht zur Tür weisen und, wie man in Baden und im Württembergischen meinte, am besten auch nicht zum Fenster.

Mit dem Bett waren aber auch noch weitere Regeln verbunden, die es unbedingt einzuhalten galt. Eine der wichtigsten und fast überall erwähnten war, daß keine Gegenstände von fremden Leuten darauf liegen dürften, weil sie, wie beispielsweise in Mecklenburg behauptet wurde, dem Schlafenden die Ruhe raubten. In Lauenburg hieß es außerdem, unter einem Bett, in dem noch jemand liege, dürfe auf keinen Fall gekehrt werden, sonst könne der Betreffende anschließend neun Tage lang nicht mehr schlafen.

Bier
In vielen Gegenden und Gesellschaftsschichten, in denen Wein eher ein Ausnahmegetränk war (und zum Teil noch heute ist), das allenfalls bei bestimmten feierlichen Gelegenheiten auf den Tisch kam, wurde dem Bier ein großer Stellenwert beigemessen. Ob es eine Hochzeit, Taufe oder Hauseinweihung war oder auch ein Grundstückskauf – alles wurde mit Bier begossen. Im Wendischen wurde zu Anfang des sechzehnten Jahrhunderts eine Wette oder aber ein Pfandvertrag mit dem sogenannten Weddelbier bekräftigt, und aus dem siebzehnten Jahrhundert ist überliefert, daß zwei schlesische Verbrecher einmal dadurch gelobten, einander nicht zu verraten, daß sie Bier auf den Tisch gossen und »eintippten«.

Daneben gab es aber bestimmte Tage, an denen das Biertrinken ganz besonders gut anschlagen sollte. Einer davon war

→ Neujahr, denn, wie es in Saalfeld (am Thüringer Wald) hieß: »Wer Neujahrstag zum Bier geht, verjüngt sich und wird roth.« In Norddeutschland wurde Biertrinken dagegen besonders zu Fastnacht empfohlen, weil es dann ein langes Leben beschere. Vor allem an den Donnerstagen wollten darüber hinaus die Ahnen, Hausgeister, Feen und andere übernatürliche Mächte nach weitverbreiteter alter Ansicht ihr Bieropfer, das man ihnen unter »ihren« Baum oder an eine andere mit ihnen in Verbindung gebrachte Stelle zu gießen pflegte. Wie versessen übernatürliche Wesen auf dieses Getränk sein sollen, zeigen auch etliche Geschichten von Geistern, die um Bier betteln, in Bierfässern herumrumoren oder in Bierflaschen gefangen werden. In Schwaben kennt man den »Bierappel«, der von Zeit zu Zeit umgehen soll, in Husum die »Puke«, die Bier stehlen, und im Siebengebirge wird von dem »Bierwetzel« erzählt, der alles in Klump schlägt, wenn ihm sein Bier nicht gegönnt wird.

Darüber hinaus galt Bier aber auch als ein wirksames Heilmittel gegen die verschiedensten Krankheiten. Oft wurden dabei einfach ein oder mehrere bestimmte Kräuter in Bier gekocht und dem Leidenden verabreicht. So sollte Wermutbier etwa den Magen stärken, Beifußbier gut für Frauenleiden sein und Melissenbier traurige Menschen fröhlich machen. Schließlich bedienten sich Mädchen dieses Getränks auch zu mancherlei Zaubereien, wovon die einfachste darin bestand, einem Mann, dessen Liebe sie gewinnen wollten – ins Bier zu spucken!

Bilsenkraut

Das giftige Schwarze Bilsenkraut (*Hyoscyamus niger*), im Volksmund unter anderem auch Zigeunerkraut, Teufelswurz und Dullkraut genannt, ist eine der ältesten indogermanischen Zauberpflanzen überhaupt. Sie wurde beispielsweise häufig dazu benutzt, den → Regen herbeizubeschwören, aber auch für alle möglichen anderen magischen Zwecke verwendet. Sie war zudem Bestandteil der berühmten Hexensalbe, mit deren Hilfe es angeblich möglich war, zu fliegen. Daneben wurde sie aber bei den verschiedensten Krankheiten, und zwar vor allem als Schmerzmittel, verabreicht; ganz besonders galt dies bei Zahnweh, wobei die Bilsenkrautsamen verbrannt und der Rauch inhaliert wurde. Man glaubte, daß dadurch die »Würmer in den Zähnen« getötet würden. Daß Bilsenkraut aber nicht nur gegen diese helfen sollte, zeigt ein Bericht aus dem Jahr 1870, demzufolge ein Hirte in Anhalt, um seine Schweine von den Maden zu kurieren, einen Bilsenkrautstengel über seinen Kopf warf und dazu rief: »Murri, Murri, Murri!«

Gleichgültig aber, aus welchem Grund das Bilsenkraut benötigt wird, sollte man es vor allem am → Johannistag (24. Juni) sammeln, oder allenfalls auch noch in den → Frauendreißigern. Heutzutage ist es bei uns allerdings sehr selten geworden und sollte deshalb besser geschont und nicht gepflückt werden.

Birke

Die Birke (*Betula verrucosa*) ist nicht nur in ganz Europa, sondern beispielsweise auch in Sibirien seit frühesten Zeiten einer der Bäume, die am höchsten in Ehren gehalten wurden. Ihre Reiser galten regelrecht als »Lebensruten«, als Vermittler von Kraft und Gesundheit, und daher war es vor allem am 1. Mai üblich, das Vieh damit zu schlagen, um es für das ganze folgende Jahr vor jeglichem Unglück zu schützen. Zur Abwehr von dämonischen Mächten steckte man Birkenreiser vor Stall oder Haus in den Boden, wobei sie angeblich zugleich auch den Zweck erfüllten, das Ungeziefer dauerhaft aus Haus und Acker zu vertreiben. Und nicht nur das: Auch Warzen verschwinden, so sagte man im Böhmerwald, wenn man sie, sobald es zur Kirche läutet, mit neun von einer Birke gebrochenen Zweiglein schlägt. Nach pommerschem Glauben soll sogar die Manneskraft wiederhergestellt werden, wenn der Betroffene auf einen Kranz aus Birkenzweigen uriniert, und in der Niederlausitz hieß es, wer am Aschermittwoch besonders viele Hiebe mit einer Birkenrute erhalte, brauche das ganz Jahr über keine Flöhe mehr zu fürchten.

Neben den Zweigen enthält aber auch der Saft dieses Baumes Kräfte, die ihn für die verschiedensten Zwecke – und zwar längst nicht nur, wie man auch heute noch weiß, als Haarwasser – hervorragend geeignet machen. Er galt allgemein als gesundheitsförderndes Stärkungsmittel und wurde auch speziell gegen alle möglichen körperlichen Gebrechen eingenommen. Zu diesem Zweck bohrte man den Stamm einer Birke an, trank daraus und verspundete das Loch anschließend wieder.

Nicht zuletzt aber ist die Birke auch für Orakelzwecke zu gebrauchen. Im Herzogtum Posen pflegte beispielsweise ein Mädchen, das noch keinen Schatz hatte, an → Johanni (24. Juni) drei Birkenzweiglein zu brechen. Das eine ließ sie, wie es war, das zweite entrindete sie halb und das dritte ganz, und dann legte sie die drei unter ihr Kopfkissen. Je nachdem, welchen Zweig sie am nächsten Morgen, ohne hinzusehen, hervorzog, wußte sie, ob sie einen reichen, einen mittelmäßig begüterten oder einen armen Mann heiraten würde. Der Bauer dagegen weiß, daß es einen strengen Winter gibt, wenn die Birkenblätter lange am Baum bleiben.

Blasiustag

Der Tag des heiligen Blasius ist der 3. Februar. Nach mittelalterlichem Glauben sollte man an diesem Tag Lamm essen und vor allem das Brot weihen, denn mit ihm, so sagten beispielsweise die Schwaben, kann man die Äcker vor Ungeziefer und die Menschen vor jeglicher Krankheit schützen. Da der Name Blasius volksetymologisch mit »blasen« in Zusammenhang gebracht wird, hielt man diesen Tag für besonders windgefährdet. Damit der Sturm aber nicht das Dach herunterreiße, wurde empfohlen, das Spinnrad besser nicht in Gang zu setzen, und in der Steiermark hielt man es aus dem gleichen Grund für notwendig, an diesem Tag besonders viele Krapfen zu essen. In Böhmen streute man dem Wind außerdem Salz, Asche und Mehl als Opfergabe entgegen.

Der Blasiustag bestimmt nach weitverbreiteter Ansicht, wie sich das Wetter im ganzen Jahr gestalten wird. So sagen die Bauern: »Weht es an Sankt Blasius, gibt es im Jahr viel Wind«, oder, vor allem in Schwaben:

»Sankt Blas und Urban ohne Regen,
folgt ein guter Weinsegen.«

Blau
Die blaue Farbe gilt allgemein als von böser Vorbedeutung, denn nach dem Volksglauben vieler Länder ist sie mit den unheimlichen Mächten eng verbunden. So sind, wie es vielerorts hieß, zahlreiche Feenwesen blau gekleidet, und Blitz, Irrlichter und andere Licht- und Geistergestalten werden als bläulich betrachtet bzw. geschildert. Den Schlesiern zufolge hat der Alp blaue Lippen, und anderswo wußte man, daß Zwerge und Nisse auf dem Kopf einen blauschimmernden Edelstein trügen, der ihnen des Nachts leuchte. Von der Pest aber wurde behauptet, sie nahe sich als blaues Flämmchen oder Wölklein.

Um alle diese gefährlichen Wesen abzuwehren oder von Geistern verursachte Krankheiten oder Schäden zu heilen, bediente man sich aber nach dem Prinzip »Gleiches mit Gleichem« gerade der blauen Farbe – und zwar vor allem in Form von blauen Stoffen, Bändern oder Blumen, die beispielsweise umgebunden, am Hut getragen oder in Kränze gewunden wurden. Dies ging so weit, daß Kranke ausdrücklich nur unter blauem oder blau gemustertem Bettzeug liegen durften und die abergläubische Hausfrau Kamillesäckchen nur aus blauem Leinen nähte. In Schlesien wurde aus dem gleichen Grund einem Kind, von dem man befürchtete, daß es beschrieen (→ Beschreien) sei, ein blaues Papierpflaster auf den Magen gelegt, nach drei Tagen abgenommen und unter einem Holunder vergraben. Um Halsweh zu heilen, umwand man den Hals mit einem blauen Seidenband oder, über Nacht, mit einem blauen Strumpf; Bauchschmerzen wurden kuriert, indem man blaue Leinentücher auf den Leib legte, und ein neunmal um eine Zehe des linken Fußes gewickelter blauer Wollfaden half angeblich gegen das Fieber. Auch blaue Steine, wie etwa der Saphir oder der Lapislazuli, sollen, am Körper getragen, Abwehr und Heilung von allem Übel gewähren. Diese enge Verbundenheit der blauen Farbe mit potentiell unheilvollen, unheimlichen Mächten erklärt auch das mancherorts ausdrücklich für eine Braut ausgesprochene Verbot, bei der Hochzeit ein blaues Kleid zu tragen. Eine empfohlene Methode aber, die Truden und andere böse Wesen von Stall und Haus fernzuhalten, war, blauen Rittersporn zu pflücken, über die Tür zu stecken und dazu gewissermaßen an Stelle der Geister zu sprechen:

»Hier sind blaue Rittersporn,
Hier haben wir unsere Spur verlorn.«

Böser Blick

Namentlich aus dem Orient und aus südeuropäischen Ländern ist die Vorstellung bekannt, daß manche Menschen unwillentlich – und andere absichtlich – vor allem kleinen Kindern mit ihrem »bösen Blick« schaden können. Wie man noch heute felsenfest glaubt, sind es hauptsächlich der Neid und andere gehässige Empfindungen, deren »Strahlen« eine negative Wirkung erzeugen. Um daher solche Gefühle gar nicht erst aufkommen zu lassen, wird im Orient beispielsweise in jeden schönen Stoff oder Teppich absichtlich wenigstens ein Fehler, sei es in der Farbe oder im Muster, eingewoben, der kritische und potentiell übelwollende Augen ablenken und beschwichtigen soll. Kinder aber werden nach Möglichkeit den Blicken Fremder, menstruierender Frauen und Kranker entzogen und zur zusätzlichen Absicherung mit Amuletten behängt.

Bei uns zulande gab es in früheren Zeiten eine Reihe von Methoden, mit deren Hilfe man herauszufinden hoffte, ob jemand von »übeln ougen« getroffen worden war. Ein beliebtes Verfahren bestand darin, bestimmte Gegenstände, wie etwa ein Ei, glühende Holzkohlen oder Eicheln in ein Gefäß voll Wasser zu werfen; je nachdem, ob sie schwammen oder untergingen, faßte man es als gutes oder schlechtes Zeichen auf. Da die Wirkung des bösen Blickes immer sehr schlimm sein und im wesentlichen – bei Mensch, Tier und Pflanze – in allgemeinem Dahinsiechen bestehen soll, hielt man es zu allen Zeiten für ratsam, sich prophylaktisch davor zu schützen. Am gebräuchlichsten waren und sind am Hals getragene Amulette, daneben wurden Haus und Hof durch eine Vielzahl von Gegenständen geschützt, die, angefangen bei bestimmten Pflanzen, über Tierknochen bis hin zu Hufeisen, Münzen und Nägeln reichten.

Holzschnitt aus dem 16. Jahrhundert, aus: Giovanni Battista Nazari: Della transmutatione metallica

Brennessel

Die Brennessel (*Urtica dioica*) ist seit alters her als antidämonische Pflanze bekannt, und allgemein wurde auch von ihr behauptet, daß sie Blitz und Donner abhalte, weshalb sie im Volksmund auch Donnernessel heißt. Dort, wo ein Nesselbusch steht, so glaubte man beispielsweise in Bayern, schlägt der Blitz nicht ein; will man sein Haus bei Gewittern wirksam geschützt wissen, sollen nach Auskunft der Steirer am Gründonnerstag Brennesseln gesammelt und auf dem Dachboden verwahrt werden. Vielleicht weil auch die Liebe als brennend bezeichnet wird, schrieb man der Brennessel und vor allem ihren Samen neben ihren anderen Tugenden auch noch aphrodisische Kräfte zu. Ein Mädchen, das sich die Liebe eines bestimmten Mannes sichern möchte, kann nach einem aus der märkischen Heide bezeugten Brauch am Abend vor → Johanni (24. Juni) einen Brennesselzweig abbrechen, ihn vor Lippen und Augen schwenken und dazu sagen:

»Krauskopf (damit ist die Nessel gemeint),
locke den Krauskopf (das heißt, den Mann) heran,
ach, wie das jetzt flattern kann.«

Die so besprochene Nesselpflanze legt das Mädchen dann auf die Türschwelle des Erwählten, und sobald dieser am nächsten Morgen darübersteigt, gehört sein Herz ihr. Daß die Brennessel schließlich auch noch sehr gesund ist, dürfte allgemein bekannt sein. Schon Plinius erklärt, daß im Frühjahr gegessene Nesseln das ganze Jahr über vor Krankheit schützen. Holt und ißt man sie am Gründonnerstag, bewahren sie nach bayrischer Überzeugung zusätzlich auch noch vor Geldmangel.

Damit sind die Gaben der Brennessel aber offenbar noch nicht erschöpft, denn einer Schweizer Sage zufolge sagte im Reußtal einmal ein vorbeiziehender fahrender Schüler: »Wenn die Menschen wüßten, für was die Nesselnwurzeln gut sind, so wären sie reich genug!« Man bot ihm sofort zweihundert Franken, damit er das Geheimnis verrate, aber zu der Reußtaler Leidwesen weigerte sich der Scholar standhaft, es preiszugeben.

Brot

Es versteht sich fast von selbst, daß Brot als das Grundnahrungsmittel schlechthin im Volksglauben eine überragende Bedeutung besaß. Es – und zwar vor allem das Schwarzbrot – galt regelrecht als die Seele des Hauses. Vor allem bei bestimmten Feierlichkeiten, wie der Aussaat, der Ernte, an Weihnachten und anderen Festen waren Brotopfer an der Tagesordnung und wurde unter Einhaltung bestimmter Riten Brot gebacken und gegessen oder verschenkt. Man schrieb ihm zu, daß es die dämonischen Mächte banne, gegen Krankheiten helfe und ganz allgemein Unheil abwende. Auch für Liebeszauber soll es gut zu gebrauchen sein: Ein einfaches, wenngleich nicht sehr appetitliches Rezept schreibt vor, daß man ein Stück Brot unter der Achselhöhle trägt, bis es mit Schweiß durchtränkt ist, und dann der zu bezaubernden Person zu essen gibt. Ein Mädchen aber, das wissen möchte, ob es im nächsten Jahr heiraten wird, soll sich nach bayrischem Glauben am Abend vor Weihnachten ein Brötchen kaufen, ein Stück Rinde davon abbrechen und den ganzen nächsten Tag unter der Achsel tragen. Dann soll sie das Brot mit ins Bett nehmen und sagen: »Jetzt hab' ich mich gelegt und Brot bei mir / wenn doch mein feins Lieb käme und äße mit mir.« Ist das Brot am nächsten Morgen angenagt, wird sie in naher Zukunft heiraten.

Eine Unmenge an Vorschriften betreffen die Art und Weise, wie im Haus mit Brot umzugehen sei. Beispielsweise darf ein Brotlaib nie auf dem Rücken liegen, weil das angeblich Streit, Unglück oder Krankheit nach sich zieht. Er darf auch nicht mit dem angeschnittenen Teil zur Tür zeigen, weil sonst das Glück oder die Nahrung aus dem Haus geht. Über Nacht soll man das Brot einwickeln, da es schlafen möchte; auf keinen Fall soll man es auf dem Tisch liegen lassen, weil sonst die armen Seelen weinen. Angebotenes Brot muß man ganz aufessen, für geliehenes darf man sich nicht bedanken, warmes Brot nicht verschenken, gefundenes Brot nicht aufheben, und das Endstück darf man keinem Bettler geben. Über Träume schließlich, die von Brot handeln, heißt es in einem Traumbuch des siebzehnten Jahrhunderts: »Wann einem traumet, wie er gar brühheiß Brot esse, so wird er Reichtum mit Angst erlangen wegen des Feuers, nach dem das Brot sehr heiß gewesen; isset er kalt Brot mit Käse, so wird er Reichtum und Wohlfahrt haben.«

Brunnen → Quelle.

Buche

Die Buche (*Fagus silvatica*) ist ein alter germanischer Kultbaum, der nicht zuletzt wegen seiner Früchte, die oft genug die Armen vor dem Verhungern bewahrten, in Ehren gehalten wurde. Daß man bei Gewittern »Buchen suchen« muß, weil in sie angeblich der Blitz nicht einschlägt, ist allgemein bekannt. Weniger geläufig dürfte hingegen die früher weitverbreitete Vorstellung sein, daß mit einem »T« beschriebene Buchenblätter vor allem Schaden und unheilvollen Kräften schützen sollen. Die Bauern bedienen sich der Buche auch heutzutage noch für verschiedene Wetterprophezeiungen. Viele Bucheckern, sagen sie, bedeuten einen harten Winter und ein Mäusejahr. Bei den Schwaben heißt es, daß mit einer frühen Ernte zu rechnen sei, wenn die Buchen im Frühjahr zeitig ausschlagen, und daß die Getreidepreise steigen, wenn die ersten Blättchen unten erscheinen; sinken werden sie dagegen, wenn die Bäume zuerst oben grünen. Möchte man wissen, wie der kommende Winter werden wird, kann man nach altem viel geübten Brauch an Allerheiligen einen Span aus einer Buche schneiden. Ist er trocken, wird es der Winter auch sein und obendrein noch mild. Ist er aber feucht, steht ein sehr kalter Winter ins Haus.

C

Chalzedon
Das – wahrscheinlich nach der antiken griechischen Stadt Chalkedon so genannte – in mehreren Farben vorkommende Mineral soll nach alter Überzeugung, am Finger getragen, Sieg in allen Dingen verleihen und das Fieber mildern. In einer schwäbischen Klosterhandschrift des fünfzehnten Jahrhunderts heißt es genauer, der Stein gebe, am Hals getragen, die Kraft, Widersacher zu überwinden, die Anschläge böser Geister abzuwehren und sich der Sünde zu enthalten. Darüber hinaus sagt man dem Chalzedon nach, daß er die Schwermut vertreibt und die physische Stärke erhält. Nach mittelalterlichem Glauben ist er der Stein der im Juni Geborenen. Ihnen besonders soll er die Sorgen vertreiben und Glück bringen.

Chiromantie → Handlesen.

Chrysolith
Das Wort »Chrysolith« ist griechischen Ursprungs und bedeutet soviel wie Goldstein. In Gold gefaßt schützt der klare blaßgrüne Stein seinen Träger, wie man früher glaubte, vor Alpträumen, und als Amulett zieht er Ehren und Würden an. Er sollte an der linken Hand getragen werden, dann bewirkt er angeblich Reichtum und Macht; durchbohrt man ihn und zieht ein Eselshaar durch das Loch, soll er außerdem die bösen Geister abwehren. Weil ihm auch durstlöschende Eigenschaften zugeschrieben wurden, legten ihn sich Fieberkranke unter die Zunge. Des weiteren hieß es vom Chrysolithen, daß er die Melancholie verjage, Zornesausbrüche zähme und Weisheit bringe. Er ist der Monatsstein der im September Geborenen.

Chrysopras
Der Chrysopras (grüner Chalzedon) ist ein Halbedelstein, der als Symbol des Erfolges und der Beredsamkeit gilt. Er verleiht, wie man früher glaubte, Selbstvertrauen, Ehrgeiz und große

Willenskraft. Gleichzeitig soll er seinen Träger glücklich und großzügig machen und dafür sorgen, daß er vom anderen Geschlecht geliebt wird. Schließlich wurde von ihm noch behauptet, daß er, an der Handwurzel getragen, asthmatische Beschwerden lindere.

D

Dach

Wie fast überall auf der Welt, spielt das Dach auch im deutschen Volksglauben eine sehr wichtige Rolle. Es ist nicht nur derjenige Teil des Hauses, der für den Schutz der in ihm lebenden Menschen natürlich von größter Wichtigkeit ist: nach allgemeiner Ansicht ist es auch der Hauptangriffspunkt für dämonische Kräfte aller Art – seien es die Seelen unglücklich Verstorbener oder andere böswillige Geister. Daher opferte man all diesen Wesen an bestimmten Tagen, so an den Abenden der → Rauchnächte und am Vorabend des 6. Januar, Nudeln, Krapfen und Eier, die man ihnen auf das Dach legte. Dem Hausgeist, der sich gleichfalls mit Vorliebe im Dachgebälk aufhalten soll, stellte man vielerorts regelmäßig ein Schüsselchen voll Milch auf den Dachboden. Wie eng der Hausgeist mit dem Dach in Verbindung gebracht wurde, zeigt der aus Elsaß-Lothringen überlieferte Brauch, beim Abbruch eines alten Hauses zwei Dachziegel in Form eines Daches aneinanderzustellen, damit der Geist dort zurückblieb und nicht mit in die neue Wohnung umzog.

Neben dem First als höchstem Punkt des Daches ist vor allem die Dachtraufe ein in vielfacher Hinsicht bedeutsamer Ort. Bis zu ihr gelangen einerseits die übelwollenden Mächte von außen und andererseits die guten Geister, die im Inneren des Hauses leben. Damit ist sie eine → Grenze und als solche höchst ambivalent. Aus diesem Grund ist mit ihr auch eine Unzahl von Ritualen verbunden, die fast immer einen magischen Charakter haben. Oft wurden beispielsweise in Zaubereien jeder Art verwendete Gegenstände unter ihr vergraben. Sobald diese Dinge verrottet waren, wurde der Zauber wirksam und es verschwanden, falls es dabei um eine magische Kur ging, die jeweiligen Leiden, wie etwa Warzen oder das Fieber. So große Wunderkraft wurde der Dachtraufe zugeschrieben, daß beispielsweise kleine Kinder, die nicht laufen lernen wollten, unter ihr entlanggeführt wurden, während man dabei die drei heiligen Namen (Jesus, Maria und Josef) aussprach. In der Gegend von Landshut empfahl man als wirksames Mittel gegen Kopfweh einen tüchtigen Trunk Traufenwasser.

Daumen

Der Daumen galt im Gegensatz zu den übrigen Fingern seit alten Zeiten als mit übernatürlichen Kräften begabt und außerdem als glückbringend. Daher rührt auch der schon bei den Römern bezeugte Brauch des »Daumendrückens«, bei dem, wenn man es richtig machen möchte, die vier anderen Finger um den Daumen herum zur Faust geballt werden müssen. Wie man sagte, werden die stets auf der Lauer liegenden böswilligen und neidischen Mächte, die der jeweiligen Angelegenheit, für die man jemandem Erfolg wünscht, schaden könnten, auf diese Weise »festgehalten«. Wirksam soll dieses Verfahren nach schlesischem Glauben auch nachts sein, wenn man Alpträume verhindern möchte; und wie die Thüringer sagten, kann man einem Menschen dadurch, daß man ihm im Schlaf den Daumen festhält, seine intimsten Geheimnisse entlocken.

Doch auch zur Behandlung der unterschiedlichsten Krankheiten soll der Daumen von Nutzen sein. Bei Halsweh beispielsweise wurde der Hals mit dem Daumen gerieben, bei Kolik umkreiste man mit ihm den Nabel, und auf Wunden legte man kreuzweise beide Daumen. Gegen Seitenstechen empfahlen die Sachsen, den entsprechenden Daumen mit der anderen Hand kräftig zu drücken, am besten aber beim Laufen gleich einen Daumen eingeschlagen zu halten, denn dann würde das Problem gar nicht erst auftreten.

Eine Besonderheit stellte in früheren Zeiten der Daumen eines Gehenkten dar – und am besten der eines erhängten Diebes. Diesem Daumen wurden die verschiedensten magische Kräfte zugeschrieben, doch vor allem pflegten sich Wirte seiner zu bedienen. Sie waren fest davon überzeugt, der Besitz eines solchen Daumens sichere ihnen, insbesondere wenn das unappetitliche Amulett ins Bier oder in den Wein gelegt wurde, einen nie versiegenden Zustrom von Gästen. Wie weit verbreitet dieser Glaube war, zeigt noch Theodor Storms traurige Novelle ›Im Brauerhause‹.

Dezember

Der Dezember war bei den Römern der dem Saturn geweihte Monat, in dem unter anderem die Saturnalien, ein ausgelassenes Freudenfest, gefeiert wurden. Auch bei den Germanen wurde der Hart-, Schlacht- oder Wolfmonat (wie ihn unsere Vorväter nannten) als positive Zeit angesehen und galten alle Dezembergeborenen als glücklich. Lediglich der 1. Dezember ist eine Ausnahme: Er wird als Unglückstag gefürchtet, weil an ihm Sodom und Gomorrha zerstört worden sein sollen. Da in den Dezember einerseits die dunkelsten Wochen des Jahres fallen – die Zeit, in der die Geister umgehen – und andererseits die früher mit Lichterfesten freudig begangene Wintersonnenwende (21./22. Dezember), galt der Monat als ambivalent und daher für die Durchführung von Orakeln besonders geeignet. Auch für meteorologische Voraussagen ist der Dezember von wesentlicher Bedeutung. In Tirol achtete man sehr genau auf das Wetter der zwölf Tage zwischen Weihnachten und Dreikönig und ordnete jedem Tag einen Monat des kommenden Jahres zu. Dem Weihnachtstag entspricht also der Januar, dem Stephanstag der Februar usw. Und wie das Wetter am jeweiligen Tag ist, so wird, wie die Tiroler glaubten, auch der entsprechende Monat werden.

Schließlich sagen die Bauern in verschiedenen Gegenden Deutschlands:

»Dezember kalt mit Schnee,
Gibt Korn auf jeder Höh.«

Diamant

Das Wort »Diamant« geht ursprünglich auf das griechische *adamas*, »unbesiegbar«, zurück. Diese Eigenschaft wurde dem Diamanten seiner Härte wegen fast auf der ganzen Welt zugeschrieben, und im Mittelalter galt er bei uns dementsprechend als Sinnbild heroischer Tugend und unüberwindlicher Stärke. Dieser Glaube war so weit verbreitet und tief verwurzelt, daß es sogar noch während des ersten Weltkriegs geweihte Brillanten zu kaufen gab, die den Träger angeblich gegen jede Niederlage feiten.

Der Diamant verleiht, wie man sagte, diese positiven Eigenschaften jedem, der ihn als Talisman bei sich trägt, und schützt angeblich gleichzeitig vor dämonischen Einflüssen, Verwundungen, bösem Blick, Besessenheit und Gift. Damit nicht genug, soll der Diamant als Symbol der Festigkeit die Liebe intensivieren und Harmonie in der Ehe garantieren. Wenn in Frankreich ein Mann herausfinden wollte, ob seine Frau ihn betrog, legte er ihr des Nachts einen Diamanten auf den Kopf. Schlief sie ruhig weiter und wachte am anderen Morgen gutgelaunt auf, konnte ihr Gatte beruhigt sein. Schreckte sie dagegen plötzlich hoch und zeigte sich von ihrer unangenehmsten Seite, war, so wußte er, sein Verdacht begründet.

Der Diamant ist der Monatsstein der im April Geborenen. Ihnen besonders vermittelt er Treue, Beständigkeit und Tapferkeit.

Diebstahl

In früheren Zeiten galt Diebstahl als Kapitalverbrechen und wurde als solches mit dem Tode, mit Brandmarken oder mit dem Pranger bestraft. Nachsicht wurde nur Schwangeren gegenüber geübt, und zwar insofern, als sie von Feldfrüchten nehmen durften, soviel sie wollten, und ihnen mancherorts sogar gestattet wurde, ohne Bezahlung ein bestimmtes Quantum Fische zu fangen. Trotz der drakonischen Strafen aber blühte das Diebswesen, und dementsprechend versuchten die Menschen, sich mit den verschiedensten Abwehrmaßnahmen vor Verlust ihres Eigentums zu schützen. Während in heidnischer Zeit Runen an das Haus geschrieben wurden, waren es später Kreidekreuze oder geheimnisvolle Worte, wie zum Beispiel, in Brandenburg, »Nichtskosemich«. Am beliebtesten und am weitesten verbreitet war aber der Brauch, die Tür mit einem sogenannten »Diebssegen« zu weihen, der bewirken sollte, daß der Einbrecher auf der Schwelle festgebannt oder zum Umkehren gezwungen wurde. Ein solcher – vergleichsweise kurzer – Segen lautete etwa: »Dieb, Dieb, kehr wieder um, Gott Vater bindt dich, Gott Sohn zwingt dich, der heilige Geist wendt dich.« Naiver sind Sprüche, die die Diebe auffordern, sich niederzusetzen, das Geld unter sich aufzuteilen, zu essen und dann »festzusitzen«.

Konnte der Einbruch aber mit solchen Mitteln nicht verhindert werden, galt es, den Dieb aufzuspüren. Ein bis vor kurzem noch allgemein gebräuchliches Hilfsmittel hierzu war der sogenannte »Erbschlüssel«. In Schlesien legte man ihn auf die aufgeschlagene Familienbibel, zog einen Kreidekreis um beides und schrieb außen an den Rand die Namen der Verdächtigen. Dann drehte man den Schlüssel. Der Name, auf den der Bart des Schlüssels zeigte, war der des Diebes. Doch gab es daneben auch noch unzählige weitere Methoden, bei denen unter anderem ein »Erbsieb«, gesegnetes Wasser, Feuer oder Räder eine Rolle spielten. In der Oberpfalz grub man gar Tote aus, um sie nach dem Namen des Diebes zu befragen, und noch im Jahre 1913 soll ein schwäbischer Bauer einen Zauberspiegel besessen haben, in dem man Diebe sehen konnte und der von weit und breit die Menschen anzog. In Pommern probierte man es auch damit, sich während der Nacht Brot und Knoblauch auf den linken Arm zu binden, um von dem Dieb zu träumen. Wichtig war dabei nur, sich am Morgen nicht den Hinterkopf zu reiben, weil man sonst angeblich den Traum vergaß.

Gut war es, wenn der Dieb einen Teil seiner Beute vergessen oder liegengelassen hatte, denn mit diesem Rest konnte man ihn – so zumindest der weitverbreitete Glaube – zwingen, das Entwendete zurückzubringen. Auch hierbei gab es die vielfältigsten und phantasiereichsten Methoden, wovon eine in Norddeutschland geübte darin bestand, das Übriggebliebene in ein Säckchen zu legen, Pferdeurin darüber zu gießen und das Ganze dann in den Rauchfang zu hängen. Hatte der Dieb unvorsichtigerweise seine Fußspur irgendwo zurückgelassen, war es um seine Chancen angeblich noch schlechter bestellt. Dann nämlich tat man die Erde mit der Spur in einen Sack und schlug zweimal täglich so fest wie möglich darauf ein. Der Dieb spürte, so wurde behauptet, diese Schläge, als ob man sie ihm selbst verabreichte, und begriff, daß er schließlich würde sterben müssen, wenn er das Gestohlene nicht umgehend zurückbrachte.

Dienstag

Das Wort »Dienstag« geht auf den Namen des germanischen Himmelsgottes Ziu zurück, den die Römer mit ihrem Kriegsgott Mars identifizierten. Ziu war unter anderem auch der Beschützer des Things, der Volksversammlung, in der über alle wesentlichen »Ding«e – und zwar vor allem über Rechtsangelegenheiten – entschieden wurde. Diese Vorstellung blieb bis in jüngere Zeit erhalten, und so weigerten sich, wie es aus dem Aargau überliefert ist, noch Mitte des neunzehnten Jahrhunderts ältere Männer, an anderen Tagen als dem Dienstag bei Gericht zu erscheinen. Der »Tag des Things« ist nach altem Glauben auch einer der »Fleischtage«, und während es mancherorts hieß, er sei eher ein Unglückstag, an dem besser keine neuen Vorhaben begonnen werden sollten, wurde er zumeist doch als glücklicher Tag betrachtet und vor allem für Hochzeiten empfohlen. In Württemberg hieß es dementsprechend:

»Wenn i emal heirig
Und bi no ledig,
Na halt i mei Hochzig
Am Aftermötig (Dienstag).«

Außerdem galt dieser Wochentag – als Gerichtstag – auch für besonders geeignet, um einen Dienst anzutreten oder eine neue Wohnung zu beziehen. Auch bevorzugte man ihn für alle Feld- und Gartenarbeiten und zum Abstillen von Kleinkindern. In Tirol glaubte man schließlich – und glaubt zum Teil noch heute –, daß man vom Wetter des ersten Dienstags im Monat auf dasjenige des ganzen restlichen Monats schließen könne.

Dohle

Wie den meisten schwarzen Vögeln – und allen voran der Krähe, mit der sie im Volksglauben im wesentlichen identifiziert wird – schrieb man auch der Dohle allgemein einen negativen, unglückbringenden Charakter zu. Dementsprechend lautete ein Verschen aus dem ersten Weltkrieg:

»Drüben am Wiesenrand
Hocken zwei Dohlen

Fall' ich am Donaustrand?
Sterb' ich in Polen?«

Aufgrund der ihr nachgesagten engen Verbindung zu dämonischen Mächten hielt man die Dohle auch für fähig, eher über das künftige Wetter Bescheid zu wissen als die Menschen. Deshalb achteten vor allem die Bauern stets auf ihr Verhalten und suchten daraus abzulesen, wie das Wetter werden würde. Wenn sie beispielsweise allein auf einem Haus sitzt und sich so verhält, als suche sie etwas, oder wenn sie sich zusammen mit Artgenossen in einen Graben setzt oder zur Abendzeit schreit, wird es, so sagte man im Isergebirge, bald regnen. Ein Schwarm Dohlen, der sich auf einem Feld niederläßt, deutet angeblich auf einen Wetterumschwung. Wählt er sich dagegen einen Baum zum Sitzen, wird die Sonne scheinen, und wie es in einem alten Vogelbuch heißt: »Wenn die Tulen (Dohlen) spaat ab der weid fliegend, verkündend sy ungewitter.«

Donner

Wenn es donnerte, erklärten die Wenden: »Heut ist Petrus nicht zu Haus, seine Jungen schieben Kegel«, und schlug es irgendwo ein, hieß es in Westböhmen, Petrus habe alle neune getroffen. Während die Menschen, wie aus solchen Redensarten hervorgeht, dem Donner offenbar keine allzu großen Angstgefühle entgegenbrachten, sollen sich die Naturgeister, wie → Elben, Zwerge und Trolle, um so mehr vor ihm fürchten. In Schweden wurde erzählt, daß man während eines Gewitters oft den »Skogsman« und die »Skogsfrû« (Waldmann und Waldfrau) jammern höre, und wie in zahlreichen Märchen und Sagen behauptet wird, eilen die Zwerge bei Blitz und Donner sofort in ihre Berge.

Demgegenüber versuchten die Menschen vielerorts, sich den Donner für ihre Zwecke zunutze zu machen. So glaubte man etwa in Westböhmen, man könne sich dadurch Riesenkräfte aneignen, daß man beim ersten Donner des Jahres einen schweren Stein aufhebt, einige Schritte weit trägt und dann wieder fallen läßt. Anderswo schrieb man den Namen des Tages, an dem man den ersten Donner hörte, an die Hauswand, weil man hoffte, auf diese Weise vor Blitzschlag bewahrt zu bleiben. Und wer sich beim ersten Donner des Jahres auf dem Boden wälzt, sagten beispielsweise die Steirer, braucht das ganze Jahr über kein Unglück mehr zu fürchten.

Der Donner wurde außerdem aber auch zu allerlei Wettervoraussagen verwendet. So hieß es im Allgäu, wenn es im Frühling früh donnere, gebe es im Herbst erst spät Schnee; donnere es dagegen noch spät im Herbst, setze früher Schneefall ein. In Schlesien wußte man, daß ein Nachwinter zu befürchten sei oder aber daß es noch vier Wochen kalt bleibe, wenn es über dem noch kahlen Wald donnere, und in Mecklenburg sagte man:

»Donner im Winterquartal
Bringt uns Eiszapfen ohne Zahl.«

Donnerstag

Dieser Tag war in germanischer Zeit dem Gewittergott Donar (Thor) geweiht und war als solcher allgemein ein Festtag. Nicht umsonst wurden auch einige christliche Feiertage, wie etwa Christi Himmelfahrt und Fronleichnam, auf einen Donnerstag gelegt. Früher wurde dieser Tag für Opfer an Haus- und Baumgeister bevorzugt, und er galt – durchaus nicht nur in Deutschland – als besonders günstig für Eheschließungen. In Süddeutschland hieß es kurz und bündig: »Donnerstagsheirat, Glücksheirat.« Andererseits glaubte man, vor allem in Norddeutschland, in einer an einem Donnerstag geschlossenen Ehe werde es oft »donnern«. Allgemein jedoch wurde der Donnerstag als ein für jede Art von Unternehmung besonders zu empfehlender Tag angesehen – sei es für den Einzug in eine neue Wohnung, den Antritt einer neuen Stellung, das Säen von Erbsen und sonstigen Hülsenfrüchten oder das Kurieren von Krankheiten bei Mensch und Vieh. Nach einer Handschrift des vierzehnten Jahrhunderts sollte ein krankes Pferd, damit es rasch gesunde, der Donnerstagssonne entgegengeführt werden.

Beginnt ein Monat mit einem Donnerstag, so wird das Wetter – wie die Bauern in Schleswig-Holstein meinten – den ganzen Monat lang bleiben wie an diesem Tag.

Kupferstich aus dem 17. Jahrhundert

Drache

Ebenso wie das Wort »Drache« selbst (griechisch *drákôn*), scheinen auch die mit diesem Untier verbundenen Vorstellungen aus dem antiken Griechenland zu uns gekommen sein.

Daß indes die Kunde vom Wesen und Wirken des Drachens nicht dorther stammt, beweist der chinesische Drachenkult, der bereits lange vor Beginn unserer Zeitrechnung belegt ist und der seinerseits wiederum Gemeinsamkeiten mit dem altindischen Drachenglauben aufweist. Auffallend und bemerkenswert ist die Übereinstimmung der westlichen mit der östlichen Beschreibung des Untiers als gewundene feuerspeiende Schlange mit Flügeln und Hörnern. Bei uns, das heißt, in Europa, wurde der Drache durchweg als teuflisches Wesen betrachtet, als Reittier von Sturm und Gewitter, als Gewässerdämon und menschenfressendes Ungeheuer und nicht zuletzt als Hüter von Schätzen – eine Funktion, die Schlangen auf der ganzen Welt zugeschrieben wurde. Drachen sollen mit ihrem feurigen Atem der Sage nach ganze Landstriche versengt haben, wenn ihnen nicht regelmäßig Opfer in Form von Menschen, zumeist Jungfrauen, zu ihrem Wohnort, der fast immer eine Höhle war, gebracht wurden.

Das Blut des Drachens soll schwarz und giftig gewesen sein, sein Sperma rief Epidemien hervor, sein Flug kündigte Krieg oder Feuersbrünste an, und sein Hauch führte zu sofortiger Blindheit oder gar zum Tod. Gleichzeitig aber sollten die Pflanzen, die aus ebendiesem giftigen Blut hervorwuchsen, ganz besondere Heilkräfte besitzen, und Drachenschwänze benutzte man angeblich, um die verschiedensten Krankheiten zu heilen. Auch diente aus einem toten Drachen gewonnene Salbe nach mittelalterlicher Überlieferung dazu, das Sehvermögen zu schärfen. Sogar die heilige Hildegard von Bingen wußte zu diesem Thema etwas beizusteuern, denn bei ihr heißt es: »Wenn er den Atem ausstößt, ist das Blut dick und trocken, wenn er ihn anhält, flüssig. Bei Steinbeschwerden soll etwas Drachenblut in Wasser kurze Zeit gelegt, dann entfernt und das Wasser getrunken werden; bei Verdunkelung der Augen sollen die Augenbrauen und Wimpern mit demselben Wasser gewaschen werden.«

Berühmt sind die Sagen um Helden, die einem Drachen entweder die als nächstes Opfer bestimmte Jungfrau oder aber den von ihm bewachten Schatz mit Manneskraft, Mut und Schwert entreißen. Doch dem Volksglauben zufolge gab es weit einfachere Mittel, wenigstens einen Teil des Drachengoldes an sich zu bringen. In Pommern, Thüringen, Westfalen und auch andernorts glaubte man nämlich, es genüge völlig, einem mit seinen Schätzen vorbeifliegenden Drachen ein Schimpfwort, wie etwa »Swinsdreck!«, oder aber die Aufforderung »Schütte, schütte« nachzurufen – oder aber ihm das Verschen zuzubrüllen:

»Es fährt kein Fuhrmann über Land und Brück'
Er lässet seinen Zoll zurück!«

Andernorts schwor man auf eine sogar noch simplere Methode, einen durchziehenden Drachen zur Herausgabe eines Obolus zu bewegen: man zeigte ihm den nackten Hintern!

Dreikönigstag

Der 6. Januar ist der letzte Tag der sogenannten Zwölften (Zwölf Nächte) oder → Rauchnächte und galt früher vielfach als eigentlicher Abschluß des alten und Beginn des neuen Jahres. Gleichzeitig aber fürchtete man ihn, weil man davon überzeugt war, daß sich in dieser letzten und gefährlichsten Rauchnacht die Geister besonders wild aufführen. Damit diese das eigene Haus verschonten, brachte man allerlei Opfer dar, legte ihnen also beispielsweise Schmalzgebäck aufs Hausdach oder Brot und Milch an einen anderen geeigneten Ort. Vielleicht weil an diesem Tag die Geister den Menschen näher sein sollen als sonst, wurden am Dreikönigstag, genau wie an → Silvester, eine Reihe von Orakeln durchgeführt, durch die man sich Aufschluß über das kommende Jahr oder die fernere Zukunft zu verschaffen hoffte, darunter vor allem das wohlbekannte Bleigießen. Bei jungen Leuten sehr beliebt – und gleichfalls in anderen Ländern seit alters her bekannt – war auch das »Schuhwerfen«. Zu diesem Zweck setzte man sich mit dem Rücken zur Tür auf den Fußboden und warf einen Schuh über die Schulter gegen die Tür. In Westböhmen sprach man dazu:

»Schüchel aus, Schüchel ein
Wo werd' ich heute übers Jahr sein?«

Die Richtung, in die die Schuhspitze wies, wurde als Antwort gedeutet. War sie beispielsweise gegen die Tür gerichtet, würde man bald das Haus verlassen. Zeigte sie dagegen in das Zimmer, blieb man noch ein Jahr im Haus.

Dreizehn

Der tief eingewurzelte Glaube, die Dreizehn sei eine Unglückszahl, geht auf früheste Zeiten zurück. Zum einen dürfte dies an der Vorstellung des »Überzähligen« und damit »Maßlosen« liegen, die zweifellos mit ihr verbunden ist. Sie überschreitet die gerade und vielfach teilbare Zahl zwölf, ist selbst aber eine Primzahl, steht daher zu keiner anderen Zahl in Beziehung und »stört« somit gewissermaßen die Weltordnung. Da dies aber auch auf durchaus nicht nur negativ besetzte Zahlen wie die Drei, die Fünf und die Sieben (ganz zu schweigen von allen übrigen Primzahlen) zutrifft, müssen noch weitere Gründe für die speziell negative Konnotation der Dreizehn verantwortlich sein. Im christlichen Kontext wird hier natürlich zuerst an das letzte Abendmahl erinnert, bei dem die zwölf Jünger und Jesus beisammensaßen. Davon abzuleiten ist vermutlich das immer noch weitverbreitete Unbehagen, zu dreizehn Personen am Tisch zu sitzen. Nicht nur in Deutschland, sondern beispielsweise auch in England und Frankreich glaubte man bis vor ganz kurzer Zeit – und glaubt vielleicht sogar heute noch –, daß entweder der Jüngste einer solchen Runde, der zuletzt Eingetroffene oder der, der sich zuerst erhebt, binnen einem Jahr sterben wird. Es wird berichtet, daß Napoleon streng darauf geachtet habe, nie mit zwölf weiteren Personen an einem Tisch zu sitzen, und daß Victor Hugo einmal ein Abendessen solange hinauszögerte, bis ein vierzehnter Tischgast aufgetrieben worden war.

So wurde wenigstens seit christlichen Zeiten die Zahl dreizehn mit dem personifizierten Bösen, dem Teufel, in Verbindung gebracht und damit verdammt. Daneben spielt aber bestimmt die alte Vorstellung mit hinein, daß die Zahl, die sie überschreitet, die Zwölf, eine heilige Zahl ist, die das Universum in seinen zeitlichen und räumlichen Aspekten repräsentiert und damit als Symbol der absoluten Vollkommenheit galt. Diese Ansicht impliziert natürlich, daß für die Dreizehn »kein Platz mehr ist«, weswegen diese Zahl als überflüssig und daher potentiell unheilvoll gewertet wurde. Erhöht wird die negative Wirkung der Dreizehn durch die Verbindung mit dem → Freitag, der in bestimmten Zusammenhängen als ausgeprochener Unglückstag galt und gilt.

Wie sehr auch heutzutage noch die Dreizehn als von übler Vorbedeutung angesehen wird, zeigt sich an zahlreichen Beispielen: So gibt es nicht nur bei uns, sondern etwa auch in Paris immer noch Straßen, in denen die Hausnummer dreizehn fehlt, in vielen Hotels oder Krankenhäusern findet sich kein Zimmer, ja nicht einmal eine Etage mit dieser Zahl, in Flugzeugen wird die Sitznummer dreizehn oft nicht vergeben, bei Autorennen keine Startnummer dreizehn, und in manchen Städten existiert keine Straßenbahn- oder Buslinie Nummer dreizehn.

Während die meisten Leute eingestanden oder uneingestanden ihrer Furcht vor der Zahl dreizehn durchaus nachgeben, gründeten schon Mitte des letzten Jahrhunderts und auch heute wieder eine Reihe von Menschen Vereinigungen, die Front gegen diesen Aberglauben machen. Heute wie damals treffen sich die Vereinsmitglieder an Freitagen, und zwar besonders, wenn diese auf einen Dreizehnten fallen, setzen sich zu dreizehnt an den Tisch, zerschlagen Spiegel, öffnen Schirme in Häusern und verschütten absichtlich Salz – und das alles, wie zumindest behauptet wird, ohne negative Folgen.

Die Dreizehn galt allerdings nicht immer und in jeder Beziehung als Unglückszahl, denn besonders in Lotterien und etwa beim Roulette soll sie im Gegenteil Glück bringen, und die an einem Dreizehnten Geborenen sollen es im Leben fast immer weit bringen.

E

Efeu

Den allbekannten immergrünen Efeu (*Hedera helix*) darf man nach altem Glauben nicht im Haus halten, denn das bringt nach übereinstimmender Ansicht Unglück oder Streit, oder aber die Tochter bleibt unverheiratet. Vermutlich geht dieses Verbot darauf zurück, daß der Efeu als Totenpflanze vor allem auf Gräber gesetzt wurde und heute noch wird, weshalb man ihn, wie die Thüringer sagten, auch besser nicht neben oder vor das Haus pflanzen sollte.

Vielleicht aufgrund ebendieser engen Beziehung zu den Toten und damit zur Geisterwelt benutzte man den Efeu in vielen Ländern Europas für allerlei Orakel, die Fragen nach Leben und Tod, aber auch eine künftige Heirat zum Inhalt hatten. Am Matthiastag, dem 24. Februar, gingen ledige Mädchen zu einer Quelle, zündeten Lichtchen an und warfen zweierlei Sorten von Kränzen ins Wasser: solche, die aus Efeu und Immergrün gewunden waren, und solche aus Stroh. Darauf umtanzten sie die Quelle, gingen rücklings darauf zu und griffen sich einen Kranz. War es einer aus Efeu, bedeutete das Glück, war es einer aus Stroh, Unglück. In der Nähe von Braunschweig war es auch üblich, daß Mädchen ebenfalls am Matthiastag Wasser aus drei verschiedenen Brunnen holten und dann Efeublätter darauf schwimmen ließen. Hielten sich die Blätter dicht beieinander, schlossen sie daraus auf eine baldige Heirat. Diese Art von Orakel war so weit verbreitet, daß sie in der westfälischen Grafschaft Mark im Jahre 1669 per Erlaß verboten wurde.

Ei

Den Eiern, und hier natürlich in erster Linie den Hühnereiern, wird seit jeher eine besondere Kraft zugeschrieben, und zwar vor allem denen, die in der Frühlingszeit gelegt werden. Die sogenannten »Antlaßeier«, das heißt, am → Gründonnerstag gelegte Eier, nehmen unter diesen den höchsten Rang ein. Ihnen werden die mannigfaltigsten Tugenden zugeschrieben: Sie schützen und segnen Haus und Hof, sind heilkräftig und wehren jegliches Übel ab. Daß sie auch buchstäblich Kraft verleihen können, zeigt die niedersächsische Redensart über jemanden, der schwach erscheint: »He mott noch'n paar Paaskeier mehr hebben«, und in einer Rheingauer Handschrift des siebzehnten Jahrhunderts heißt es, man solle an Ostern hartgekochte Eier essen, denn »dann bist du das gantze Jahr gesundt«. In Wien, Böhmen und Ungarn pflegte man die geweihten Ostereier in Gesellschaft zu verzehren, denn wenn man sich später irgendwo verirren sollte, brauchte man angeblich nur zu überlegen, mit wem zusammen man die Ostereier gegessen hatte, um den rechten Weg wiederzufinden.

Übrigens dürfen die Ostereierschalen nicht etwa weggeworfen werden. Nach alter Ansicht müssen sie entweder auf die Fensterbank gelegt oder um das Haus herum verteilt werden, weil sie Ungeziefer, und zwar insbesondere Ameisen fernhalten sollen. Im Allgäu streute man sie auch auf die Saatfelder in der Meinung, das Wetter schlage dann nicht um. Eier waren aber auch beliebte Opfergaben an die Toten, an verschiedene Geister und schließlich an Bäume, deren Fruchtbarkeit damit sichergestellt werden sollte. Auch als Bauopfer fanden sie bereits in alter Zeit Verwendung, wobei sie vielleicht als Ersatz für frühere Menschen- oder Tieropfer betrachtet wurden.

Ausgesprochen beliebt waren die unterschiedlichsten Eierorakel, die man an besonderen Tagen, wie etwa → Neujahr, dem → Andreastag (30. November) oder an Weihnachten durchführte. In den Alpen schüttete man in der Karfreitagsnacht um zwölf Uhr ein verrührtes Hühnerei in ein Glas voll Wasser: Aus den Figuren, die dadurch entstanden, konnte man am anderen Morgen schließen, welche Früchte in diesem Jahr geraten würden. In Österreich glaubte man, wenn man vor Sonnenaufgang durch zwei in ein Ei gebohrte Löcher schaue, könne man in die Zukunft sehen.

Während gegen vielerlei Krankheiten, wie etwa Fieber, Augenleiden, Auszehrung und Kopfschmerzen, die innerliche Anwendung von Eiern empfohlen wurde, galt das Ei in früheren Zeiten auch als hervorragendes Mittel, um ein beliebiges

Leiden von außen zu entfernen, das heißt, dem Kranken »abzunehmen«. Die häufigste und am weitesten verbreitete Methode dieser Art von Krankheitsübertragung bestand darin, ein Ei so lange im Urin des Kranken zu kochen, bis die Flüssigkeit auf die Hälfte eingedickt war. Dann bohrte man das Ei an, trug es schweigend zu einem Ameisenhaufen und legte es hinein. Sobald die Ameisen das Innere des Eis aufgegessen hatten, verschwand, wie es hieß, auch die Krankheit. Gleichfalls in ganz Deutschland – und zwar unter den verschiedensten Bezeichnungen, wie etwa Plaudergaggele, Schnatterei oder Schwätzoi – bekannt ist das Ei, mit dem man ein kleines Kind dazu bringen wollte, gut sprechen zu lernen. Oft war es so, daß der Pate oder die Patin des betreffenden Kindes drei, sechs oder neun solche Schnattereier mitbrachte, damit Mund und Zahnfleisch des Kleinkinds bestrich und dazu etwa sprach:

»Kinnel lärn's schwatzen
Wie die Hihnla's gatzen.«

Eiche

Die Eiche (*Quercus robur*) ist einer der religions- und kulturgeschichtlich bedeutsamsten Bäume überhaupt. Sie genoß bei praktisch allen indogermanischen Völkern – insbesondere bei den Griechen, den Römern, den Kelten und den Germanen –, daneben aber auch etwa bei den Japanern, die einen speziellen Eichengott kannten, hohe kultische Verehrung. So wie im alten Griechenland dem Zeus, war sie – vielleicht, weil sie erwiesenermaßen so oft vom Blitz getroffen wird – bei uns zulande dem Donar (oder Thor, wie er in Skandinavien hieß) geweiht. Darüber hinaus galt sie insbesondere als zauberwidriger Baum, weswegen ihre Zweige zur Abwehr von unheilvollen Geistern in Kränzen vor die Fenster gehängt wurden. Sehr häufig bediente man sich zudem einer Eiche, wenn es darum ging, eine Krankheit von Mensch oder Tier weg auf einen anderen »Träger« zu bannen. Hierfür verbohrte man etwa bei Gicht, Zahnschmerzen oder Fieber Finger- oder Zehennägel oder auch Haare des Leidenden in ein Loch im Stamm; oder aber man band ein Kleidungsstück, das mit der kranken Körperstelle in Berührung gebracht worden war, an einen der Äste und sagte beispielsweise:

»Eichbaum, ich klage dir,
Die Gicht, die plaget mir.
Ich wünsche, daß sie mir vergeht
Und in dir besteht.«

Wie ein altes »Rezept« zeigt, machte man sich die der Eiche zugeschriebene Zauberkraft auch zu anderen, weniger ehrbaren Zwecken zunutze. So heißt es hier nämlich über die »Kunst, daß sich das Weibsvolk muß nackend entdecken und das Gewand aufheben«: »Schreibe mit Hasenblut den Namen der Frau auf Eichenholz und leg es auf die Schwelle. Wenn sie darüber geht, so hebt sie das Gewand bis auf den Nabel auf.« Die Frau ihrerseits konnte sich für die ihr angetane Schmach dadurch rächen, daß sie dem Witzbold die »Manneskraft raubte«. Hierzu mußte sie einen Eichenzweig, der nach Süden gewachsen war, mit einem Messer spitz zuschneiden und mit drei Fußtritten dort, wo der Betreffende uriniert hatte, in die Erde treten. Wollte sie ihre Tat nach einer Weile aber wieder ungeschehen machen, brauchte sie nur den Stock wieder herauszuziehen.

Die Bauern glauben, daß ein strenger Winter mit viel Schnee ins Haus steht, wenn die Eichen viele Früchte tragen und ihr Laub lange behalten.

Eisen → Hufeisen.

Eisenkraut

Die besondere Wertschätzung, die dem Eisenkraut (*Verbena officinalis*) früher bei uns zulande entgegengebracht wurde, soll auf die Antike zurückgehen. Andererseits ist keineswegs klar – und sogar eher unwahrscheinlich –, daß die im alten Rom in hohen Ehren gehaltene Verbena, mit der unter anderem Tempel ausgekehrt wurden und die man bei verschiedenerlei Kulthandlungen verwendete, tatsächlich mit der in Deutschland wachsenden Art identisch war. Fest steht jedenfalls, daß unserem unscheinbaren Eisenkraut seit alters her eine große Kraft zugeschrieben wird. Ihm wird eine besondere Beziehung zum Planeten Venus nachgesagt, weswegen es eng mit der Liebe verbunden ist; in die Wiege gelegt, bewirkt es, daß ein Kind später gerne lernt, und allgemein schenkt es Wohlhabenheit oder eine reiche Ernte. In den Schuh gelegt, soll es Müdigkeit verhindern, und, als Amulett getragen, überhaupt alles Negative abwehren. Auch dem, der die Liebe der Frauen erringen wollte, wurde Eisenkraut empfohlen – wie dieser Vers bezeugt:

»Der kan Verbenam graben
das in die Meitlein lieb miesend haben.«

Doch gleichgültig, wozu und in welcher Form man die Pflanze verwenden wollte, war die wichtigste Bedingung, daß sie mit nichts Eisernem ausgegraben wurde. Dementsprechend lautet ein bekannter Spruch, den Männer, die sich bei Frauen beliebt machen wollten, früher aufzusagen pflegten:

»Verbena, Agrimonia, Modelger,
Karfreitags gegraben, hilft dich sehr,
daß dir die Frauen werden hold;
Doch brauch kein Eisen, grab's mit Gold.«

Das mit einem goldenen oder silbernen Werkzeug gegrabene Kraut sollte man erst einmal liegen lassen und so lange bewachen, bis der Morgentau darauf gefallen war. Zuvor aber mußte die Erde mit Wachs und Honig versöhnt werden. Als für das Sammeln der Pflanze besonders geeignete Tage galten Christi Himmelfahrt, Peter und Paul (29. Juni) oder aber Johanni (24. Juni). Im Harz pflückte ein Mann, wenn er unglücklich verliebt war, an einem der genannten Tage sieben Stengel Eisenkraut, umband sie mit sieben Fäden aus einem Hemd der Angebeteten und legte das Bündel dieser unter das Kopfkissen. Anschließend konnte er, wie man glaubte, zuversichtlich auf Gegenliebe hoffen.

Daneben spielte das Eisenkraut aber auch in der Volksmedizin eine wichtige Rolle, und zwar hauptsächlich als Mittel gegen Kopfschmerzen. Während bereits in der Antike dem Leidenden empfohlen wurde, sich einfach einen Eisenkrautkranz auf den Kopf zu setzen, kannten die Rheingauer auch eine prophylaktische Verwendung der Pflanze: Pflückt man sie nämlich in den Hundstagen (24. Juli bis 23. August) vor Sonnenaufgang, bleibt man angeblich das ganze Jahr über von Kopfschmerzen verschont.

G.O.

Elben

Die Elben sind nach altem Volksglauben mit der Natur eng verbundene Geistwesen überwiegend weiblichen Geschlechts. Wie zahllose Märchen, Sagen und Berichte übereinstimmend bezeugen, halten sie sich oft in der Nähe der Menschen auf und machen sich, wenn Not am Mann ist, gern nützlich: So helfen sie etwa den Bauern, wenn ein Unwetter droht, das Heu einzubringen, melken die Kühe oder wissen bei Krankheiten allerlei Heilmittel und Kuren zu empfehlen. Sie gelten als freundlich und fröhlich, aber auch als außerordentlich empfindlich, denn Neckereien oder gar Spott vertragen sie überhaupt nicht. Manch einer soll von den Elben für einen solchen üblen Scherz mit einer Krankheit bestraft worden sein. Wie tief dieser Glaube im Bewußtsein unserer Vorfahren verwurzelt war, zeigt die Tatsache, daß noch vor verhältnismäßig kurzer Zeit Mitesser oder plötzlich auftretende Gesundheitsprobleme in Norddeutschland als »fliegende Elben« bezeichnet wurden.

Da die weiblichen Elben sehr hübsch sein sollen, verfielen, so sagt man, nicht wenige Männer ihren Reizen. Einer solchen Verbindung war aber in den allerseltensten Fällen ein dauerhaftes Glück beschert, denn in der Regel war an sie eine Bedingung geknüpft, die der Mann früher oder später – aus Unachtsamkeit oder in einem Anfall von Zorn – übertrat. Aus ganz Europa sind Märchen und Berichte bekannt, die eine solche unglückliche Liebesbeziehung zum Gegenstand haben, und auch die Dichter befaßten sich schon früh mit den verführerischen Wesen. Der Ende des zwölften Jahrhunderts lebende Minnesänger Heinrich von Morungen sagte beispielsweise über den Zauber des Elbenblicks: »Von den elben wird entsen vil manic man: So bin ich von großer liebe entsen«, was Käte Heß-Worms folgendermaßen übersetzte:

Wie der, den Elfenaugen sahn, verzaubert ist,
So bin ich deinen Augen nun verfallen.

Wie hier deutlich wird, werden die Elben oft und gern mit den Elfen gleichgesetzt, wobei anzumerken ist, daß »Elfe« überhaupt kein deutsches Wort ist, sondern eine Entlehnung aus dem Englischen. Anläßlich seiner Übertragung von Shakespeares ›Sommernachtstraum‹ sah sich nämlich der Dichter Christoph Martin Wieland Ende des achtzehnten Jahrhunderts mit der Frage konfrontiert, wie er das englische *elf* wohl übersetzen solle, und entschied sich schließlich für »Elfe«. Im Gegensatz zu den handfesten Elben blieben die ätherischen, mit zarten Schmetterlingsflügeln ausgestatteten Elfen aber dem Volksglauben fremd, und so lebten sie praktisch nur in der Literatur und bildenden Kunst fort.

Elster

Die Elster ist ein Symbol für Schwatzhaftigkeit und Streitsucht, und sie galt früher, wie der → Rabe, als Hexentier – worauf auch ihr schwäbischer Name »Gagelhexe« hinweist. Vermutlich deshalb wurde sie als ausgesprochener Unglücksvogel angesehen, dem man am besten überhaupt nicht begegnen sollte: So deutete man in verschiedenen Gegenden Deutschlands eine oder mehrere auf einem Haus sitzende oder in dessen unmittelbarer Nähe fliegende Elstern als Ankündigung eines unangenehmen Besuchs, von Zank und Streit oder gar noch Schlimmerem. Um dieses schlechte Omen abzuwehren, empfahl man in Schlesien, die Vögel symbolisch mit dem Besen zu vertreiben.

Dort wie anderswo hielt man allerdings nicht jeden Anblick einer Elster für negativ. Sah man sie nämlich vormittags von vorne auf sich zukommen, nahm man dies als gutes Vorzeichen, und als ein noch besseres, wenn es *zwei* Vögel waren. Dann, so wußte man nämlich, stand eine Heirat oder ein anderes freudiges Ereignis ins Haus. *Drei* Elstern dagegen sollen einen guten Tag oder eine schöne Reise ankündigen, *vier* angenehme Neuigkeiten und *fünf* einen netten Besuch. Und ein Elsternnest in der Nähe eines Hauses bringt nach alter weitverbreiteter Ansicht ihm und seinen Bewohnern Glück.

Anhand des Verhaltens der Elstern stellten die Landbewohner auch eine Reihe von Wetterprognosen. Schwatzen die Vögel viel, so soll es Regen geben, nisten sie hoch oben im Baum, steht nach Erkenntnis der Luxemburger ein nasses Jahr bevor, nisten sie in der Mitte, ein trockenes. Und in Mecklenburg sagte man:

»Wenn sich die Elstern zanken,
So brechen die eisigen Schranken.«

Erbse

Unter den Gemüsen hatte die Erbse im Volksglauben eine besondere Stellung inne, denn sie galt weit und breit als Symbol der Fruchtbarkeit. Dementsprechend wurde sie in Ehren gehalten, war an bestimmten Tagen des Jahres – vor allem an Fastnacht, Ostern und Johanni (24. Juni) – die traditionell vorgeschriebene Speise und fand bei allerlei Fruchtbarkeitszaubern Verwendung. Daneben bedienten sich wenig freundliche Zeitgenossen der Erbse auch, um anderen Menschen Geschwüre anzuhexen – beispielsweise indem sie sie in den Kot desjenigen steckten, dem sie schaden wollten. Doch nach allgemeiner Ansicht kann man sich auch selbst Schwären zuziehen, wenn man während der → Zwölften, also den Tagen zwischen Weihnachten und dem sechsten Januar, Erbsen ißt. Unsichtbar machen dagegen, so wurde vielfach behauptet, solche Erbsen, die aus dem in der Erde vergrabenen Schädel eines Menschen, einer Schlange oder einer Katze gewachsen sind, und besonders zauberkräftig und vor allem glückbringend sollen – nicht nur nach deutschem, sondern auch nach englischem und französischem Glauben – die Erbsen sein, die zu neunt oder elft in einer Schote wachsen. Es scheint nicht verwunderlich, daß mit einer solch magischen Pflanze verschiedene Orakel angestellt wurden. So warfen in Ungarn die Mädchen zu Silvester weichgekochte Erbsen an die Wand und waren fest davon überzeugt, daß diejenige, deren Erbse hängenblieb, im darauffolgenden Jahr heiraten würde.

Erde

»Heil sei dir Erde, der Menschen Mutter, sei du wachsend in Gottes Umarmung, erfülle dich mit Frucht, den Menschen zunutze.« Dieser aus frühchristlichen Zeiten stammende angelsächsische Zauberspruch macht deutlich, welche Wertschätzung der Erde früher entgegengebracht wurde. Praktisch überall auf der Welt verehrten die Menschen sie als eine Göttin, als gütige Mutter, aus deren Schoß alles Leben kommt, die alles

Leben erhält und in die alles Leben schließlich wieder eingeht. Es versteht sich von selbst, daß man sie daher mit Ehrerbietung behandelte, ihr von jedem Getränk ein paar Tropfen opferte und jeden als Sünder verdammte, der sie schlug. Die unerschöpfliche Kraft, die ihr innewohnt, spendet sie, wie es überall hieß, bereitwillig jedem, der sie berührt, küßt oder bei sich trägt. Kleine Kinder und Kranke wurden nicht nur bei uns, sondern auch in vielen anderen Ländern der Welt auf die Erde gelegt, damit etwas von deren Stärke auf sie überginge und jeglicher Schaden heile. Bestimmte Tage oder bestimmte Ereignisse hielt man außerdem für besonders geeignet, um den Segen der Erde zu empfangen. So nahm man den ersten Anblick einer Bachstelze oder Schwalbe, oder auch das erste Hören des Donners zum Anlaß, sich auf der Erde zu wälzen, damit das ganze Jahr keine Krankheit oder sonst ein Übel zu befürchten sei.

Wurde die Erde für sich schon als machtvolle Substanz erachtet, glaubte man dies um so mehr von solcher, die von einem Friedhof stammte. Sie galt als so zauberkräftig, daß in Mecklenburg junge Männer mit ihrer Hilfe dem Militärdienst zu entgehen hofften. Sie gingen nachts zwischen zwölf und ein Uhr auf den Friedhof und holten sich von einem frischen Grab drei Messerspitzen voll Erde. Bei der Musterung brauchten sie diese nur ungesehen in die Lostrommel zu werfen, und schon hatten sie angeblich nichts mehr zu befürchten. Die Sachsen glaubten, es reiche schon aus, wenn man diese Erde in das Hemd einnähte, mit dem man sich vorstellen ging.

Die Freude dieser erfolgreichen Wehrdienstverweigerer dürfte allerdings nichts gegen die eines schwäbischen Kapuzinermönches gewesen sein, dem es der Überlieferung zufolge gelang, einen Schatz zu heben, an dem sich schon viele ohne Erfolg versucht hatten – und zwar allein dadurch, daß er ein Taschentuch voll Erde bei sich trug. Welche unglaubliche Macht der Erde zugeschrieben wurde, zeigt auch eine in der Schweiz belegte mittelalterliche Geschichte: Ein der Hexerei überführter Zauberer wurde auf dem Weg zur Richtstätte von mitleidigen Kindern mit Brotstückchen gefüttert. Eines dieser Bröcklein fiel zu Boden, ein Kind hob es auf und steckte es dem Verurteilten in den Mund. Da aber ein wenig Erde daran haftengeblieben war, erhielt der Zauberer wieder genügend Macht, um sich zu befreien, und konnte so entkommen. Das Glück blieb ihm allerdings nicht lange treu, denn kurz darauf wurde er zum zweiten Mal gefangengenommen. Als er aber auf seinem letzten Gang die Kinder ermunterte, ihn mit Erde zu bewerfen, achteten die Henkersknechte darauf, daß die lieben Kleinen ihm nicht zu nahe kamen, und so konnte das Urteil ohne weiteren Zwischenfall vollstreckt werden.

Eule

Wie allgemein bekannt, darf in keiner gruseligen nächtlichen Filmszene das Käuzchen fehlen, dessen Schrei den Zuschauer auf dräuendes Unheil vorbereitet. Der Ruf der Eule – und ebenso ihr unerwartetes Auftauchen an einem ungewöhnlichen Ort – wurde seit jeher nicht nur bei den Germanen, sondern beispielsweise auch bei den alten Griechen und Römern als schlechtes Omen angesehen, und nicht umsonst lauteten bei uns zulande zwei volkstümliche Namen dieses Vogels Totenhuhn und Klagemutter. Im Mittelalter glaubte man, die Eule sei ein dämonischer Vogel, der für die Hexen Botendienste leiste und in ihren Versammlungen erscheine – ja, sogar mit dem Teufel wurde sie in Verbindung gebracht.

Im Einklang mit dieser engen Beziehung zu unheilvollen Mächten wurden ihr natürlich auch magische und zauberische Fähigkeiten zugeschrieben, die, wie das gerade bei sogenannten Hexentieren und -pflanzen fast immer der Fall ist, sich keineswegs nur negativ auswirken mußten. Eulenfedern etwa sollen gegen alles Böse schützen, und die Pommern trugen sie bei sich, um gegen Hieb und Stich, gegen Schüsse und Schläge gefeit zu sein. In der Oberpfalz nähte die Braut sie sogar in ihr Hemd ein, vermutlich, um sich Glück in der Ehe zu sichern. Doch auch die Klauen, das Fett, das Herz und die Knochen der Eule wurden zu den verschiedensten Liebes- und anderen Zaubern benutzt, und mit ihrer Galle, ihrem Kopf und den Eingeweiden ging man gegen allerlei Krankheiten vor, darunter Halsentzündungen, Räude und Mumps. Pulver von gedörrten Eulen, vermischt mit dem Schmalz der Wildsau,

Schleiereule

sollte eine ausgezeichnete Salbe gegen Gicht sein, und in Böhmen sagte man, um vom Fieber zu genesen, genüge es, um Mitternacht im Wald ein Käuzchen schreien zu hören. So lassen sich also die Eule und ihr Schrei nicht schlichtweg als unheilvoll bezeichnen, denn ihre positiven Aspekte hielten den negativen im Volksglauben durchaus die Waage. Es ist schließlich auch nicht zu vergessen, daß die Eule als weise gilt und daß sie, als heiliges Tier der Göttin Pallas Athene, in Griechenland in hohen Ehren gehalten wurde.

F

Faden

Obgleich der berühmte »rote Faden«, der eine Erzählung durchzieht oder den man verlieren kann, schlicht auf den im achtzehnten Jahrhundert eingeführten Brauch der englischen Marine zurückgeht, Tauwerk zur Eigentumsbezeichnung mit einem eingedrehten durchgehenden farbigen Faden zu markieren, spielte der Faden als solcher – und zwar insbesondere der rotseidene – im Volksglauben eine große Rolle. So dünn er tatsächlich auch war, so leicht er zerrissen werden konnte, hielt man ihn doch für weit stärker, bindender und schützender als jede Kette. In Bamberg wird noch der Seidenfaden aufbewahrt, mit dem man einst vier Reichslehen mit der Stadt vereint hatte. Aber schon im sechsten Jahrhundert vor Christus verbanden die Einwohner von Ephesos ihre Stadt mit dem berühmten Artemistempel, um sich auf diese Weise unter den Schutz der Göttin zu stellen. In diesem speziellen Fall war es zwar kein Faden, sondern ein Strick, mit dem die Epheser diese Zeremonie ausführten, die symbolische Bedeutung war jedoch dieselbe: Der gespannte Faden oder Strick galt zugleich als unüberwindbare Grenze und als unzerreißbares Band zwischen dem jeweiligen Objekt und einer höheren schützenden Macht.

Diese Schutzfunktion, die dem Faden zugeschrieben wurde, spiegelt sich in vielen volkstümlichen Bräuchen wider, wie etwa dem, bei einem Hühnerstall einen roten Faden anzubringen, um den Fuchs fernzuhalten, Neugeborenen einen solchen Faden in die Wiege zu legen, oder aber als Braut bei der Hochzeit ein rotes Band zu tragen. Eine weitere wesentliche und allgemein dem Faden nachgesagte Eigenschaft ist seine angebliche Fähigkeit, einem Kranken sein Leiden »abzunehmen«. In der Regel umband man zu diesem Zweck den leidenden Körperteil mit einem roten Seidenfaden und warf diesen anschließend entweder in einen Bach, hängte ihn in einen Wacholder- oder Holunderbaum oder vergrub ihn unter der Dachtraufe (→ Abbinden). Oft hieß es dabei auch, daß der Faden verknotet sein mußte, weil so die Krankheit fest darin eingebunden wurde.

Mit diesem früher weitverbreiteten Brauch hängt der Glaube zusammen, daß man niemals einen Faden auflesen darf, den man am Weg findet, denn handelte es sich dabei um solch einen »magisch infizierten«, würde man sich die mit ihm abgebundene Krankheit unweigerlich selbst zuziehen.

Farn

Der Farn galt schon für sich genommen als eine höchst magische Pflanze. Seinen »Blüten« oder »Samen« – eigentlich Sporen – wurden allerdings schier unglaubliche Kräfte zugeschrieben, wie an der folgenden Geschichte deutlich wird: Einmal fuhr ein Bauer in der Johannisnacht zusammen mit seiner Frau in die nächstgelegene Ortschaft, um Bier zu holen. Da die Pferde im Sand schlecht vorankamen, stiegen die beiden ab und gingen zu Fuß neben dem Fuhrwerk her. Auf einmal stellte die Frau fest, daß ihr Mann verschwunden war und rief nach ihm. Er aber antwortete verwundert, ob sie ihn denn nicht sehen könne, da doch die Nacht so hell sei. Kurz darauf erreichten sie das Gasthaus, und der Wirt, der von dem merkwürdigen Vorfall erfuhr, hieß den Mann seine Schuhe ausziehen und ihm geben. Augenblicklich wurde der Bauer wieder sichtbar. Der Wirt hatte sich richtig gedacht, daß der Bauer beim Gehen an Farnwedel gestreift hatte und ihm deren magische »Blüten« in die Schuhe gefallen waren.

Diese Erzählung ist weit verbreitet und geht auf einen Glauben zurück, dem nicht nur die Germanen, sondern auch die Kelten und Slawen anhingen – und der sogar heute noch nicht völlig verschwunden ist, wie der schwäbische Ausdruck »Der hat de Fahrsame gholt« deutlich macht. Er wird auf einen Menschen angewandt, dem alles gelingt, denn der Besitz dieser Blüten oder Samen macht nicht nur unsichtbar, sondern auch, wie es allgemein heißt, glücklich, reich, allwissend und unbesiegbar.

Über die Art und Weise, wie man dieses Wundermittel gewinnen kann, gibt es unterschiedliche Aussagen, am häufigsten wird allerdings empfohlen, in der Johannisnacht (24. Juni) zwischen elf und ein Uhr eine Farnpflanze zu suchen, die auf – oder wenigstens bei – einem Kreuzweg wächst. Mit einem Haselzweig soll man nun einen Kreis um sich und die Pflanze ziehen, sich aller Kleider entledigen, das Hemd unter den Farn legen und sich nicht von der Stelle rühren. Am anderen Morgen liegen dann die Samen auf dem Kleidungsstück.

Doch schon die ohne jegliche komplizierte Prozedur an Johanni gepflückten Farnwedel wurden als glückbringend angesehen. Sie sollen, wenn sie über der Tür aufgehängt werden, Haus und Bewohner vor allem Übel bewahren.

Fee

Die Vorstellungen, die heutzutage mit dem Wort »Fee« verbunden werden, beschränken sich im wesentlichen auf ein hübsches weibliches Wesen mit hohem spitzem Hut, das einen Zauberstab in der Hand hält und einem drei Wünsche erfüllt. Dies ist allerdings nur einer der vielfältigen Aspekte einer Fee, wie man sie früher sah. Anzumerken ist dabei aber, daß die Bezeichnung »Fee«, die auf das lateinische *fata* zurückgeht, eher ein literarischer »Kunst-Oberbegriff« für eine Reihe von Wesen ist, die im Volk mit jeweils unterschiedlichen Namen belegt wurden – wie zum Beispiel → »Elben«, »Buschfräulein«, »Holden« oder »Salige Fräulein«.

Von den römischen Fata und Parzen sowie den griechischen Moiren »übernommen« haben die Feen die aus ›Dornröschen‹ genügsam bekannte Eigenschaft, bei einer Geburt dem neuen Erdenbürger sein Schicksal zu weissagen und künftig als eine Art Schutzengel an seiner Seite zu stehen. Wie aber gleichfalls aus ›Dornröschen‹ deutlich wird, sind die Feen auch sehr leicht zu kränken, und die Strafen, die sie in solchen Fällen verhängen, stehen in keinem Verhältnis zur Schwere der »Untat«. Eine weitere Eigenschaft, die ihnen allgemein nachgesagt wurde, war ihre Liebe zu Musik, Tanz und Gesang. In lauen Nächten, besonders an Johanni (24. Juni), so glaubte man bis vor kurzer Zeit in ganz Europa, pflegen die Feen aus ihren unterirdischen Behausungen hervorzukommen und unter freiem Himmel zu tanzen. Die Musik, mit der sie diese Tänze begleiten, soll so überirdisch schön sein, daß zufällig anwesende Menschen völlig in ihren Bann geraten und Ort und Zeit vergessen. Buchstäblich nicht zu zählen sind die auf der ganzen Welt verbreiteten Märchen über solche Sterblichen, die auf diese Weise zu den Feen gelockt werden und erst nach langer, langer Zeit, wenn alle ihre Angehörigen längst gestorben sind, in die Menschenwelt zurückkehren.

Fehlt es ihnen einmal an Musikanten, scheuen die Feen auch nicht davor zurück, sich bei den Menschen einen »auszuleihen«. Wie es immer wieder heißt, geschieht einem solchen Gastmusiker nichts, solange er sich davor hütet, bei den fröhlichen Wesen irgendeine Speise oder ein Getränk zu sich zu nehmen – und nicht wenige irische Dudelsackspieler und Pfeifer brüsteten sich bis vor gar nicht langer Zeit damit, ihre Kunst bei den Feen erlernt oder zumindest vervollkommnet zu haben. Überhaupt war die Existenz der Feen für die Bewohner Irlands und anderer nordischer Länder, wie vor allem Schottland und Wales, noch Anfang dieses Jahrhunderts eine völlig selbstverständliche Tatsache. Man ließ abends Essen und Waschwasser für die *fairies* auf dem Tisch stehen, hütete sich, das Schmutzwasser zur Tür hinauszukippen, weil es ja eine von ihnen hätte treffen können, und fällte keine Bäume, die ihnen gehörten. Der irische Dichter Seamus Heaney erzählte uns, wie einige ältere Frauen seines Dorfes seinen Vater einmal davor warnten, einen Weißdorn, der auf seinem Acker wuchs, abzuhauen. Als er nicht auf sie hörte, brach sich kurz darauf eines seiner Pferde ein Bein.

Geschichten wie diese sind durchaus kein Einzelfall, und vor allem in abgelegenen Regionen wird sicher noch immer Rücksicht auf die Wünsche und Eigenheiten der Feen genommen. Zu Anfang dieses Jahrhunderts berichtete ein Ire von seiner Begegnung mit einem Wesen aus dem Feenvolk, der *gentry*: »Es war im Januar an einem kalten, trockenen Tag, daß ich und ein Freund von mir auf einer Wanderung um den Ben Bulben zum ersten Mal einen von der Gentry sahen. Ich wußte, wer das war, denn solange ich denken konnte, hatte ich von diesem Feenvolk reden hören. Dieser war in ein blaues Gewand gekleidet und trug eine mit Rüschen geschmückte

Kopfbedeckung. Als er näher gekommen war, sagte er zu mir mit einer süßen und silbrigen Stimme: Je seltener Sie in diese Berge kommen, desto besser. Eine junge Lady hier möchte sie gerne für sich haben. Dann ließ er uns unsere Gewehre nicht abfeuern, weil die Leute der Gentry nicht gern durch Lärm gestört würden. Als wir die Berge verließen, wies er uns an, uns nicht mehr umzuschauen, und wir taten, wie er verlangte.«

Auch aus Island sind ähnliche Geschichten überliefert. So waren einmal die Bewohner eines Hauses von Unglück verfolgt, bis sie eine weise Frau kommen ließen, die ihnen den Grund dafür verriet. Sie erklärte, das Haus blockiere eine Feenstraße, daher müßten sie es abreißen und an einer anderen Stelle wieder aufbauen. Selbstverständlich zweifelte niemand den Wahrheitsgehalt dieser Aussage an – man tat wie geheißen, und von nun an war alles in bester Ordnung.

Fenster

Dem höchst magischen Rauchloch des Nomadenzeltes entspricht in einem Haus funktionell – neben dem Schornstein – das Fenster. Es ist die Öffnung, durch welche Geister von außen eindringen, aber auch von innen entweichen können. In ganz Europa war es dementsprechend Brauch, sobald jemand starb, das Fenster zu öffnen, damit die Seele des Toten ungehindert entweichen konnte. Andernfalls, so glaubte man, verblieb sie als Rauchwölkchen ruhelos im Zimmer oder verschaffte sich gewaltsam einen Ausgang. Da aber erwartet wurde, daß sie binnen kurzem versuchen würde, wieder zurückzukehren, mußte man das Fenster bald wieder schließen und durfte es in der Nacht auf keinen Fall aufmachen. Es versteht sich, daß eine solche »Geistertür« mit besonderer Vorsicht zu behandeln ist und daß man gut daran tut, sich durch bestimmte Maßnahmen das Wohlwollen der unheimlichen Wesen zu sichern – oder sie wenigstens am Eindringen zu hindern. Zu diesem Zweck stellte man im Harz am → Martinstag (11. November) und in Bayern an Weihnachten ein Lichtlein ins Fenster, während in anderen Gegenden zur Abwehr alles Bösen vor allem an → Johanni (24. Juni) aus sieben oder neun heilkräftigen Pflanzen gebundene Kränze davor gehängt wurden.

Da das Fenster einer der direktesten Wege ist, mit den zwar potentiell gefährlichen, gleichzeitig aber auch segen- und heilungspendenden Mächten in Verbindung zu treten, bediente man sich seiner auch zur Behandlung bestimmter Krankheiten. So lautete etwa ein schwäbischer Heilsegen:

»Ich seh zum Fenster hinaus,
Ich seh in Gottes Haus,
Ich seh einen Mann,
Der mir von meiner Kolik helfen kann.«

Vielleicht weil man ihn als Anhauch der Geister ansah, galt der »Fensterschweiß«, also der feuchte Beschlag, als ganz besonders heilkräftig. Mit ihm bestrich man Warzen, Hautunreinheiten oder entzündete Augen, und die Masuren bedienten sich seiner gegen die Flechte; dazu sprachen sie: »Guten Morgen, Herr Flechte, sei nicht morgen, nur heute.«

Feuer

Es versteht sich von selbst und bedarf keiner weiteren Erklärung, daß den Menschen der Frühzeit das schützende und wärmende Feuer heilig war. Doch auch wenn im Laufe der Jahrtausende der direkte Bezug zum Feuer verlorenging, blieb im Volksglauben aller Länder viel von der verehrenden Wertschätzung erhalten, die man diesem Element ehemals entgegengebracht hatte. Es wurde dann zwar – jedenfalls in unseren Breiten – nicht mehr als Gottheit betrachtet, wohl aber als bewußtseinsbegabtes Wesen, das spricht, schimpft, brummt oder weint, das zornig oder lustig sein kann. Man hielt es aus begreiflichen Gründen für geraten, sich gut mit ihm zu stellen und es von Zeit zu Zeit durch ein – in Mecklenburg beispielsweise aus Mehl, Salz, Brot oder Eierschalen bestehendes – Opfer freundlich zu stimmen; oder es zu versöhnen, wenn es etwa durch besonderes Prasseln einen Familienstreit angekündigt hatte.

Das Feuer war durch Wort oder Tat leicht zu beleidigen, daher war im Umgang mit ihm größte Vorsicht geboten. Als eine besondere Sünde galt es, in ein Feuer zu urinieren oder gar hineinzuspucken. Ein solches Vergehen hatte, so wußte man, allgemeines Unglück oder Krankheiten wie die Schwindsucht oder die Räude zur Folge. Wird das Feuer aber gut behandelt, schützt es, wie man glaubte, vor Krankheiten und anderem Unglück, weshalb man an → Johanni (24. Juni) in Mittel- und Nordeuropa über ein loderndes Feuer sprang, nachdem man ihm bestimmte Pflanzen geopfert hatte. Aber es soll auch bei konkreten Leiden helfen. Schon der griechische Arzt Hippokrates schrieb im fünften Jahrhundert vor Christus: »Was Heilmittel nicht heilen, heilt Eisen. Was Eisen nicht heilt, heilt Feuer. Was aber Feuer nicht heilt, das muß man für unheilbar halten.«

Im allgemeinen handelte es sich bei solchen »Feuerkuren« um verschiedene Formen von Sympathiezauber, bei denen über dem Feuer bestimmte Sprüche gemurmelt oder persönliche Dinge des Kranken verbrannt wurden; daneben spielten aber auch Räucherungen und Asche eine wesentliche Rolle. Daß man andererseits auch nicht davor zurückschreckte, Tiere oder auch Menschen direkt mit dem läuternden Element in Berührung zu bringen, zeigen die sogenannten »Notfeuer«, die in ganz Deutschland beispielsweise dann angezündet wurden, wenn eine Viehseuche herrschte. Dann trieb man die kranken Tiere hindurch, und hoffte, daß damit der Schaden behoben sein würde.

Feuerstein

Da aus ihm das kostbare Feuer gewonnen werden kann, besaß der Feuerstein – wie beispielsweise Beigaben in Hünengräbern gezeigt haben – unter den Steinen seit jeher eine besondere Bedeutung. Doch nicht nur im Neolithikum, auch in späteren Zeiten wurden ihm aufgrund dieser seiner besonderen Fähigkeit übernatürliche Kräfte zugeschrieben. Beispielsweise sollen die aus ihm geschlagenen Funken unter anderem gegen Blitz, Donner und unheimliche Mächte schützen, denn, wie man in der Mark Brandenburg sagte, die Geister können diese Funken nicht vertragen. Aber schon für sich vermögen es die Steine nach früher weitverbreitetem Glauben, Geister abzuhalten, und so legte man sie, in weißes Leinen gewickelt, Wöchnerinnen – die allgemein als extrem gefährdet und für magische oder sonstige übernatürliche Einflüsse besonders anfällig galten – in das Bett.

Von besonderer Wirkung sollen aber die durchlöcherten

Feuersteine sein, die in Mecklenburg Hühnergott, in anderen Gegenden Trudensteine genannt werden. Sie sind, ebenso wie andere auf natürliche Weise durchlochte Steine, nur selten zu finden und gelten als wirksame Schutzmittel gegen Krankheiten und überhaupt alles Übel. Deshalb hängte man sie in Oldenburg über dem Bett auf und trug sie in anderen Teilen Deutschlands an Halsketten bei sich.

Fieber

Aus der Menge der überlieferten Zaubersprüche zu diesem Thema läßt sich zum einen ablesen, daß »das Fieber« früher eines der häufigsten Leiden war, und zum anderen, daß man es in der Hauptsache mit Hilfe magischer Mittel in den Griff zu

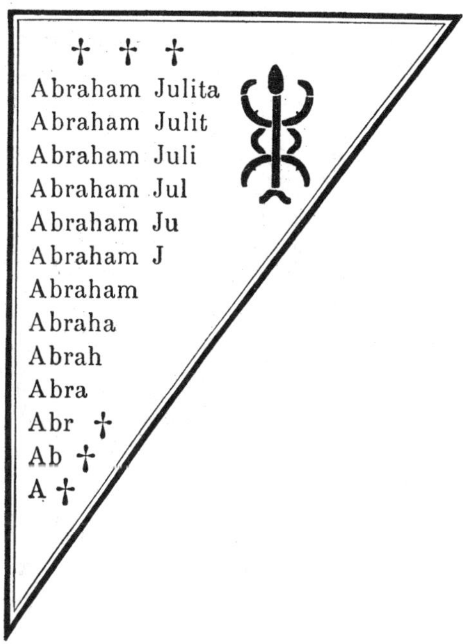

Fieberzettel

bekommen trachtete. Je nach Region unterschied man 72, 77 oder 99 »Fieberarten«, darunter das kalte, das heiße, das Zehr-, das Schwind- und das Alltagsfieber. Die Methoden, mit denen man ihrer ledig zu werden hoffte, zeigen die ganze Bandbreite an Maßnahmen, mit denen man in früheren Zeiten Krankheiten zu kurieren (und sich den teuren Arzt zu sparen) versuchte.

Zunächst bemühte man sich natürlich, mittels bestimmter Präventivmaßnahmen, wie die erste Kastanie des Jahres bei sich zu tragen oder die ersten drei Weidenkätzchen (→ Weide), → Veilchen oder → Anemonen zu essen, »die Fieber« überhaupt nicht zu bekommen. Versagten diese Mittel, probierte man es damit, das Fieber einfach fortzuschicken, oder es »abzuwenden«. Der Kranke konnte zu diesem Zweck beispielsweise sein Hemd, den linken Ärmel zuerst, von innen nach außen stülpen und dazu sprechen: »Kehre dich um, Hemd, und du, Fieber, wende dich!«

Nicht nur in Deutschland, sondern in ganz Europa und darüber hinaus pflegte man zudem das Fieber auf einen Baum zu übertragen. Bevorzugte Bäume waren Eiche, Nußbaum, Wacholder, Holunder und Weide. Aus Österreich ist überliefert, daß der Kranke zweiundsiebzigmal um den Baum herumlaufen mußte und bei jeder Runde sagen:

»Wind dich, Widl, wind dich,
Fieber san zweiundsiebzig;
Dös Fieber, dös i han,
Dös häng i dran.«

Weit häufiger wurde allerdings das Fieber an den Baum gebunden, geknotet oder in ihn verpflöckt. Ersteres geschah im allgemeinen mit einem Kleidungsstück oder Fetzen, das zweite, indem man einen oder drei Knoten in einen Zweig machte und einen entsprechenden Spruch dazu sagte. Beim Verpflöcken schließlich mußte der Kranke entweder einen hölzernen Nagel unter Hersagung eines bestimmten Spruches in den Baum schlagen oder aber – wie beispielsweise aus der Steiermark belegt ist – auf einen Zettel seinen Namen schreiben, diesen in ein neu gebohrtes Baumloch stecken und die Öffnung mit einem frischen Holzstift wieder verschließen.

Wasser war gleichfalls ein Element, auf das man das Fieber mit Vorliebe übertrug. Man glaubte, daß es die Krankheit durch sein stetes Fließen mit sich nehme. In Ostpreußen ging der Kranke tags oder nachts zwischen elf und zwölf zu einem Fluß oder Bach, wandte sich mit dem Gesicht stromabwärts, nahm einen Eßlöffel voll Salz in die linke Hand und streute mit der rechten das Salz ins Wasser, während er dazu sagte:

»Ich streue diesen Samen
In Gottes Namen,
So dieser Same wird aufgehn,
Will ich mein Fieber wiedersehen.«

Neben den genannten gab es allerdings noch eine Unzahl weiterer Rezepte, die – angefangen bei allerlei gewöhnlichen Pflanzenpräparaten, über einen unter das Kopfkissen gelegten Pferdeschädel und eine von dem Kranken zu essende mit einer Kreuzspinne farcierte Pflaume, bis hin zu sieben in Milch gesottenen Mauerasseln – sämtliche nur vorstellbaren Variationen umfaßten. Dankbar konnte angesichts dieser Fülle an wenig appetitlichen Möglichkeiten der fieberkranke Holsteiner sein, der nur einen Zettel essen mußte, auf dem geschrieben stand: »Fieber bleib aus, N.N. ist nicht zu Haus.«

Finden

Viele Gegenstände bringen erst dann Glück, wenn man sie zufällig findet. Vielleicht spielt hierbei der unbewußte Glauben eine Rolle, daß einem ein solcher Fund von den Mächten des Schicksals in den Weg gelegt wurde. An Dingen, die allgemein als besonders glückbringend angesehen wurden, sind vor allem solche zu nennen, die aus Eisen bestehen. Dazu gehört natürlich in erster Linie das → Hufeisen, danach insbesondere Nägel, denn gerade sie sind von allerlei Nutzen. Drei von ihnen sollen etwa, zum Ring verarbeitet, gegen die verschiedensten Krankheiten schützen. Auch andere Metallgegenstände, wie der gleichfalls immer noch populäre Pfennig oder Stecknadeln, bewirken Gutes. Mit einem gefundenen Tierknochen lassen sich, wie man in Tirol glaubte, Warzen und Geschwüre entfernen, indem man die entsprechenden Stellen mit ihm bestreicht und den Knochen dann wieder zurück an seinen Platz legt.

Die Regel lautet jedoch keinesfalls, daß alle gefundenen Dinge Glück bringen, denn schließlich kann man nicht wissen, ob der betreffende Gegenstand nicht von jemand anderem für einen Zauber benutzt wurde oder ob nicht gerade auf ihn eine Krankheit übertragen wurde, die man sich durch das Aufheben selbst zuziehen würde. Neben Fäden sind in diesem Zusammenhang ganz besonders Brot und Fleisch zu meiden. Von einem oldenburgischen Bauern wird erzählt, daß er ein eingewickeltes Stück Speck fand und mitnahm. Die Folge seines unbesonnenen Handelns war, wie man glaubte, daß ihm im Zeitraum eines Jahres mehrere Schweine, acht Kühe und zwei Pferde starben. Will man auf Nummer Sicher gehen, braucht man aber nur auf jeden gefundenen Gegenstand dreimal zu spucken: dann nämlich kann einem ein eventuell hineingebannter Zauber angeblich nichts mehr anhaben.

Fingernagel

Als wesentlich zum Körper gehörige, gleichzeitig aber auch von ihm zu trennende Substanz spielen die Fingernägel – ebenso wie die → Haare – in den magischen Praktiken aller Völker eine äußerst wichtige Rolle. Gerade darum ist im Umgang mit ihnen aber auch Vorsicht geboten, da sie, wenn sie in unbefugte Hände gelangen, zu den verschiedensten bösen Zaubern benutzt werden können. Aus diesem Grund sollte man sie, wenn man sie sich – vorzugsweise freitags – schneidet, auf keinen Fall herumliegen lassen, sondern sie am besten verbrennen oder vergraben. Die Nägel kleiner Kinder sollte die Mutter überhaupt abbeißen und verschlucken, damit sie nicht übelwollenden Wesen in die Finger geraten.

Als potentiell magische Substanz können Fingernägel nach alter Überzeugung auch dazu benutzt werden, Krankheiten zu übertragen. Eine in Norddeutschland beliebte Methode war, die Fingernägel eines Kranken, mit Ei vermischt, den Hühnern oder einem Hund vorzuwerfen. Sobald die Tiere diese Mischung gegessen hatten, wurden sie krank, der Mensch aber genas. In Schlesien warf man die Schnipsel einfach auf einen Ameisenhaufen, in anderen Gegenden vergrub man sie unter einem bestimmten Baum oder der Dachtraufe. Damit sind die

Anwendungsmöglichkeiten aber noch nicht erschöpft: Nägel wurden sehr gern auch bei Liebeszaubern eingesetzt. Eine der Hexerei angeklagte Bernerin beispielsweise gab im Jahr 1504 zu Protokoll, sie »wäre gelert, sin har und ihr nägel zu nämmen und daruss ein küchli zu backen«. In Baden begnügte man sich mit einem einfacheren Rezept; dort hieß es, ein Bursch werde bereits dann toll vor Liebe, wenn ihm ein Mädchen Schnipsel von ihren Fingernägeln in den Wein schabe.

Frauendreißiger
Die dreißig Tage, die zwischen Mariä Himmelfahrt (15. August) und dem 13. September liegen, waren früher einer Andacht zu Ehren der Himmelskönigin gewidmet und erhielten daher auch ihren Namen. Im Laufe der Jahrhunderte aber rutschte das Ende dieser Periode auf den 8. September, den Geburtstag der Jungfrau, und die Bezeichnung ist also nicht mehr wörtlich zu nehmen. Die Sommerwochen dieser Zeitspanne gelten im Volksglauben als außerordentlich friedlich und angenehm und als von einer solchen positiven Ausstrahlung – sogar Gifttiere sollen während ihrer Dauer unschädlich sein –, daß sie sich ganz besonders für das Kurieren von Krankheiten aller Art empfehlen. Die Frauendreißiger galten und gelten nicht nur als die beste Sammelzeit für die allermeisten Heilkräuter; darüber hinaus soll es von größtem Nutzen sein, während dieser Periode sieben oder neun ausgewählte Pflanzen – darunter je nach Region beispielsweise Königskerze, Wilden Majoran, Haselnußzweige, Johanniskraut, Getreideähren, Schafgarbe, Wermut, Rainfarn und Kamille – zu pflücken, zu einem Strauß oder Kranz zu binden und auf dem Dachboden aufzuhängen: dann, so hieß es, sind Haus und Bewohner ein Jahr lang vor allem Übel geschützt.

Freitag
Kein anderer Wochentag kann sich in puncto Aberglauben mit dem Freitag messen, kein anderer Tag soll für die ganze Lebensdauer des Menschen von gleichbleibend ausschlaggebender Bedeutung sein, und kein anderer Tag wird so unterschiedlich beurteilt wie er. Das einzig Sichere an ihm ist seine

Ambivalenz. Alles, was an einem Freitag geschieht, kann sowohl positiv als auch negativ ausschlagen, wird je nach Region als gut oder böse gedeutet. Schon allein darüber, ob er nun ein Unglücks- oder ein Glückstag sei, gehen die Meinungen auseinander. Während er einerseits in vielen Regionen gern zum Heiraten gewählt wurde (und noch heute wird), hieß es zum Beispiel in Norddeutschland, Thüringen und im Erzgebirge sowie in anderen Ländern Europas, eine Freitagshochzeit bringe kein Glück. Fast überall als unheilvoll wird er bekanntlich auch heute noch in Verbindung mit der ohnehin schon potentiell gefährlichen Zahl dreizehn angesehen.

Da andererseits Freija die germanische Liebesgöttin war, hielt man den nach ihr benannten Freitag für besonders geeignet zur Durchführung von Liebesorakeln und zur – natürlichen oder magischen – Knüpfung von Liebesbeziehungen. Auch für Heilhandlungen aller Art, für Besprechungen und die Zubereitung von Arzneien, für den Kauf von Lotterielosen und schließlich für das Haareschneiden soll der Freitag der günstigste Tag sein. Und vollzieht man die wichtige Prozedur des Nägelschneidens (→ Fingernagel) schweigend zwischen elf und zwölf Uhr dieses Tages, und zwar in der Reihenfolge linke Hand, rechter Fuß, rechte Hand, linker Fuß, dann, so heißt es, ist man nicht nur vor Zahn-, Ohren- und Kopfschmerzen geschützt, sondern hat obendrein Glück in allen Unternehmungen und kommt unverhofft zu Geld.

G

Gähnen

Sich beim Gähnen die Hand vor den Mund zu halten, wird heutzutage als reiner Akt der Höflicheit und Zeichen guter Erziehung betrachtet. Dabei geht diese Handlung auf den alten, auf der ganzen Welt verbreiteten Glauben zurück, daß es gefährlich sei, den Mund weit zu öffnen, ohne ihn gleichzeitig zu bedecken. Befürchtet wurde zum einen, daß die Seele dabei aus dem Körper fliehen, zum anderen, daß böse Geister in ihn eindringen und die betreffende Person in Besitz nehmen, sie also besessen machen könnten. Im Rheinland unterwarf man sich daher Räucherungen, wenn man glaubte, auf diese Weise »dämonisiert« worden zu sein, und im Böhmerwald wischte man sich in einem solchen Fall mit dem Hemdzipfel dreimal über das Gesicht.

Während das Gähnen allgemein eher als negative »Handlung« einzuschätzen ist, wird das gemeinsame Gähnen zweier Menschen bei uns und beispielsweise auch in Frankreich als Zeichen großen Einverständnisses betrachtet. Und gähnt man am Jahresende, ist dies nach weitverbreiteter Überzeugung unbedingt als gutes Vorzeichen für das kommende Jahr zu werten.

Gallapfel

Die durch Stiche der Gallwespe hervorgerufenen kugeligen Auswüchse auf der Unterseite vor allem von Eichenblättern wurden bis vor nicht allzulanger Zeit nicht nur zur Tintenherstellung und zum Gerben benutzt, sie dienten in ganz Deutschland vor allem auch der Wettervorhersage. Relevant bei solchen Prognosen war zum einen das Aussehen und zum anderen der Inhalt des Gallapfels. Ist er Anfang Oktober leer und feucht, wird angeblich ein feuchtes Jahr mit einem milden Winter folgen. Enthält ein Gallapfel ein Würmchen, steht, so glaubte man in Schwaben, ein gutes Jahr bevor. Eine Fliege deutet auf ein mäßiges, eine Spinne auf ein schlechtes Jahr hin, und ist der Gallapfel gar verdorrt, wird das Jahr unfruchtbar und der Winter kalt werden.

Geburtstag

Wie es vielerorts als unheilvolles Omen galt und heute noch gilt, jemanden zu einer noch nicht vollbrachten Leistung zu beglückwünschen (→ Beschreien), darf man auch niemandem im voraus zum Geburtstag gratulieren. Die stets auf der Lauer liegenden unheilvollen Mächte könnten sich dann nämlich aus Mißgunst dazu verleiten lassen, den Geburtstag zu verhindern und den Betreffenden vorher sterben zu lassen.

Der Freudentag selbst wurde in früheren Zeiten – bei Griechen, Römern und anderen Völkern – weniger zu Ehren des Geburtstagskindes als vielmehr des übernatürlichen Wesens, wie Gottheit oder Fee, gefeiert, das bei der Geburt anwesend gewesen war und alles Böse von dem neuen Erdenbürger abgehalten hatte. Vielleicht glaubte man auch, daß dieses Wesen an jedem weiteren Jahrestag gleichfalls zugegen sein würde; dafür spräche zumindest die Tatsache, daß vieles an einem Geburtstag als vorherbestimmend für das ganze folgende Lebensjahr angesehen wird und daß die Träume der Geburtstagsnacht stets in Erfüllung gehen sollen. Was man an seinem Geburtstag tut, tut man das ganze Jahr, heißt es bis heute allgemein – und ist der Kuchen wohlgeraten, dürfte auch im folgenden Jahr alles nach Wunsch gehen.

Gelb

Gelb, sagt man, ist die Farbe des Geizes; früher allerdings wurde es eher mit Licht, Sonne, Feuer und dem Blitz in Verbindung gebracht. Dementsprechend haben die meisten Pflanzen, denen man blitzabweisende Kräfte zuschreibt, gelbe Blüten. Da auch Gold mehr oder weniger gelb ist, glaubte man überall, mit Hilfe »golden« blühender Pflanzen auf die Spur von vergrabenen Schätzen stoßen oder verschlossene Türen öffnen zu können, worauf die weitverbreiteten Sagen und Märchen über auf diese Weise gefundenes Gold hindeuten. Der berühmte goldene Zweig ermöglichte es der Sage nach dem trojanischen Prinzen Äneas, in die Unterwelt zu gelangen.

Im Einklang mit dieser ihrer magischen Kraft wurden der gelben Farbe auch apotropäische (Unheil abwehrende) Fähigkeiten zugeschrieben: Beispielsweise hängte man sich, um alles Böse fernzuhalten, Knoblauchzehen an einem gelben Faden um den Hals, aß man am Aschermittwoch gelbes Mus und streute Sumpfdotterblumen vor den Stall, um Hexen abzuwehren. Die Sonnenkraft der gelben Farbe wurde darüber hinaus aber auch mit Gesundheit assoziiert. So sollen es vor allem gelbe Blumen sein, wie etwa Johanniskraut, Königskerze, Ringelblume, Arnika, Himmelschlüsselchen und Löwenzahn, die große Heilkraft besitzen und vor allem mit dem Feuer in Verbindung gebrachte oder angehexte Krankheiten vertreiben können. Trotz allem ist bei der Farbe Gelb in mancher Hinsicht aber auch Vorsicht geboten. Menschen, die man liebt, sollte man beispielsweise nach Möglichkeit keine gelben Blumen schenken, gelbe Flecken an den Fingern kündigen künftigen Ärger an, und in Südtirol bedeuten gelbe Blumen bei der Hochzeit Unglück.

Geld

Es dürfte niemanden verwundern, daß sich an eine so existentiell wichtige Sache wie das Geld eine Unzahl von → Orakeln und Omina knüpfen, aus denen sich ablesen lassen soll, wie die nähere finanzielle Zukunft beschaffen sein wird. Zu den Omina – das heißt, solchen Zeichen, die sich ereignen, ohne daß man etwas dazu tut oder tun kann – zählen etwa Träume, die baldigen Geldsegen ankündigen. Unter den hierbei immer wieder erwähnten Traummotiven sind vor allem die Fische, daneben merkwürdigerweise Blutegel, Läuse und anderes Ungeziefer zu nennen. Auch Träume von loderndem Feuer werden als positives Zeichen gewertet. Direkt von Geld zu träumen gilt dagegen allgemein als ungutes Zeichen, das je nach Region Streit, Ärger oder Unglück verheißen soll.

Neben manchen Träumen prophezeien auch andere Erscheinungen finanziellen Gewinn. Im Vogtland heißt es beispielsweise, wenn der erste gesichtete Schmetterling des Jahres weiß ist, kann man sich Geld erhoffen. Daneben gibt es aber auch eine Reihe von sich bietenden Gelegenheiten, die man gewissermaßen beim Schopf ergreifen muß, damit sie zum Guten ausschlagen. Eine davon ist etwa der erste Kuckucksruf. Zieht man rasch sein Portemonnaie und schüttelt es oder klopft darauf, wird das Geld im ganzen Jahr nicht ausgehen. Bei dem ersten Gewitter des Jahres mit Münzen zu klimpern soll die gleiche Wirkung haben, und legt man in der Neujahrsnacht um Schlag zwölf Uhr Geld auf den Tisch oder unter die Lampe, wird es sich, wie man in verschiedenen Gegenden Deutschlands glaubte, mit Sicherheit vermehren.

Geld war in früheren Zeiten kein bloßes Tauschobjekt, dessen Wert sich allein daran bemißt, wieviel einer bestimmten Ware man dafür bekommt; ihm wurde vielmehr ein Wert, ja eine Macht an sich zugeschrieben, die es zu einer sehr vielseitig verwendbaren »Substanz« machte. Natürlich ist hierbei nicht von Banknoten die Rede, sondern von Münzen – aus Gold oder doch wenigstens aus Silber. Sie dienten als Amulette gegen den → bösen Blick, wurden zu Heilzwecken auf kranke Körperteile gelegt oder im Boden vergraben, zum Schutz der Haustiere in deren Wassertrog und für eine glückliche Ehe der Braut in die Schuhe gelegt und schließlich vor allem auch den Toten geopfert.

Gleichfalls hierher gehört der heute noch weitverbreitete Brauch, in bestimmte Brunnen oder Gewässer Münzen zu werfen und sich dabei etwas zu wünschen. Den Rom-Touristen etwa, die lächelnd und etwas verlegen ihre Geldstücke in die Fontana di Trevi werfen, ist sicher nicht klar, daß solche Handlungen ursprünglich Opfer an die Quellnymphen waren, denen die Gewässer nach dem Glauben unserer Vorfahren ja gehörten. Durch solche kleinen Geldgeschenke hoffte man, die Geistwesen entweder allgemein freundlich zu stimmen oder bisweilen eben auch zur Erfüllung eines bestimmten Herzenswunsches zu bewegen (→ Quelle).

Gerstenkorn

Ob die Bezeichnung Gerstenkorn nun daher kommt, daß sich das wohl jedem bekannte Übel wie ein ins Auge stechendes Körnchen anfühlt oder aber weil es ein kornähnliches Aussehen hat, sei dahingestellt. Entstehen soll es nach dem Volksglauben jedenfalls dadurch, daß man gegen die Sonne, zwischen zwei Häusern oder an einem Weg seine Notdurft verrichtet. Daher heißt das Gerstenkorn in Franken auch »Wegscheißer«. Selbst heute noch ist das *Hordeolum* ein schwer zu behandelndes Leiden, das, wie man früher sagte, zwanzigmal wiederkommt, bevor es völlig verschwindet. Nach dem Grundsatz, Gleiches mit Gleichem zu bekämpfen, versuchte man es vielerorts dadurch loszuwerden, daß man es mit einem wirklichen Gerstenkorn dreimal betupfte. Die Wenden murmelten als Beschwörungsformel »Du hast ein Gerstenkorn. Es ist nicht wahr«, nahmen ein Gerstenkorn und warfen es in einen Brunnen. Sank das Korn unter, deuteten sie es als gutes, schwamm es oben, als schlechtes Zeichen. In der Steiermark versuchte man es dagegen damit, das Auge an drei aufeinanderfolgenden Tagen mit Speichel zu bestreichen. Eine andere Kur bestand darin, mit dem rechten Ringfinger auf das Gerstenkorn zu drücken und dazu zu sagen:

»Was ich seh, das mehrt sich,
Was ich greif, das verliert sich.«

Grenze

Früher besaßen Grenzen und mit ihnen auch jeder Grenzstein eine heute kaum noch nachvollziehbare magisch-sakrale Bedeutung. Die Grenze trennte die Wildnis, das potentiell Gefährliche, »Böse«, von dem, was umhegt, geschützt, kultiviert und »gut« war. Jenseits der Grenze lebten nach uralter Vorstellung Feinde und wilde Tiere, Geister und dämonische Wesen und herrschte das Chaos. Diesseits gab es Nahrung, Wärme, Geborgenheit, Recht und Ordnung. Oft verlief die Grenze entlang ohnehin bedeutsamer Landschaftsmarken, wie etwa besonderen Steinen oder Felsen, Bäumen, Bächen und anderen Wasserläufen, denen daher eine noch größere, geradezu magische Kraft zugeschrieben wurde. Denn die Grenze war eben der Ort, an dem man, sofern ein triftiger Grund dafür vorlag, zu übernatürlichen Wesen in Kontakt treten konnte. In diesem Zusammenhang ist die ursprüngliche Bedeutung unseres Wortes »Hexe« zu verstehen: Es geht auf das althochdeutsche *hagzissa*, »Zaunsitzer«, zurück. Eine → Hexe war also eine Frau, die gewissermaßen mit einem Fuß in der geordneten Menschenwelt und mit dem anderen in der Wildnis stand, eine Person, die zugleich die Grenze – den »Zaun«, auf dem sie »saß« – überbrückte und in sich selbst trug.

Nach allem Gesagten ist es also kaum verwunderlich, daß die Grenze in früheren Zeiten als etwas Heiliges galt, dessen Entweihung oder Verletzung durch die diesseits waltende Obrigkeit und die jenseits herrschenden Mächte aufs strengste geahndet wurde. Und es scheint nur natürlich, daß man ihr – und insbesondere den auf ihr wachsenden Bäumen – Opfer darbrachte, daß man bestimmte Zauberriten gerade auf ihr durchführte und Krankheiten auf oder hinter ihr »begrub«. Darüber hinaus glaubte man vielerorts, so unter anderem in Bern, daß Splitter eines Grenzsteins, als Amulett getragen, gegen Zahnweh schützen, und war man allgemein – und zwar bis hinauf nach Island – davon überzeugt, daß die Bewohner eines auf einer Grenze errichteten Hauses ihres Lebens nicht mehr froh würden.

Grille

Charles Dickens spielt in einer seiner Erzählungen auf den Glauben an, daß die Hausgrille, das Heimchen, wie es auch genannt wird, früher als Personifikation des den Menschen wohlgesinnten Hausgeistes angesehen wurde. Dieses Insekt wurde vielerorts auch mit der Perchta in Verbindung gebracht, einer in ganz Deutschland bekannten, im allgemeinen freundlichen Fee, als deren »Gefolgsmann« es galt. Einer thüringischen Sage zufolge halfen die Heimchen in früheren Zeiten den Bauern bei der Arbeit und sorgten für Wohlstand und Glück. Dann aber kam ein Fremder daher, der den Leuten erzählte, man dürfe der Perchta und ihren Wesen nicht trauen, und von nun an mieden die Thüringer die Heimchen. Da verschwanden die hilfsbereiten Geister aus der Gegend und ließen sich nie wieder blicken.

Die Scheu, mit der die Grillen früher behandelt wurden, äußert sich auch in dem Verbot, sie zu töten oder aber ihr Zirpen nachzuahmen. Daß sie als nicht ungefährlich angesehen wurden, wenn man ihren Zorn auf irgendeine Weise erregt hatte, zeigt aber die noch heute gebräuchliche Redewendung, »Grillen im Kopf haben«. Man glaubte nämlich, daß die Tierchen sich im Kopf festsetzen und unangenehme, unsinnige, ja verrückte Gedanken bewirken könnten. Die der Grille nachgesagte enge Verbindung zur Geisterwelt erklärt auch ihre besondere Beziehung zu den Toten. Grillenzirpen im Haus soll in Schlesien anzeigen, daß ein toter Verwandter zugegen ist, während das Geräusch andernorts manchmal einfach als negatives Vorzeichen gedeutet wird. Weit häufiger heißt es jedoch, daß das Heimchen dem Haus, in dem es wohnt und sich hören läßt, Glück und Wohlstand bringt.

Gründonnerstag

Nur wenigen Tagen im Jahr kommt im Volksglauben eine dem Gründonnerstag vergleichbare Bedeutung zu. An ihm als einem rundum guten Tag sollen viele Handlungen positiv ausschlagen und zum Teil auch vorbedeutend für die Zukunft sein. Der Gründonnerstag wird eng mit dem Frühlingsanfang in Verbindung gebracht – wie Grün ja überhaupt die Farbe der erwachenden Natur ist –, aus welchem Grund man an ihm auch grünes Gemüse essen soll. Empfohlen werden dabei vor allem junge Nesseln, Spinat, Salat, Kohl und überhaupt frische Triebe, und zumeist heißt es, es müßten sieben oder neun verschiedene Pflanzen sein, damit die Mahlzeit eine gute Wirkung zeitige. In Bayern glaubte man sogar, wenn man diese Vorschrift beachte, gehe einem das Geld nie aus.

Zum Anfang des Frühlings gehört, als Symbol der sich regenden Natur und der Fruchtbarkeit, natürlich das Ei, weshalb auch die an Gründonnerstag gelegten sogenannten Antlaßeier (→ Ei) in vielfacher Hinsicht von herausragender Bedeutung sind. Doch daneben ist es selbstverständlich die erwachende Erde, der jetzt Respekt gezollt wird, und so sollen Bauer wie Gärtner gerade an diesem Tag mit ihrer Arbeit beginnen. In der Wetterau sagte man, daß dem am Gründonnerstag Gesäten oder Gepflanzten kein Ungeziefer etwas anhaben könne, und beispielsweise in Mecklenburg war man fest davon überzeugt, Gründonnerstagspflanzen gerieten besonders gut und würden schön grün und saftig. Und wenn man schon nichts zu pflanzen hat, soll man sich wenigstens auf dem Feld oder im Garten zu schaffen machen, weil man sonst nach altem Glauben im ganzen Jahr keinen Segen haben wird.

Gürtel
Im Volksglauben vieler – und zwar längst nicht nur europäischer – Länder wird dem Gürtel vor allen Kleidungsstücken eine herausragende, an Verehrung grenzende Beachtung gezollt. Diese Tatsache, die uns heute vielleicht seltsam vorkommen mag, läßt sich zum einen aus dem Umstand erklären, daß ein Mann früher seine Wertsachen, Geld und Waffen, im Gürtel aufbewahrte, der Gürtel einer Frau aber als sichtbares Zeichen ihrer Reinheit galt, weshalb es im Mittelalter Prostituierten unter Androhung schwerer Strafen verboten war, Gürtel und Schleier zu tragen. Daneben wurde der Gürtel aber auch als Statussymbol angesehen, das je nach Stand seines Besitzers aus Leder oder kostbaren Stoffen hergestellt und mit den verschiedensten Verzierungen geschmückt sein konnte. Je höher aber der Rang des Gürtelträgers, desto höher, so glaubte man, war auch seine – persönliche, »wesentliche« – Macht, und so wurden dem Gürtel als Symbol und sichtbarem Ausdruck dieser Macht seit alters her übernatürliche Kräfte zugeschrieben. Der germanische Gott Thor beispielsweise wurde der Sage nach doppelt so stark, sobald er sich seinen Gürtel umschnallte, und die Märchen, die von vergleichbaren Zaubergürteln handeln, sind Legion. Doch sollen Gürtel nicht nur Kraft verleihen, sie schützen angeblich auch vor dem bösen Blick und allgemein vor dem Einfluß unheilvoller Mächte. Die Esten banden einer Braut genau aus diesem Grund einen Männergürtel bei der Hochzeit um, und in vielen Teilen Deutschlands wird der Gürtel immer noch als unverzichtbarer Bestandteil des Brautkleides betrachtet.

Davon abgesehen erklärt sich die besondere Bedeutung des Gürtels aber auch daher, daß er »gebunden« wird und das Binden im Aberglauben eine wesentliche Rolle spielt (→ abbinden). Damit einhergehend wird die gleiche Symbolik, die dem → Faden zukommt, auch dem Gürtel zugeschrieben, wie sich an der früher vertretenen Ansicht zeigt, daß sich die Heilkräfte bestimmter Pflanzen auf denjenigen übertragen sollen, der einen aus ihnen gebundenen Gürtel trägt. Manche Kräuter wurden nach diesem bei uns viel geübten Brauch direkt als Gürtlerkraut bezeichnet, und → Johanni (24. Juni) war in der Regel der Tag, an dem ein solcher Gürtel verfertigt wurde. Mädchen oder Frauen, die sich aus → Johanniskraut, Beifuß und fünf oder sieben weiteren Pflanzen einen solchen Gürtel umbanden, hofften auf Fruchtbarkeit, Kraft und allgemeinen Segen, und ein nur aus Farnkraut am Vorabend des Johannistages geflochtener Gürtel sollte vor allen nur denkbaren Krankheiten schützen.

H

Haar

Mehr noch als den Fingernägeln wurde dem Haar in früheren Zeiten magische Wirkung nachgesagt, ja, wie schon aus der biblischen Geschichte von Simson und Delila allgemein bekannt ist, galt es regelrecht als Sitz der Lebenskraft. Simson sagt dementsprechend: »Wenn man mich schöre, so wiche meine Kraft von mir, daß ich schwach würde und wie alle anderen Menschen.« Doch auch die Germanen waren dieser Meinung, schnitt der böse Gott Loki der Sage nach doch Thors Gemahlin die Haare ab, um sie ihrer Macht zu berauben. In zahlreichen Märchen, von denen eines der bekanntesten wohl ›Der Teufel mit den drei goldenen Haaren‹ sein dürfte, kommt dieser Glaube immer und immer wieder zum Ausdruck.

Daß diese besondere Wertschätzung des Haupthaars keineswegs nur ins Reich der Märchen und des »niederen« Aberglaubens gehörte, beweist die sehr weit verbreitete Tatsache, daß geweihte Persönlichkeiten, wie etwa die indischen Sadhus, die jüdischen Nasiräer – oder bei uns zulande die Frankenkönige, sich niemals die Haare schneiden lassen durften. Umgekehrt war es den Untertanen der Letztgenannten untersagt, sich die Haare lang wachsen zu lassen. Später waren es dann die Freien, die sich von Knechten und Unfreien durch ihr langes Haar unterschieden. Die wohlbekannte Sitte des Skalpierens geht übrigens gleichfalls auf die Überzeugung zurück, daß im Haar die Kraft des Menschen ruhe – und genau daraus erklärt sich auch, warum abgeschnittene Haare nicht herumliegen gelassen oder offen fortgeworfen werden dürfen: Da es sich um so hochgradig magische Objekte handelt, könnte sich jede unheilvolle Macht, jeder Zauberer, jede Hexe ihrer bemächtigen und sie dazu benutzen, ihrem Eigentümer ernsthaft zu schaden.

Wie sehr die Menschen früher bei uns an solchen mit Haaren ausgeübten Schadenzauber glaubten, zeigt ein urkundlich belegter Fall, der sich im letzten Jahrhundert in Mecklenburg ereignete. Ein junges Mädchen trug stets ein aus dem Haar ihrer Freundin geflochtenes Halsband. Als sie plötzlich starb, wurde sie mit diesem Halsband begraben, und kurz darauf erkrankte die Freundin schwer. Als kein Mittel helfen wollte, erinnerte sich das Mädchen an jenes Band. Die Leiche der Freundin wurde exhumiert, das Band entfernt, und binnen kürzester Zeit, wie es heißt, war das Mädchen völlig wiederhergestellt.

Doch nicht nur zu negativen Zwecken kann man sich die Haare anderer Menschen zunutze machen, sie eignen sich angeblich auch hervorragend für Liebeszauber. Eine Möglichkeit bestand etwa darin, drei Haare des oder der Angebeteten in eine frische Baumspalte zu klemmen; sobald sie mit dem Baum verwachsen waren, konnte man sicher davon ausgehen, daß man wiedergeliebt wurde. In Böhmen steckte man die Haare für den gleichen Zweck in die Türpfosten und andernorts auch unter die → Schwelle, doch gab es daneben eine Vielzahl weiterer Methoden.

Aus all den genannten Gründen wurde empfohlen, abgeschnittene Haare entweder zu vergraben, auf eine andere Weise gründlich aus dem Weg zu schaffen oder am besten gleich zu verbrennen. Erst dann kann man nämlich wirklich sicher sein, daß niemand damit Unheil stiften kann – sei es Mensch, Hexe oder Geist.

Hahn

Der Hahn – und mit ihm das Huhn – wurde erst in der Bronzezeit von seiner indischen Heimat nach Europa gebracht. Im Iran galt er als heiliges Tier, und seine Kampflust sowie sein durchdringendes Krähen nährten den Glauben, er sei imstande, Dämonen zu vertreiben. Auch die große Bedeutung, die er in unseren Breiten erlangte, geht teilweise auf nachprüfbare natürliche Merkmale dieses Vogels zurück. Hier ist zunächst sein morgendliches Geschrei zu nennen, das den neuen Tag und damit auch das Ende der dunklen, gefährlichen Nacht einleitet. Schon allein als Verkünder dieser freudigen Botschaft war der Hahn zu achten. Daneben zollte man aber auch seiner Potenz den größten Respekt, weshalb er oder Teile von ihm in diversen Fruchtbarkeits- und Liebeszaubern eine Rolle spielten. So war man etwa in Schwaben fest davon überzeugt, daß jemand, dem man unauffällig die Zunge eines jungen Hahnes zu essen gab, sich sofort unsterblich in einen verlieben würde. In Böhmen behauptete man gar, es reiche schon aus, den Hals der Angebeteten mit drei Schwanzfedern eines Hahnes zu bestreichen, um sie in Liebe entbrennen zu lassen. Die Federn durften allerdings nicht mit der bloßen Hand ausgerissen werden.

Schließlich galt der Hahn – nicht nur in Deutschland – als verläßlicher Wetterprophet. Deshalb wurde jede seiner Bewegungen und die Zahl seiner Rufe genau beobachtet. Häufiges und lebhaftes Krähen vor allem am Abend soll beispielsweise auf Regen deuten. Sitzt der Hahn auf dem Zaun und kräht von dort, steht dagegen schönes Wetter an. Teilweise aus diesem – vermutlich tatsächlich auf Wahrheit beruhenden – Grund erhielt der Vogel als bronzener oder kupferner Wetter- oder als tönerner Dachhahn einen Platz auf Haus- und Kirchendächern. Doch spielt hier sicher auch die alte Überzeugung mit hinein, daß er Unheil und böse Geister abwehren könne und daß seine Gegenwart, und sei es auch nur in einer Nachbildung, daher Haus und Bewohnern Schutz gewähre.

Handlesen

Im achtzehnten Jahrhundert erklärt der Leibarzt der Kaiserin Maria Theresia: »Die Chiromantie ist eine Wissenschaft aus den Linien und Bergen der Hände von eines Menschen Gesundheit und Kranckheit, Leben und Tod, Glück und Unglück muthmaßlich ein Urteil zu fällen. Ob solche Wissenschaft Grund habe, will ich voritzt nicht untersuchen.« Diese Aussage zeigt, daß das Handlesen durchaus auch in kaiserlichen Kreisen bekannt war und bis zu einem gewissen Grad auch ernstgenommen wurde. Seit der Antike ist diese Art der Weissagung nicht nur in Europa, sondern vor allem auch in Indien und im ganzen Orient ausgesprochen populär und im deutschen Sprachraum etwa ab dem zwölften Jahrhundert als »hantsehen« bezeugt.

Die klassische Chiromantie ordnet bestimmte Teile der

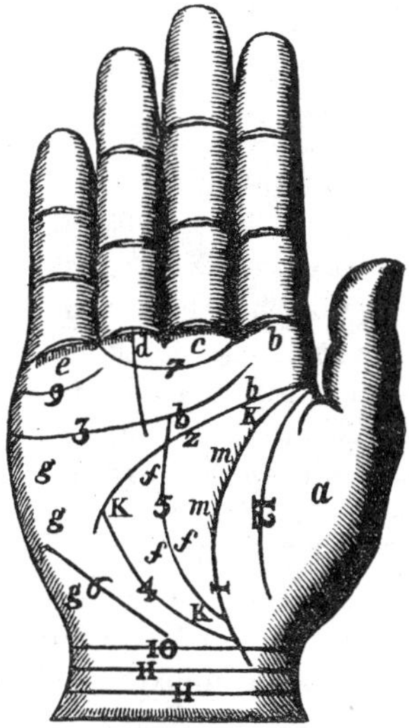

Linien der Hand

Hand den »sieben Planeten« zu, und zwar so, daß sieben sogenannte Berge von sieben Hauptlinien umzogen werden. Aus der Länge, der Form und den Überschneidungen der Linien sowie der Ausprägung und Bildung der »Berge« – und darüber hinaus aus allen sonstigen etwaigen »Zeichen« der Handfläche – werden Schlüsse für alle wesentlichen Bereiche des Lebens gezogen. Während diese Kunst im allgemeinen professionellen Wahrsagern vorbehalten blieb, ist dem heutigen Laien auf dem Gebiet im wesentlichen nur die Lebenslinie bekannt. In früheren Zeiten achtete man außerdem auf andere einfache Zeichen, wie vor allem das Kreuz, Kreise und Buchstaben oder Zahlen, die vielleicht in der Innenfläche der Hand zu erkennen sein mochten, und interpretierte sie auf phantasievolle Weise. So setzte man etwa ein Kreuz in der Handmitte mit »Kreuz in der Ehe«, drei Striche mit einem langen Leben und einen Ring an der Daumenwurzel mit Liebe gleich. Beurteilt wurden daneben aber auch das Gesamtaussehen der Hand, ihre Behaarung, Form und Farbe sowie etwaige auffällige Flecken.

Besonders gefragt war das Handlesen natürlich in unsicheren Zeiten, insbesondere, wenn Krieg herrschte und die Männer ins Feld ziehen mußten. So nahm die Chiromantie im ersten Weltkrieg einen solchen Aufschwung, daß schließlich entsprechende Anzeigen der Wahrsager unter Strafe gestellt wurden. Dennoch aber blühte diese Kunst weiter – und selbst so berühmte Zeitgenossen wie der Politiker Arthur Chamberlain, der Philosoph Bertrand Russell, die Schauspielerin Sarah Bernhardt und der Schriftsteller Mark Twain sollen gelegentlich die Dienste ihrer Adepten in Anspruch genommen haben.

Hase

Mit dem → Hahn gemeinsam hat der Hase den wohlverdienten Ruf großer Potenz und enormer Fruchtbarkeit. Deshalb wurde er in der Antike auch mit den Gottheiten der Liebe in Verbindung gebracht und etwa regelmäßig der Aphrodite geopfert; und genau aus diesem Grund wurde er mit dem Frühling assoziiert und vorzüglich mit einem von dessen Symbolen – dem → Ei. Von diesen beiden realen Eigenschaften abgesehen, vielleicht aber auch damit zusammenhängend, soll der Hase darüber hinaus große Zauberkraft besitzen – ja, bei manchen Völkern, wie etwa den Indianern, galt er gar als göttliches Wesen. Bei uns hieß es früher, er sei eines der Lieblingstiere der Hexen, die häufig auch seine Gestalt angenommen haben sollen. So scheint es nicht verwunderlich, daß Teile eines solchen Tieres als Talisman verwendet wurden – in seinem Fall vor allem die Pfote. Der Besitz einer Hasenpfote bringt nach früher weitverbreiteter Ansicht Glück, insbesondere Erfolg beim Kartenspiel, und schützt vor allen unangenehmen Ereignissen.

Daneben fanden fast alle anderen Körperteile und Organe des Hasen in der Medizin Verwendung, sei es nun das Hirn, das gegen Haarausfall, oder die Leber, die bei Epilepsie helfen soll. Das Auge heilt angeblich Blindheit, die Zähne sind gut gegen Zahnweh, und die Exkremente lindern Husten und verhüten gar, wie behauptet wurde, eine Schwangerschaft. Doch nicht alles am Hasen ist positiv – sein → Angang nämlich bedeutet Unglück, jedenfalls, wenn das Tier von rechts nach links läuft. Um dieses schlechte Omen abzuwenden, hieß es, müsse man dreimal in Richtung des Tieres spucken, sich dreimal umdrehen oder drei Schritte zurückgehen – oder aber den Hasen erschießen!

Haselnuß

Während sie in der Antike bei Griechen und Römern keine allzugroße Rolle gespielt zu haben scheint, wurde die Hasel (*Corylus avellana*) bei den Germanen nicht nur als ein durch seine Nüsse in wesentlichem Maße zur Ernährung beitragender, sondern gleichzeitig auch als ausgesprochener Zauberstrauch geachtet und sogar regelrecht verehrt. So pflanzte man ihn früher oft genug bei heiligen Hainen und alten Kultstätten an und umgab das Haus mit ihm, damit es vor allem Bösen geschützt sei.

Dieser Glaube an die magische Schutzwirkung der Hasel hat sich über die Jahrhunderte bis in jüngste Zeit gehalten. In ganz Deutschland war man beispielsweise bis vor kurzem – und in manchen abgelegenen Landesteilen ist man vielleicht heute noch – der Ansicht, daß eine Haselrute oder eine Nuß bei sich zu tragen, vor dem Verirren, vor üblen Einflüssen und vor Unfällen bewahre. Auch vor Haus oder Stall gehängt soll die Hasel jegliches Übel und obendrein auch noch den Blitz abhalten. Doch damit ist ihre Zauberkraft längst nicht erschöpft, denn gleichfalls allgemein bekannt ist auch, daß Wünschelruten am besten aus Haselzweigen geschnitten werden. In der Johannisnacht (24. Juni) oder zur Mitternacht von Freitag auf Samstag ging man rücklings zu einem Haselbusch und brach mit drei Knicken ein einjähriges, oben gegabeltes Reis. Dazu sprach man vielerorts, so etwa in Pommern: »Rute, ich breche dich, daß du mir zeigest und sagest nun alles das, was ich dich frage, recht und nicht falsch und ohne Betrug. Es sei gleich der Erden oder unter der Erden, es sei gleich verborgen oder öffentlich, es sei gleich im Baum oder außer dem Baum, es sei von Gott oder von bösen Leuten.«

Eine solche Rute ist aber nicht nur für das in diesem Spruch

Genannte gut, sondern auch dafür, sich an jemandem zu rächen. In ganz Deutschland glaubte man nämlich, man brauche nur auf ein Kleidungsstück des Betreffenden mit der Haselrute einzuschlagen, so würde er selbst die Prügel spüren.

Schließlich diente die Hasel – bzw. vor allem ihre Nüsse – auch noch zu Orakelzwecken, und zwar zum einen in bezug auf die Witterung und zum anderen auf die Liebe: Viele Nüsse am Strauch deuten nämlich auf einen strengen Winter, sechs Nüsse an einem Stiel angeblich aber auf eine baldige Heirat.

Haus

Da das Haus, das man bewohnt, der Platz ist, an dem man den wesentlichsten Teil seines Lebens verbringt – wo man liebt, schläft und vor den Unbilden der Witterung geschützt ist –, muß es natürlich in ganz besonderer Weise vor allen unheimlichen und negativen Einflüssen behütet werden. Unzählige, teilweise noch heute praktizierte – wenngleich meist nicht mehr verstandene – Riten dienten ursprünglich allein dem Zweck, bösen Wesen den Zutritt in das Haus zu verwehren. Immer noch werden an Frühlingsfesten die Häuser mit jungen Birken geschmückt, immer noch werden → Hufeisen über die Türe genagelt, immer noch wird am → Dreikönigstag mit Weihrauch geräuchert und immer noch befestigt man Misteln und Kränze am Eingang. Bis heute ist es zum Beispiel in Norddeutschland üblich, zwei gekreuzte hölzerne Pferdeköpfe auf dem Dachgiebel anzubringen oder Häuser auf dem Land mit Geweihen zu schmücken, wenngleich sicher nur wenigen bekannt ist, daß der Ursprung dieser Sitte Tieropfer waren, die man Göttern, Geistern und Dämonen darbrachte, um sie zu beschwichtigen und ihren Segen für Haus und Bewohner zu erbitten (→ Neid).

Schon bei der Wahl des Bauplatzes ist Vorsicht geboten, da das Haus nach alter Vorstellung beispielsweise auf keinen Fall auf einer Gemeindegrenze (→ Grenze) oder einem Weg gebaut werden und weder eine Quelle noch einen Holunder überdecken sollte. Natürlich darf der »Richtemai« nicht fehlen, das geschmückte Bäumchen, das gleichfalls der Abwehr alles Bösen dient und dadurch nach altem Glauben Glück bringt.

Ist das Haus fertig, sollte man darauf achten, daß man es weder bei Neumond noch bei abnehmendem Mond noch an einem anderen ungünstigen Tag bezieht. Auf keinen Fall zu vergessen sind schließlich Brot und Salz, die heutzutage in der Regel von Freunden, Verwandten oder Nachbarn gebracht und so gedeutet werden, daß den neuen Bewohnern beides nie ausgehen möge. Sicherlich liegt diesem Brauch aber ein Opfer an die Geister oder den Geist des Hauses zugrunde, mit dem man sich gleich zu Anfang gut stellen wollte und den man durch diese Gabe freundlich zu stimmen hoffte.

Hauswurz

Dieses Dickblattgewächs (*Sempervivum tectorum*) ist vor allem unter der Bezeichnung Donnerwurz bekannt, denn seine ihm im Volksglauben zugeschriebene wesentlichste Eigenschaft ist, daß es ein Haus bei Gewittern vor dem Blitzschlag bewahrt. Deshalb wurde es in früheren Zeiten und auch heute noch vor allem auf die Dächer gepflanzt. Doch nicht nur Blitz und Donner, auch Krankheiten, Zauberei und überhaupt Unglück soll die Donnerwurz von den Bewohnern des Hauses, auf dessen Dach, Mauer oder Zaunpfosten sie wächst, zuverlässig abhalten.

Daneben finden ihre dickfleischigen Blätter in der Volksmedizin Verwendung: Sie wurden gegen Warzen, Krämpfe und Fieber benutzt. Schließlich galten die Blüten der Hauswurz insofern als zukunftsdeutend, als sie angeblich ein baldiges besonderes Ereignis in der Familie ankündigen.

Heidelbeere

Sammelt man Blaubeeren an Johanni (24. Juni), heißt es in Thüringen, ist man das ganze Jahr über gegen Fieber gefeit. In Böhmen sagt man dagegen, daß Heidelbeeren, an Jakobi (25. Juli) gegessen, vor Bauchweh bewahren. In ganz Deutschland aber pflegten Sammler die ersten Früchte auf einem Stein zu zerdrücken oder in eine Baumspalte zu legen, um eine reiche Ausbeute zu garantieren – ein Brauch, der sich als Opfer an die Waldgeister oder -gottheiten erklären lassen dürfte und der sich mancherorts bis heute gehalten hat.

Heilkräuter

Daß Heilkräuter früher eine weit größere Rolle spielten als in jetzigen Zeiten, versteht sich von selbst. Wenn es seit jeher auch besonders kundige, in allen Dingen der Botanik bewanderte Frauen gab, die sich speziell mit Heilkräutern befaßten, kannten doch weit mehr Menschen wenigstens die wichtigsten von ihnen als heutzutage. Die meisten Familien auf dem Lande hatten Gläser mit selbstgesammelten und getrockneten Kamillenblüten, Johanniskraut, Salbei, Liebstöckel und Minze (um nur einige wenige der wichtigsten Pflanzen zu nennen) für alle Eventualitäten im Schrank stehen. Daraus erklärt sich auch die Vielfalt an Ansichten, die je nach Region über das Sammeln von Heilkräutern herrschten, doch stimmen die meisten von ihnen in einigen wesentlichen Punkten überein.

Vielerorts hieß es, daß → Johanni (24. Juni), die → Frauendreißiger und Jakobi (25. Juli) die geeignetsten Tage zum Sammeln seien und daß dieses am besten vor Sonnenaufgang oder aber nach Sonnenuntergang zu geschehen habe. Auch soll man die Kräuter nicht mit der bloßen Hand berühren und sie auf keinen Fall mit einem eisernen Werkzeug schneiden oder ausgraben. Schweigen ist eine weitere Forderung, die oft gestellt wird, und am besten sollte man sich beim Sammeln auch von niemandem sehen lassen. Sollen die Pflanzen zu Heilzwecken dienen, ist ihre Anzahl in der Regel nicht von Bedeutung. Sind sie dagegen für ein Kräuterbüschel, für einen Kranz oder ähnliches bestimmt, wird immer wieder die Zahl sieben oder neun empfohlen. Solche Sträuße werden vor oder über die Haustür, an die Fenster oder auf den Dachboden gehängt und sollen, wie es heißt, alles Unheil vom Haus und seinen Bewohnern fernhalten. (→ Zauberkräuter, Baldrian, Beifuß, Berufkraut, Eisenkraut, Johanniskraut, Farn, Hasel, Holunder, Rainfarn.)

Hemd

Noch größere Bedeutung als → Schuhe und Hut besaß im Volksglauben das Hemd. Der Grund dafür ist leicht nachzuvollziehen, da es dieses Kleidungsstück ist, das dem Körper am nächsten ist, mit der Haut in unmittelbare Berührung kommt und damit den Schweiß aufnimmt – den man schon für sich genommen auf der ganzen Welt als eine hochmagische Substanz ansah und als solche vielerorts noch heute bei einer Reihe von Ritualen verwendet. Welch große Zauberkraft dem Hemd nachgesagt wurde, spiegelt sich in zahlreichen Märchen wieder, von denen eines der bekanntesten wohl ›Die sechs Schwäne‹ sein dürfte. Hier verwandelt ein Mädchen seine Brüder dadurch in Menschen zurück, daß sie ihnen eigenhändig gewirkte Nesselhemden überwirft.

So nimmt es auch nicht wunder, daß verschiedene Orakel mit Hilfe von Hemden durchgeführt wurden. In der Schweiz hieß es, ein Mädchen könne seinen künftigen Liebsten im Spiegel sehen, wenn es in der → Andreasnacht (30. November) die Stube mit seinem Hemd kehre, und bei Liebeszaubern aller Art wird die Anweisung gegeben, daß sie im Hemd auszuführen seien. Dem liegt natürlich die Tatsache zugrunde, daß das Hemd als gleichbedeutend mit Nacktheit verstanden wurde – wie denn auch jemand »im Hemd« schließlich so gut wie »nicht angezogen« ist.

Im Gegensatz hierzu dürfte eher der im Hemd haftende Schweiß als Wirksubstanz gemeint gewesen sein, wenn Krankheiten mit dem Hemd »abgewischt« wurden. Im Erzgebirge beispielsweise vertrieb man Kopfweh, indem man sich mit dem Hemdsaum dreimal über die Stirn strich und ebensooft dabei ausspuckte. Krankheiten wurden daneben aber auch in ein Hemd verknotet, darin abgestreift, mitsamt dem Hemd verbrannt oder mit einem Teil von ihm an einen Baum oder einen anderen magischen Ort wie etwa neben einer → Quelle festgebunden.

Eine weitere interessante Verwendungsmöglichkeit des Hemdes stellt ein aus Mecklenburg überliefertes Zauberritual dar, das dazu dienen sollte, einem Pferd »die Mucken« abzugewöhnen. Hierzu wickelte man den aus dem → Rasen geschnittenen Hufabdruck des betreffenden Tieres in ein Männerhemd und hängte das Bündel in den Schornstein. Sobald das Gras verdorrt war, so hieß es, war auch das Pferd lammfromm geworden.

Herbst

Der Herbst ist nach altem Glauben derjenige Teil des Jahres, in dem die Geister besonders aktiv sind, weswegen er als für Mensch und Tier gefährlich betrachtet wird. Gleichwohl wurden früher zu dieser Jahreszeit die meisten Hochzeiten abgehalten, wobei der Grund aber wohl eher darin zu suchen ist, daß man jetzt, nachdem die Ernte eingebracht war, genügend Muße – und dazu Nahrung in Fülle – hatte, als in dem Glauben, der Herbst sei wirklich der für Eheschließungen glückbringendste Zeitpunkt.

Wetter und Natur dienten den Bauern wie in den übrigen Jahresabschnitten auch im Herbst dazu, Prognosen für die nähere Zukunft anzustellen. In der Steiermark hieß es, es deute auf einen schönen Herbst, wenn im Juli der Salat schösse. Und in ganz Deutschland sagte man:

»Ist der Herbst warm, hell und klar
So ist zu hoffen ein fruchtbar Jahr.«

Hexe

Wie ältere bildliche Darstellungen zeigen, dachte man sich eine Hexe früher zumeist als gebeugte oder gar bucklige alte Frau mit langer krummer Nase, blutunterlaufenen Augen, gichtigen Fingern und fliehendem Kinn. Der Volksglauben wußte neben diesen allgemeinen Erkennungsmerkmalen aber auch eine Vielfalt an zum Teil komplizierten Methoden, mit deren Hilfe man meinte, eine Hexe ausfindig machen zu können. Beispielsweise brauchten sich oberpfälzische Bäuerinnen am Morgen nach der Walpurgisnacht (30. April/1. Mai) angeblich nur auf einen Melkschemel zu setzen, der in derselben Nacht aus neunerlei Holz gefertigt worden war, um jede vorübergehende Hexe als solche zu erkennen. Ein anderes Verfahren bestand darin, sich an Ostern vor dem Kirchgang vorsichtig unter jede Achsel ein ausgeblasenes Ei zu stecken, in der Kirche dann die ersten drei Schritte rückwärts zu gehen und schließlich durch eines der Eier hindurchzuschauen: Auf diese Weise konnte man angeblich sehen, wer von der anwesenden Gemeinde eine Hexe war.

Doch hielt man derlei Praktiken im allgemeinen für gefähr-

›Walpurgisnacht auf dem Blocksberg‹, Holzschnitt aus dem 17. Jahrhundert

lich und hütete sich davor, irgend jemandem von seinem auf diese Weise gewonnenen Wissen etwas zu erzählen, denn die

Rache der entlarvten Hexe würde, wie man glaubte, auf dem Fuße folgen. Weit ratsamer war es dagegen, sich durch die verschiedensten → Amulette gegen Hexenzauber zu schützen. Des weiteren hängte man vor allem Johanniskraut, Baldrian, Dost, Weißdorn, Hasel und Misteln vor das Haus, trieb ein Messer in den Türrahmen oder nagelte ein Hufeisen darüber, stellte einen Besen vor die Tür oder malte drei Kreuze daran. Wichtig waren solche Abwehrmaßnahmen besonders an den Tagen des Jahres, an denen die Geister – und mit ihnen die Hexen – besonders aktiv sein sollen, also vor allem in der Nacht vor dem ersten Mai (Walpurgis), der des Johannistages (24. Juni) und der vor Allerheiligen (1. November). In diesen Nächten halten die Hexen, wie man glaubte, ihre berüchtigten Sabbate und Tänze ab, und zwar insbesondere auf Bergen wie dem allbekannten Blocksberg, dem Butzeberg im Samland, dem Petersstein im Altvatergebirge, dem Kiesberg bei Elberfeld, dem Staffelberg in Franken und etlichen weiteren Bergen in ganz Europa. Noch heute werden in Kreisen gewachsene Pilze als Hexenringe bezeichnet, weil man annahm, daß sie als Tanzplätze der Hexen – und ebenso übrigens der → Elben – dienten.

Zu diesen Versammlungen »flogen« die Hexen bekanntlich, und zwar mit Hilfe der berühmten Hexensalbe: einer Mixtur aus verschiedenen Pflanzen, wie etwa Tollkirsche, Schierling, Nachtschatten und Bilsenkraut, und einigen weiteren Ingredienzien. Im Allgäu hieß es, die Hexen müßten dabei den Spruch sagen: »Oben aus und nirgend an«, oder aber, während sie sich – bzw. ihren Besen – salbten: »Schmier ich wohl, fahr ich wohl und fahre nirgends wid.« Weit verbreitet sind aber auch Berichte, denen zufolge Hexen sich als »Reittiere« bestimmte Menschen aussuchen und ihnen einen magischen Zaum anlegen.

Wie man allgemein wußte, waren Hexen imstande, mit übernatürlichen Wesen in Kontakt zu treten, um sich von ihnen zu höheren Graden ihrer Kunst führen zu lassen oder auch um sie bei bestimmten magischen Projekten als Helfer zu gewinnen. Sie standen also – wie auch ihr Name »Hexe«, das in seiner ursprünglichen (althochdeutschen) Form soviel wie

»Zaunsitzer« bedeutet, zeigt – gewissermaßen mit dem einen Bein in der Welt der Menschen und mit dem anderen in der Geisterwelt. So waren viele von ihnen (ebenso wie die Elben) bestens in der Pflanzenheilkunde bewandert, und konnten dementsprechend alle Arten von Krankheiten heilen.

Ähnlich anderen übernatürlichen Wesen waren die Wetterhexen, wie es heißt, imstande, das Wetter zu beeinflussen. Nach deutschen Prozeßakten des sechzehnten und siebzehnten Jahrhunderts schlugen Hexen an Bächen und Seen solange mit Haselruten ins Wasser, bis Nebel aufstieg, der sich zu schwarzen Wolken verdichtete. Diese Methode des Regenmachens ist aus vielen Regionen überliefert, und in Oldenburg war man der festen Meinung, wenn eine Hexe einen Ort dazu bestimmt habe, an dem der Blitz einschlagen solle, sei daran nichts mehr zu ändern.

Ebenso wie manchen Geistern wurde auch den Hexen nachgesagt, sie reisten in Wirbelwinden, und in Westfalen und andernorts glaubte man, wenn man einen Schuh in einen solchen Wirbelwind hineinschleudere, zwinge man die darin fliegende Hexe, ihre wahre Gestalt anzunehmen und sich zu offenbaren. Überhaupt schrieb man den Hexen zu, sich nach Belieben in jedes von ihnen gewünschte Lebewesen verwandeln zu können, wobei die bevorzugten Tiere eindeutig Katze, Eule, Rabe, Ziegenbock und Kröte gewesen sein sollen – Tiere, die, wie man glaubte, auch den Geistern lieb waren und zu ihnen in besonders enger Verbindung stehen sollen.

Hirsch

Die – mancherorts bis zur Verehrung gehende – Hochachtung, die dem Hirsch seit alters her gezollt wird, gründet sich zunächst einmal auf seine Stärke, die durch das mächtige Geweih nachdrücklich vor Augen geführt wird. Doch ist diese Kraft allein sicher keine ausreichende Erklärung für die Tatsache, daß der Hirsch überall da, wo er heimisch war, seit frühesten Zeiten abgebildet, auf Felsen gemalt oder geritzt und als Skulptur geformt wurde. In Sibirien wie in Griechenland, bei den Kelten wie bei den Germanen, war der Hirsch mit den Göttern der Jagd assoziiert – so galt er etwa ebenso als Tier der Artemis wie als dasjenige des keltischen Cernunnos. Daher ist es eher diese seine Funktion als Mittler, als irdisches, aber mit der geistigen Welt in enger Verbindung stehendes Wesen, auf die seine Verehrung zurückgehen dürfte. Auf einer volkstümlicheren Ebene spiegelt sich dieser Glaube in den zahlreichen Märchen wieder, in denen ein Hirsch, öfter noch eine weiße Hindin, einen bedrängten Menschen aus der Not rettet, indem er bzw. sie ihn auf den Rücken nimmt und mit ihm davoneilt.

Es scheint einsichtig, daß die Jagd auf ein solches Göttertier von allerlei praktischen, aber vor allem rituellen Vorsichtsmaßnahmen begleitet sein mußte, und nicht ohne Grund werden im Himalaya immer noch die Geweihe erlegter Tiere an Moscheen und anderen heiligen Orten geopfert – und werden sie bei uns mancherorts noch heute an die Hausfront genagelt. Ebensowenig nimmt es wunder, daß, angefangen beim Geweih bis hin zu den Klauen, sämtliche Teile des Hirsches zur Behandlung der unterschiedlichsten Krankheiten – sei es des Podagras, der Schwindsucht oder des Durchfalls – Verwendung fanden.

Wie aber kein »Zaubertier« eine ausschließlich negative Bedeutung besitzt, so gibt es auch keines, das hundertprozentig »gut« wäre. Eine enge Verbindung zur Götter- und Geisterwelt impliziert auch eine enge Beziehung zum Tod, und so wurde es in weiten Teilen Deutschlands zumeist als unglückliches Vorzeichen angesehen, einem Hirsch zu begegnen, und ganz besonders, wenn er weiß war – was allerdings damals wie heute nicht allzuhäufig der Fall gewesen sein dürfte.

Hochzeit

Zu den wenigen wirklich wichtigen Tagen im Leben eines Menschen zählte wenigstens früher der Tag seiner Hochzeit. Dieser Tag war dementsprechend überall mit einer Fülle an Vorschriften befrachtet, die es unbedingt einzuhalten galt, und mit einer Unzahl von Orakeln umgeben, die je nach Region und Umständen als günstig oder negativ gedeutet wurden. So vielfältig und detailliert diese Angaben waren, so sehr unterschieden sie sich regional voneinander – ja, was hier als besonders glückverheißend betrachtet wurde, sah man andernorts gerade als unglückliches Zeichen an. Beispielsweise sagte man im Erzgebirge, ein Gewitter am Hochzeitstag weise auf Unglück in der Ehe, wohingegen in der Schweiz gerade das Gegenteil behauptet wurde. Regen ist vielfach eine trübe Prognose, andererseits aber ein Hinweis auf künftigen Kinder- und Geldsegen. Der Mai ist als Monat oft verpönt, unter anderem mit der Begründung, daß man nicht zu einer Zeit heiraten sollte, in der »alle Esel verliebt sind«. Andererseits wird er für Hochzeiten bekanntlich mit großem Abstand bevorzugt.

Bei allen kontroversen Aussagen gibt es aber durchaus auch einige Übereinstimmungen, wie etwa die allgemein vertretene Ansicht, daß der zunehmende oder aber der volle Mond sowie vor allem der → Dienstag und der → Donnerstag zum Heiraten besonders günstig seien. Weiterhin wurden Mißgeschicke aller Art, die sich während der Hochzeit ereignen, durchweg als negatives Omen bewertet und war es überall üblich, das Brautpaar mit Getreidekörnern zu bewerfen, damit es nie würde Mangel leiden müssen. Auch heißt es noch immer – und zwar nicht nur in ganz Deutschland, sondern beispielsweise auch in Italien –, daß die Braut bei der Hochzeit einen neu gekauften, einen geliehenen und einen geschenkten Gegenstand an oder bei sich tragen müsse. Dieser Brauch dürfte wohl dahingehend zu deuten sein, daß die frisch gebackenen Eheleute immer genug Geld haben sollen, sich etwas zu kaufen, ausreichend Freunde und Verwandte, die ihnen etwas schenken, und einen hinlänglich guten Ruf, daß man ihnen unter Umständen auch etwas leiht. Schließlich war es und ist es noch heute allgemeiner Brauch, alle etwaigen anwesenden neidischen und böswilligen Geister durch Lärm zu vertreiben – sei es etwa durch das beliebte »Poltern« am Vorabend, sei es durch die an die »Hochzeitskutsche« angehängten Blechbüchsen: ein Brauch, der fast so alt sein dürfte wie das Heiraten selbst.

Holunder

Wohl kaum eine Pflanze wurde in Mittel- und Nordeuropa in so hohen Ehren gehalten und spielte im Denken und Fühlen der Menschen eine so zentrale Rolle wie der Schwarze Holunder (*Sambucus nigra*) oder Fliederbaum, wie er früher auch genannt wurde. Der unauffällige Strauch, der nur zur Blüte- und vielleicht noch zur Beerenzeit ins Auge fällt, wuchs seit ewigen Zeiten in Dörfern und Siedlungen neben den Häusern und wurde bis fast auf den heutigen Tag als Aufenthaltsort eines den Haus beschützenden Geistes oder einer Fee angesehen. Die Preußen glaubten, daß der Erdgott Puschkaitis unter einem Holunder säße, und in Dänemark war es die Hyldemoer, die darin hauste. Dieser Glaube, den Hans Christian Andersen zum Thema eines seiner Märchen machte, ist für ganz Deutschland und viele andere, vor allem nordische Länder bezeugt und geht so weit, daß es überall als schreckliche Tat angesehen wurde, einen Holunder zu fällen. Unzählige Geschichten sind überliefert, in denen berichtet wird, was dem Frevler, der es wagte, sich an einem dieser Bäume zu vergreifen, Schreckliches widerfuhr. Zu den geringsten Strafen gehörte etwa, daß ihm das Haus niederbrannte, zu den schlimmsten, daß er oder einer der Seinen umgehend starb und die Familie bis ins soundsovielte Glied vom Unglück verfolgt wurde. Da mit der Holunderfee also nicht zu spaßen war, hielten es die Menschen für geboten, sie durch regelmäßige Opfergaben – die hauptsächlich in »weißen« Lebensmitteln wie vor allem Milch und Butter, aber auch in Bier bestanden – bei Laune zu halten. Dann konnte man sie gegebenenfalls um Heilung einer Krankheit oder auch um die Erfüllung eines anderen Wunsches bitten (→ abbinden).

Als »übernatürlich beseeltem« Wesen wurde dem Holunder selbstredend auch die Kraft zugeschrieben, alle unheilvollen Mächte von Haus und Hof fernzuhalten, weshalb vor allem an Johanni (24. Juni) Zweige von ihm vor Türen und Fenster gesteckt wurden. Die gleichfalls an diesem Tag in Schmalz gebackenen und gegessenen Blüten sollen, wie von Schlesien bis Bayern behauptet wurde, das ganze Jahr vor Krankheiten schützen. Von diesen Gelegenheiten abgesehen, galt es aber

›Allegorie auf eine Schwitzkur durch Fliedertee‹ von Adolph von Menzel (1815–1905)

als äußerst verwerflich, Zweige oder Holz des Holunders zu irgendwelchen profanen Zwecken zu verwenden, denn – wie es in einem alten Bauernspruch heißt – dieser Strauch ist so heilig, daß man vor ihm den Hut abnehmen sollte!

Honig

Honig ist eines der Nahrungsmittel, die der Mensch seit urdenklichen Zeiten kennt, und noch dazu eines der wenigen, die ohne besondere Behandlung haltbar sind, gut schmecken und obendrein besondere Kraft schenken. Daher ranken sich um den Honig eine wahre Fülle an abergläubischen Vorstellungen, und die Bienen wurden, als dessen Spender, geradezu als göttliche Wesen betrachtet. Nicht nur bei uns, sondern beispielsweise auch bei den Indern spielen sie in Sagen oft die Rolle von Rächern, die das feindliche Heer oder überhaupt die jeweils »Bösen« im Namen der »Guten« in die Flucht schlagen. Ihre enge Verbindung zur Wildnis erklärt wohl auch, weshalb übernatürlichen Wesen, wie Feen, Kobolden und Hausgeistern, besonders gern Honig geopfert wurde. In den Dörfern um Dresden pflegte man beispielsweise dem »Koberchen« Milch und Honig auf den Herd zu stellen, um es zu erfreuen. »Honigwein« oder Met besaß nicht nur bei den Germanen, sondern ebenso auch bei den Griechen und Römern, den Kelten und den Slawen eine wichtige kultische Bedeutung.

Zu bestimmten Zeiten, vor allem an Ostern, ist aber auch der Mensch gehalten, Honig zu essen, denn, so sagte man in Schlesien, dann lächelt einem das ganze Jahr über das Glück. In Sachsen wurde noch zusätzlich versprochen, wer Honig esse, bleibe nicht dumm und – darin wiederum war man sich überall einig – werde von allen Krankheiten verschont. Überhaupt galt der Honig als ausgesprochene Wundersubstanz und wurde bei uns zulande wie bereits bei den alten Ägyptern zur Behandlung der verschiedensten Krankheiten angewandt. Daneben wurden ihm auch fruchtbarkeitsfördernde und aphrodisische Eigenschaften zugeschrieben, weswegen er Bestandteil so manchen Liebeszaubers war und früher auch bei keinem Hochzeitsschmaus fehlen durfte.

Hufeisen

Zu den vergleichsweise wenigen abergläubischen Bräuchen, die sich bis heute unverändert erhalten haben, zählt das Anbringen von Hufeisen an die Haus- oder Stalltür, ja in symbolischer Form bekanntlich sogar an Autokühlergrills. Glück bringen soll das Eisen, das weiß man, und gefunden muß es sein. Suchen allerdings darf man es ebensowenig wie den vierblättrigen Klee, denn dann ist es so gut wie wirkungslos. Bis heute gehen die Meinungen darüber auseinander, wie herum es aufzuhängen sei. Die einen sagen, die offene Seite müsse nach oben gerichtet sein, damit das Glück »hineinfallen« könne. Weit häufiger wird allerdings die Meinung vertreten, die offene Seite sei nach unten zu kehren, damit alles Unglück an der Wölbung abgleite. Darüber hinaus erinnere diese Form an ein Tor (→ Tür) und den → Regenbogen, beides hochmagische Objekte.

Tatsächlich aber zeigt sich an den entgegengesetzten Ansichten, daß es in Wirklichkeit vollkommen gleichgültig ist, wie herum das Hufeisen befestigt wird, Hauptsache, es wird überhaupt befestigt. Denn worauf sich dieser Glaube an die Zauberkraft des Hufeisens gründet, ist die praktisch weltweit anzutreffende Überzeugung, daß dämonische Wesen schreckliche Angst vor Eisen haben. Worauf es ankommt, ist also genau dies: Was immer vor Tür und Stall befestigt wird, muß aus Eisen sein – mag es sich dabei nun um Nägel, Schlösser oder eben ein Hufeisen handeln. Daß es daneben von Bedeutung war, ob man diesen eisernen Gegenstand zufällig fand, scheint einleuchtend, wurde er einem in diesem Fall doch gewissermaßen von den Göttern in den Weg gelegt und war daher mit besonderer Kraft aufgeladen. Schließlich spielt bei der Vorliebe gerade für das Hufeisen sicher auch die alte Vorstellung mit hinein, das Pferd sei ein ganz besonderes Wesen, gleichermaßen mit Geistern und Göttern verbunden wie Statussymbol der Menschen.

Aus dem Gesagten geht also hervor, daß ein Hufeisen an der Tür nur »indirekt« Glück bringt: Indem es unheilvolle Wesen davon abhält, in das Haus einzudringen, bewirkt es, daß dessen Bewohner gesund bleiben. Bleiben sie aber gesund, sind sie imstande zu arbeiten, wodurch sich der Wohlstand erklärt, den das Anbringen eines Hufeisens gleichfalls herbeiführen soll. Und so schließt sich der Kreis, denn wer reich ist, gilt im allgemeinen auch als glücklich.

Hund

Die seit Tausenden von Jahren bestehende enge Gemeinschaft und die dadurch bedingte Vertrautheit zwischen Mensch und Hund führte dazu, daß im Laufe der Zeit aus Verhalten und Lautäußerungen des Tieres eine Vielzahl von Schlußfolgerungen gezogen wurden, die man noch bis vor kurzem für absolut glaubwürdig hielt. Der Grund dafür mag vor allem darin zu suchen sein, daß der Hund, und zwar besonders, wenn er schwarz war, für geistersichtig galt und nicht nur mit einer Reihe von Gottheiten, sondern oft genug auch mit Hexen in Verbindung gebracht wurde. So versuchen im Märchen ›Von einem, der auszog, das Fürchten zu lernen‹ bekanntlich zwei schwarze Geisterhunde mit tellergroßen Augen, den mutigen Helden zu erschrecken. Doch ansonsten sind es eher den Menschen grundsätzlich wohlgesonnene Feenwesen, wie etwa die Weiße Frau, Urschel oder Holda, denen – zumeist schwarze – Hunde als Begleiter nachgesagt wurden. Daher wurde die Geistersichtigkeit des Hundes im allgemeinen auch nicht als unheimliche oder gar bedrohliche Eigenschaft angesehen, sondern im Gegenteil als wertvolle Fähigkeit, die es dem Tier ermöglichte, ihm nahestehende Menschen zu warnen und von einem drohenden Unglück in Kenntnis zu setzen.

Besondere Beachtung schenkte man in diesem Zusammenhang der bestimmten Art und Weise, wie der Hund bellte oder sich sonst stimmlich äußerte. Im Allgäu und in Bayern hieß es beispielsweise, wenn ein Hund beim Heulen nach oben schaut, werde es bald brennen, und überhaupt wurde Heulen und Winseln als negatives Vorzeichen gedeutet. Beobachten sollte man auch, in welche Richtung die Schnauze zeigt, wenn der Hund sich hinlegt, denn von dort naht angeblich Böses. In Tirol wurde vor noch nicht allzu langer Zeit ein Hund, den man seines prophetischen Geheuls wegen »Totenreger« nannte, vergiftet, weil er den Leuten zu unheimlich geworden war. Diese Gabe, in die Zukunft zu schauen, glaubten die Oldenburger sich selbst aneignen zu können, indem sie einem Hund um Mitternacht von hinten zwischen den Ohren oder den Vorderbeinen hindurchsahen oder aber sich die Augen mit seinen Tränen bestrichen.

Darüber hinaus war der Hund auch als zuverlässiger Wetterprophet bekannt. Ob in Böhmen, Bayern oder Mecklenburg, überall sagte man etwa, wenn ein Hund Gras frißt, stehe schlechtes Wetter bevor, und wenn er Schnee schluckt, sei mit baldigem Tauwetter zu rechnen. So war der Hund in früheren Zeiten weit mehr als nur »der beste Freund des Menschen«, denn er übernahm für ihn die Funktion eines prophetischen Auges. Nicht zuletzt aber galt er – oder besser gesagt, praktisch jeder einzelne Teil seines Körpers – als hervorragendes Heilmittel gegen die verschiedensten Krankheiten. Nur einige wenige Beispiele: Unter die Schwelle gelegte Haare dieses Tieres lassen angeblich gar nicht erst Krankheiten ins Haus gelangen, sein Fleisch hilft gegen Schwindsucht, seine Galle gegen Epilepsie, und weißer Hundekot soll, namentlich wenn an Johanni (24. Juni) gesammelt, gut gegen Asthma, Fieber und Geschwüre sein. Nicht umsonst sagte der berühmte Zoologe Alfred Brehm vom Hund also, er sei »eigentlich eine wandelnde und bellende Apotheke«!

I

Irrlicht

Der Glaube an Irrlichter ist seit dem sechzehnten Jahrhundert in ganz Europa bezeugt, während er in der Antike offenbar nicht bekannt war. Beschrieben wurden sie je nach Region recht unterschiedlich – einfach als schwebendes blaues Licht, als feurige Kugel, als Flämmchen, aber auch, wie etwa in Schlesien, als Wesen mit rotem Wams und einer Laterne oder, wie man in der Mark Brandenburg meinte, mit langen Beinen. Im Vogtland bezeichnete man Irrlicher als Rotkopf, Rothösel oder auch Rotröckel, und in Kärnten hieß es, sie sähen aus wie eine helle linke Hand mit leuchtenden Fingern. Einig war man sich darin, daß sie sehr schnell fliegen können und daß sie am liebsten im Herbst oder während der Adventszeit erscheinen, wobei ihre bevorzugten Aufenthaltsorte sumpfiges Gelände oder Moore und Friedhöfe sein sollen. Allgemein hielt man die Irrlichter für Seelen unselig Verstorbener – also von Selbstmördern, Verbrechern oder ungetauften Kindern.

Wie der Name »Irrlicht« schon zeigt, glaubte man früher, daß der einsame Wanderer von ihnen vom Wege fortgelockt und in die Irre geleitet werden könne. Wenn er dann elendiglich im Sumpf versank oder im Wasser ertrank, lachten die Geistwesen schadenfroh und klatschten gar noch in die Hände, wie es aus der Niederlausitz überliefert ist. Andererseits zeigen sich Irrlichter, wenn man sie nur höflich bittet, nach früherem Volksglauben oft auch hilfsbereit und dienen dem Wanderer für einen geringen Lohn, wie etwa ein Butterbrot oder etwas Milch, gern als Licht in dunkler Nacht. Abwehren lassen sich die Irrlichter, wie es heißt, mit einem eisernen Gegenstand, mit Friedhofserde, die man nach ihnen wirft, oder mit einem Geldstück.

Immer noch nicht eindeutig geklärt ist, ob Irrlichter tatsächlich aus sich selbst entzündendem Sumpfgas oder Phosphorwasserstoff entstehen. Noch zu Anfang des zwanzigsten Jahrhunderts hieß es jedoch in einer einschlägigen Zeitschrift entrüstet: »Alles will ich glauben, nur das nicht, daß die Irrlichter Dünste sein sollen.«

J

Johanniskraut
Diese inzwischen allgemein gebräuchliche volkstümliche Bezeichnung der Pflanze, deren botanischer Name Tüpfel-Hartheu (*Hypericum perforatum*) lautet, geht auf die Legende zurück, der rote Saft, der beim Zerreiben der Blütenknospen austritt, sei das Blut des heiligen Johannes. Bei den Griechen hieß das Johanniskraut aus demselben Grund einfach Männerblut. Anfang des sechzehnten Jahrhunderts schreibt Theophrast von Hohenheim, besser bekannt als Paracelsus, über dieses Kraut, daß man es »für und für tragen« sollte, es unter das Barett legen, in Kränze winden, nachts unter das Kissen tun, das Haus damit umstecken und es an die Wände hängen – so vielseitig, von so überragenden Kräften sei es, ein wahres Arkanum (Wundermittel). Dabei beschränkt sich der Nutzen des Johanniskrautes aber keineswegs nur auf das Gebiet der Heilkunde, obgleich es hier vielfach – und zwar heutzutage vor allem gegen depressive Zustände und zur Beruhigung – verwendet wird und, sei es in getrockneter Form, sei es als Ölauszug, in keiner Hausapotheke fehlen sollte.

Eine der wichtigsten Eigenschaften des Hartheus soll nämlich nach altem in ganz Europa verbreiteten Glauben darin bestehen, daß es extrem zauberwidrig ist und alles Böse von Mensch und Haus abhält, insbesondere, wenn es am Johannistag gepflückt wird. Im Jahre 1685 schrieb der Arzt Dr. Johann Schröder, wie er diese dämonenwidrige Macht des Johanniskrautes bei einem Besessenen erfahren habe: Dieser weigerte sich nämlich ein Getränk zu sich zu nehmen, das eine Essenz dieser Pflanze enthielt. Auch habe er ein Mützchen zerrissen, in das Johanniskraut eingenäht war. Ein so überzeugender Beweis bedarf selbstverständlich keiner weiteren Bestätigung!

Besonders in Süddeutschland wurde das Johanniskraut aber nicht nur wegen seiner geisterabwehrenden Kraft, sondern eher deshalb an die Fenster gehängt, weil es auch den Blitz abhalten soll. In Anhalt erzählt man sich hierzu, daß einst ein

Johanniskraut. Zeichnung von Ditte Bandini

schlimmes Gewitter tagelang in der Gegend gewütet habe und die Menschen sich nicht mehr zu helfen gewußt hätten. Da hörten sie plötzlich aus den Wolken eine Stimme rufen: »Ist denn keine einzige Frau, die da weiß vom Hartenau?« Sofort machten sich alle ans Sammeln, und bald darauf, so heißt es, schien wieder die Sonne.

Schließlich spielt das Johanniskraut auch in manchem Liebeszauber und -orakel eine Rolle. Wie ein Schulmeister Anfang dieses Jahrhunderts berichtete, pflegten verliebte Mädchen in Böhmen das Kraut in der Handfläche zu zerreiben, wickelten es dann in ein Taschentuch und preßten es aus. Während des Pressens oder »Walcherns«, wie man dazu in Böhmen sagte, wurde das Sprüchlein aufgesagt:

»Walcher-, Walcher-, Walchermut,
Bist mer gut, gibst mer Blut.
Bist mer gram, gibst mer Schlam.«

War der Saft rot, wußte die junge Frau, daß der Mann, den sie liebte, sie auch gern hatte; war er weiß, machte er sich nichts aus ihr.

Johannistag

Auf den am 24. Juni gefeierten Tag des heiligen Johannes des Täufers wurden schon in alter Zeit eine Reihe von Riten übertragen, die früher zur Sommersonnenwende, am 21. Juni, dem längsten und hellsten Tag des Jahres, vollzogen worden waren. Daraus erklärt sich beispielsweise, daß es gleichgültig ist, ob Zauberhandlungen an diesem Tag genau mittags oder um Mitternacht durchgeführt werden, weil beide Zeitpunkte als gleichermaßen heilig oder magisch wirksam galten. Sicherlich ebenfalls auf das Sonnwendfest zurück gehen alle Bräuche, die im weiteren Sinne Aufschluß über die Zukunft liefern sollen, da dieser Tag einer der »absoluten«, naturgegebenen Wendepunkte des Jahres ist. Die meisten dieser Orakel beziehen sich auf die Gesundheit, eine Reihe von weiteren aber auch auf die Chancen in der Liebe. Im Vogtland etwa warf ein Mädchen, das seinen zukünftigen Bräutigam sehen wollte, den aus neunerlei Blumen bestehenden Johannisstrauß durch die Tür oder reichte ihn jemandem durch das Fenster. In Mecklenburg legte es dagegen den Blumenkranz unter das Kissen. Denn allgemein wird behauptet, daß die Träume der Johannisnacht in Erfüllung gehen.

Eine nicht nur in Deutschland viel geübte – und wiederum wesentlich mit der Sonnenwende zusammenhängende – Methode, sich Glück und Gesundheit für das ganze folgende Jahr zu sichern, war, über das Johannisfeuer zu springen. Zuvor mußte man allerdings seinen Obolus in Form von mitgebrachtem Brennholz entrichten und konnte sich zur Sicherheit mit verschiedenerlei Kräutern gürten (→ Gürtel), und zwar insbesondere mit Beifuß und Eisenkraut. Zumeist sprangen die Menschen paarweise, Hand in Hand – vor allem Vater und Mutter mit je einem Kind, Eheleute und Verliebte. Schafften es letztere, sich bei dem Sprung nicht loszulassen, galt eine Heirat zwischen ihnen als gesichert. Anschließend warf man den Kräutergürtel ins Feuer, um mit ihm alles Unglück zu verbrennen. Bis um Mitternacht wurde der Johannistag wie ein Volksfest begangen, und solange die Feuer brannten, lud man jeden Vorübergehenden zum Essen und Trinken ein. Dann allerdings überließ man den Geistern und Hexen das Feld, die in dieser Nacht, wie in allen herausragenden Nächten des Jahres, besonders aktiv sein sollen.

Für die Bauern war Johanni auch aus einem weiteren Grund ein wichtiger Tag, da er sich hervorragend für Wetterprognosen eignen soll. Wie man beispielsweise in Mecklenburg, in der Oberpfalz und in Schwaben glaubte, verheißt Regen zu Johanni, daß es noch vierzig Tage lang regnen wird. Das aber zieht Schlimmes nach sich: Die Haselnüsse geraten dann schlecht, es gibt keine Salatsamen, der Weizen wird brandig – und viele Mädchen schwanger.

K

Kaffee

Daß abergläubische Vorstellungen nicht auf jahrtausendealte Traditionen zurückgehen und ihre Wurzeln im tiefsten Heidentum haben müssen, zeigt sich etwa an der Vielzahl von volkstümlichen Ansichten, die sich um den Kaffee ranken. Zwar schon seit dem sechzehnten Jahrhundert durch Kaufleute in den westlichen Ländern Europas bekannt, blieb dieses Getränk lange Zeit den Reichen vorbehalten. Erst seit Anfang des achtzehnten Jahrhunderts wurde der Kaffee allmählich auch in ärmeren Volksschichten populär. Zur gleichen Zeit kam in Paris das Wahrsagen aus dem Kaffeesatz in Mode, und bald darauf erschienen auch in Deutschland Abhandlungen zu diesem Thema. Während diese Prozedur verhältnismäßig kompliziert war und oftmals von professionellen Wahrsagerinnen betrieben wurde, gab es eine Reihe von Prognosen, die ohne Schwierigkeit auch vom Laien aus dem Kaffee selbst und dem Satz abgelesen werden konnten. So bedeutete mancherorts viel Kaffeesatz viele Tränen und Schaum auf dem Kaffee Geld. Daneben gab es im Umgang mit Kaffee einiges, was man besser unterließ, und anderes wiederum, was sich empfahl. In Heidelberg hieß es etwa, wenn man in eine noch halbvolle Tasse Kaffee hinzugösse, bekäme man eine böse Schwiegermutter, und nach schwäbischem Glauben ist es der Schönheit überaus förderlich, viel kalten Kaffee zu trinken. Ob an dieser Behauptung etwas Wahres ist, und ob es tatsächlich, wie in Bayern geglaubt wurde, gegen Schluckauf und Sodbrennen hilft, eine ungerade Zahl von Kaffeebohnen zu essen, mag jeder an sich selbst selbst überprüfen.

Kamm

Im Grimmschen Märchen ›Die Wassernixe‹ werfen zwei vor der Titelheldin fliehende Kinder nacheinander verschiedene Gegenstände hinter sich, die sich jeweils in – fast – unüberwindliche Hindernisse verwandeln. Einer davon ist ein Kamm.

So seltsam dies auf den ersten Blick erscheinen mag, so verständlich wird es, wenn man die überaus enge Verbindung in Betracht zieht, die zwischen Kamm und → Haar besteht. Die ständige reibende Berührung überträgt nach dem Volksglauben dessen magische Kraft auf den Kamm und verleiht ihm die Macht, böse Wesen abzuhalten. Da Wöchnerinnen als in dieser Hinsicht besonders gefährdet galten, hängten sich Frauen beispielsweise in Böhmen und in Schlesien in der ersten Zeit nach der Geburt einen Kamm um den Hals. Sicherlich gleichfalls auf diesen Glauben an die dämonenabwehrende Kraft des Kammes war auch der frühere Brauch zurückzuführen, bei verschiedenen Krankheiten einen Kamm auf den leidenden Körperteil oder unter das Bett zu legen.

Gleichzeitig betrachtete man den Kamm aber auch als etwas Gefährliches, ja Unheilvolles, da übernatürliche Wesen – wie gleichfalls aus vielen Märchen und Erzählungen, allen voran ›Schneewittchen‹, bekannt ist – eine besondere Schwäche für diesen »Apparat der Schönheit« haben. Eine der Lieblingsbeschäftigungen der → Feen und → Nixen soll nämlich sein, sich zu kämmen. Daher hieß es in Schlesien, daß es schweren Ärger bedeute, von einem Kamm zu träumen, und im Erzgebirge, einen Kamm fallen zu lassen. Bei verschiedenen Anlässen bestand sogar ein regelrechtes Kämmverbot. In Pommern kämmte man Kinder erst, wenn sie ein Jahr alt waren, und auch Wöchnerinnen sollten ungekämmt bleiben. Der Grund dafür dürfte sicher in der Angst zu suchen sein, daß diese Handlung den ohnehin geschwächten Frauen oder noch schwachen Kindern über die Haare zuviel Kraft entziehen würde.

Käse

Schon im fünften Jahrhundert in Ägypten bezeugt sind Ordale (Gottesurteile), die mit Brot und Käse durchgeführt wurden, und noch im sechzehnten Jahrhundert hegte man in Deutschland keinen Zweifel an der Wirkung eines solchen Tests – der nun allerdings eher den Charakter eines Zaubers angenommen hatte –, wie die folgende überlieferte Methode, einen Dieb dingfest zu machen, zeigt: Man schneide Scheiben aus einem Käse und schreibe auf jedes Stück auf die Vorderseite die (mystisch-unübersetzbaren) Worte »Diuans max niuax« und den Namen eines der Verdächtigen. Auf die Rückseite der Käseschnitte schreibe man: »Diuans na niuax« und gleichfalls den Namen. Diese Schnittchen gebe man darauf den Betreffenden zu essen; dem Schuldigen, so hieß es jedenfalls, wird der Bissen im Halse steckenbleiben. Aus dem siebzehnten Jahrhundert ist die Geschichte eines Wirtes überliefert, dem etwas gestohlen wurde. Er gab jedem Anwesenden ein Stückchen Käse und sagte dazu, daß dem, der unschuldig sei, nichts geschehen würde; dem aber, der den Diebstahl begangen habe, würde der Käse den Bauch aufreißen. Alle bis auf den um seinen Bauch bangenden Schuldigen aßen den Käse.

Aus welchem Grund dem Käse eine derartige Zauberkraft zugeschrieben wurde, läßt sich vielleicht damit erklären, daß er aus Milch besteht, also der »weißen« Substanz schlechthin, die als Lieblingsspeise von Geistern und Feen galt und ihnen daher oft als Opfer dargebracht wurde. Aus Kärnten wird berichtet, daß einem kleinen Männchen im Kreis Sorau Brot und Käse versprochen werden mußten, damit es den Menschen den richtigen Weg zeigte – andernfalls führte es sie in die Irre; und in den Tiroler Bergen war es bis vor kurzem Brauch, daß die Sennen, bevor sie zu Tal stiegen, dem Berggeist Käse, Brot und etwa Schnaps zurückließen, damit er ihnen für den Abtrieb gutes Wetter bescherte.

Andererseits konnten solche übernatürlichen Wesen nach altem Glauben selbst ausgezeichneten Käse herstellen, und vor allem aus den Berggegenden Deutschlands und der Schweiz sind zahllose Märchen überliefert, in denen Erdmännlein oder Zwerge einen Menschen damit beschenken. Das Geheimnis eines solchen Käses ist aber, daß er – vorausgesetzt, man läßt von ihm immer ein Stückchen übrig – niemals alle wird. Natürlich halten sich die Beschenkten nie an die Anweisung und stehen am Ende mit leeren Händen da. Die moralische Note dieser Geschichten ist unüberhörbar, und es ist leicht begreiflich, daß ein solches Nahrungsmittel in Ehren gehalten wurde und bei keiner Hochzeit und keiner Geburt fehlen durfte. In manchen Gegenden der Schweiz war es sogar üblich, bei jeder Geburt einen Käse mit dem Namen des neuen Erdenbürgers und der Jahreszahl zu beschriften und anschließend sorgfältig zu verwahren; ein solcher »Lebenskäse« durfte dann erst nach dem Begräbnis seines Eigentümers verspeist werden – was bei einem langen Leben vermutlich ein recht zweifelhaftes Vergnügen gewesen sein dürfte.

Katze

Während der → Hund zwar geistersichtig sein soll, ansonsten aber, ganz und gar domestiziert, anhänglich und treu, des Menschen bester Freund und Gefährte ist, änderten Jahrtausende enger Gemeinschaft nichts daran, daß die Katze stets ihren eigenen Weg geht. Ihre Unabhängigkeit und ihre unberechenbare Wildheit, ihre geheimnisvollen, im Dunkeln phosphoreszierenden Augen und ihre angeblichen »neun Leben« brachten ihr den Ruf eines unheimlichen, in jeder Hinsicht ominösen, ja teilweise dämonischen Wesens ein.

Heutzutage ist von diesem Glauben kaum mehr bekannt als das schlechte Vorzeichen, das eine von links den Weg kreuzende schwarze Katze darstellen soll. Früher dagegen wurde die kleinste Bewegung jeder Katze gedeutet. In Böhmen hieß es etwa, es seien Gäste zu erwarten, wenn die Katze einen Buckel macht, und im Erzgebirge, daß jemand aus dem Haus gehen würde, wenn sie sich den linken Fuß leckt. In Schlesien glaubte man, es gäbe Sturm, wenn die Katze sich gegen den Strich putzt, und in Hinterpommern, daß derjenige gescholten würde, den sie während des Putzens längere Zeit anschaut.

Von solchen Omina gibt es wahrhaft unzählige, und es scheint daher nicht verwunderlich, daß Katzen mit einer gewissen Scheu betrachtet und behandelt wurden und daß es – wie man in ganz Deutschland glaubte – großes Unglück nach sich ziehen soll, eines dieser Tiere zu töten. Eine weitverbreitete Volksweisheit lautete dementsprechend: »Wer die Katze ins Wasser trägt, der trägt sein Glück aus dem Haus.« Daraus erklärt sich die für Schwaben und andere Regionen verbürgte Ansicht, daß Katzen dem Haus Segen bringen, und zwar ganz besonders, wenn sie dreifarbig sind. Teilweise wurden sie gar als eine Art Hauskobold (→ Kobold) betrachtet und dementsprechend mit regelmäßigen Opfergaben bedacht, wie dem ersten Kuchen oder einem Schälchen von der frisch gemolkenen Milch.

Da es aber, wie gesagt, nicht immer einfach ist, eine Katze an ein bestimmtes Haus zu binden und sich die eigenwilligen Tiere selbst durch die leckerste Speise nicht bestechen lassen, wandte man die unterschiedlichsten Methoden an, um sie zu zähmen. In Mecklenburg ließ man die Katze in den Spiegel schauen oder bestrich ihr die Füße abends mit Butter, im Isergebirge führte man sie dreimal um das Tischbein und murmelte dabei: »Dreimal ums Been – Katze bleib daheem«, und im Erzgebirge streute man ihr gar Salz auf die Nase.

Kehren

Im Preußen des siebzehnten Jahrhunderts wurde die Seele eines Verstorbenen noch mehrere Male nach seinem Tod zusammen mit anderen Seelen bewirtet. Nach der abschließenden Mahlzeit stand der Priester vom Tisch auf, fegte das Haus aus und jagte damit die Seelen hinaus. Dazu sprach er: »Ihr habt gegessen und getrunken, o ihr Seligen, geht heraus, geht heraus.« Bis vor nicht allzulanger Zeit war dieses Hinauskehren der Seelen Verstorbener in ganz Deutschland Brauch. In Thüringen machte man im Sterbezimmer drei Häufchen Salz und fegte sie mit dem Kehricht hinaus. Auch in Waldeck fegte man hinter dem Sarg her und goß ihm obendrein noch einen Eimer Wasser nach, damit der Tote nicht spuken kam. Hinter diesen Maßnahmen verbarg sich die Vorstellung, daß sich die Seele des Verstorbenen, wenn man nichts dagegen unternahm, im Kehricht versteckte. Also wurde direkt nach dem Tod eines Hausbewohners das Haus ausgefegt. Da dieses Kehren demnach eng mit dem Tod in Verbindung gebracht wurde, konnte man umgekehrt, wie allgemein geglaubt wurde, jemandem »Unglück nachfegen«, indem man etwa sofort die Wohnung kehrte, nachdem ein Gast sie verlassen hatte. So durfte auch niemand »angekehrt« werden, weil man ihm damit, wie man in Mähren sagte, das Unglück auf den Hals kehrte. Von einem reichen Tiroler Bauern wird berichtet, daß er seine Magd, die ihn versehentlich angekehrt hatte, mit den vermessenen Worten neckte: »Jetzt kannst du meinetwegen das Glück hinauskehren, jetzt habe ich alles.« Noch in derselben Nacht brach aber ein fürchterliches Gewitter aus und schwemmte ihm Haus und Hof fort.

Doch schon allein über den Kehricht zu steigen ist von Übel, und zwar vor allem am Morgen, denn dann hat man den ganzen Tag kein Glück oder wird mit jemandem Streit bekommen. Wenn man dagegen eine Magd ärgern wollte, mußte man, wie aus der Oberpfalz berichtet wird, ihr nur beim Fegen in den Kehricht laufen, und konnte sicher sein, daß ihr an diesem Tag nichts mehr gelang. Trotz seiner potentiellen Gefährlichkeit ist der Kehricht auch für mancherlei Dinge von großem Nutzen. So fegten Wirte und Kaufleute den Kehricht vor ihrer Türe in den Laden oder die Wirtsstube, um dadurch viele Kunden bzw. Gäste herbeizulocken. In Mähren kehrten Mädchen, die unbedingt heiraten wollten, den Dreck aus allen Winkeln zusammen und sagten dazu: »Wir kehren zusammen den Kehricht, Jünglinge, Witwer, es komme wer wolle, von Berg und von Tal und von der Scheuer.« Dann stellte sich, wie es hieß, bald ein Bräutigam ein. Und in Masuren schließlich pflegten Fischer etwas von dem Stubendreck in die Netze zu legen, um sich eines guten Fangs zu versichern. Dieser Glaube an die glückbringende Wirkung des Kehrichts äußert sich auch in zahlreichen Märchen, in denen jemand zum Lohn für eine gute Tat von einer Fee oder einem anderen überirdischen Wesen mit Kehricht beschenkt wird. Demjenigen, der diese scheinbar geringe Gabe achtet und mit nach Hause nimmt, verwandelt sie sich in pures Gold.

Kerze

Wenn die Kerze eigentlich auch nur ein Feuer im Kleinen ist (weshalb sie etwa an Ostern auch als Ersatz für ein »richtiges« Feuer angezündet wird), identifizierte man sie bei vielen Gelegenheiten zumeist mit einzelnen Personen, während die Omina, die man aus einem Feuer ableitete, eher auf den gesamten Haushalt bezogen wurden. Während also heutzutage das Lebenslicht, das dem Geburtstagskind angezündet wird, nur noch einen rein symbolischen Stellenwert besitzt, las man früher aus der Art, wie es brannte, wesentliche Aussagen über das weitere Leben des Jubilars heraus. Überhaupt war das »Orakeln« mit Hilfe von Kerzen eine beliebte Methode, die Zukunft zu erforschen. In Sachsen etwa pflegte ein viel umworbenes Mädchen in der Neujahrsnacht so viele Lichtchen, wie sie Bewerber hatte, plus einem für sich selbst in einem Wasserbottich schwimmen zu lassen. Die Kerze, die der ihren am nächsten kam und dicht dabei blieb, bezeichnete ihren künftigen Ehemann. Sie konnte das Orakel auch dadurch erschweren, daß sie die Kerzen ihrer Liebhaber unangezündet schräg an den Rand stellte; diejenige, welche durch die eigene in Brand gesteckt wurde, war, wie sie wußte, natürlich die des für sie Bestimmten.

Doch nicht nur derlei Liebesorakel wurden mit Kerzen durchgeführt. Ein seltsames Verfahren, die richtigen Lottozahlen auszuwählen, ist nämlich aus dem Bayrischen Wald überliefert. Im neunzehnten Jahrhundert numerierten passionierte Lottospieler neunzig Kerzen und stellten sie rund um einen Menschenschädel auf. Dann setzten sie die Zahlen der Kerzen, die zuerst erloschen. Wie hoch bei dieser Methode die Gewinnquote war, wird allerdings nicht erwähnt (→ Lotterie).

Kind

Bis etwa zu ihrem siebten Lebensjahr gelten Kinder nicht nur als unschuldig, sondern auch als geistersichtig – ein universaler Glaube, der in der Geschichte von ›Peter Pan‹ wunderbaren Ausdruck findet. Die ihnen nachgesagte enge Verbindung zur Welt übernatürlicher Wesen, die mit zunehmendem Alter immer mehr verlorengeht, ist auch der Grund dafür, daß es zumeist Kinder waren, die man bestimmte Zauberhandlungen ausführen ließ – und zwar vor allem das Wahrsagen aus Kristallspiegeln, Wasser oder der Hand. Vielleicht, weil man fest davon überzeugt war, daß kleinen Kindern ein Schutzengel oder eine gütige Fee zur Seite steht, hielt man bestimmte Handlungen für besonders gesegnet, wenn Kinder sie ausführten. Dazu gehörte etwa, daß man sie bei der Ernte den ersten Halm schneiden oder kleine Mädchen Garn spinnen ließ. Diesem Garn wurde eine Kraft zugeschrieben, die so groß sein sollte, daß man regelrechte »Glückshemden« daraus fertigen zu können glaubte. Auch waren es stets Kinder, die Glückslose ziehen mußten.

Obwohl sie in der Obhut eines – letztlich für all diese positiven Wirkungen verantwortlichen – gütigen Wesens stehen sollen, galten kleine Kinder als so verletzlich und durch böse Mächte angreifbar, daß zu ihrem Schutz eine ganze Reihe von Maßnahmen ergriffen wurden. So legten ihnen die Mütter irgendeinen eisernen Gegenstand in das Bettchen und hängten ihnen zauberwidrige Pflanzen, wie etwa Johanniskraut und Dost, davor, banden rote Bänder in der Nähe fest oder legten ihnen einen Besen unter die Wiege.

Eine wahre Flut an Vorschriften gibt es daneben aber für den Umgang mit Säuglingen, da man fest davon überzeugt war, daß sich jede noch so unbedeutende Handlung auf deren Charakter oder spätere Lebensführung auswirken würde. So sollte man das Kind stets auf die rechte Seite legen, damit es nicht linkisch wurde, seinen Brei nicht anblasen, damit es sich später nie verbrannte, ihm ein Buch unter das Kissen legen, damit es klug, und hartes Brot geben, damit es kein Leckermaul wurde, es in Pelz einwickeln, daß es krause Haare bekam und nicht in alte Windeln, weil es sonst ein Dieb wurde. Man durfte es nicht in den Keller tragen, weil es sonst nicht gut wuchs, aber auch nicht auf den Dachboden, weil man sich damit einen Brandstifter heranzog; ihm nicht die Schuppen vom Kopf waschen, weil sonst der Verstand mit abging, und es nicht in den Spiegel schauen lassen, weil es sonst stets Angst haben würde. Diese Aufzählung ließe sich beliebig fortsetzen, doch genügt sie vollauf, um deutlich zu machen, daß eine Mutter ihres Lebens nicht mehr froh geworden wäre, wenn sie sich bemüht hätte, neben all ihrer sonstigen Arbeit auch nur einen Bruchteil dieser Vorschriften zu beherzigen.

Kirschbaum

Wie der Apfelbaum und – in geringerem Maße – auch andere Obstbäume nimmt der Kirschbaum einen großen Platz im Volksglauben ein. Reste der Bedeutung, die man ihm früher zuschrieb, sind heute in dem immer noch ausgeübten Brauch zu erkennen, am → Barbaratag (4. Dezember) Kirschbaumzweige zu schneiden und in die Wohnung zu stellen. Von ihnen heißt es, sie würden an Weihnachten blühen. Früher jedoch ging es dabei um weit mehr, als im Winter blühende Sträucher im Haus zu haben. Diese Zweige wurden nämlich zu Orakelzwecken verwendet. Aus der Art, wie sie blühten, zog man Schlüsse auf den Verlauf des kommenden Jahres – dessen Fruchtbarkeit, Ertragreichtum und Witterung. Zum anderen repräsentierte jeder Zweig aber auch eines der Familienmitglieder, und derjenige, dessen Zweig am schönsten blühte, sagte man nicht nur in ganz Deutschland, sondern auch in der Schweiz, würde im nächsten Jahr am meisten Glück haben. Im Allgäu hielt man es für ausgemacht, daß ein spätes Frühjahr bevorstünde, wenn die Zweige bis Weihnachten nicht zur Blüte kämen. Und in Schlesien bedienten sich die Mädchen der Zweige für ihre eigenen Zwecke. Sie brachen sie und sprachen dazu:

»Kirschbaum, ich knacke dich,
Feinsliebchen, lache dich
Wenn die Kirschen krachen,
Wird mein Feinsliebchen lachen.«

Dann gaben sie jedem Zweig den Namen eines möglichen Heiratskandidaten und warteten ab. Derjenige, dessen Zweig zuerst aufblühte, würde, wie sie glaubten, im nächsten Jahr ihr Bräutigam werden.

Klebkraut

Das unscheinbare Labkraut (*Galium aparine*) erhielt seinen volkstümlichen Namen Klebkraut von seiner nachprüfbaren Eigenschaft, an allem haftenzubleiben, was es berührt. Und vermutlich aus genau diesem Grund wurde es noch zu Anfang dieses Jahrhunderts beispielsweise in Brandenburg gern zu Liebeszaubern verwendet. Um Mitternacht der Johannisnacht (24. Juni) sollte das verliebte Mädchen einen Kranz aus Klebkraut winden, während es dreimal um das Haus lief und dabei sagte:

»Klebekranz, ich winde dich,
Schätzchen, ich empfinde dich,
Wenn du willst der Meine sein,
Komm vor meinen Augenschein.«

Das Mädchen mußte sich allerdings mit der Arbeit beeilen, denn wenn es bei der dritten Runde nicht mit dem Winden fertig war, dann, so hieß es, würde es krank werden.

Klee

Der Grund dafür, warum ein vierblättriges Kleeblatt Glück bringen soll, ist natürlich vor allem darin zu suchen, daß es so selten ist. Daneben spielt aber auch die Vierzahl als solche eine Rolle, denn – mindestens ebenso seltene – Kleestengel mit fünf oder gar sieben Blättchen wurden vielerorts als unglückbringend angesehen. Wichtig ist außerdem, daß ein solcher Klee nicht gesucht werden darf, sondern zufällig gefunden werden muß (→ Hufeisen). Der Glaube, daß vierblättriger Klee Glück bringt, ist schon seit längerem bezeugt; so schreibt ein anonymer Autor aus dem sechzehnten Jahrhundert: »Welcher ein Kleeblatt mit vier Blettern findet, der sol das in wirden halten, sol sein Lebenlang glückselig und reich sein.« Damit ist die Wunderkraft des Kleeblattes aber noch nicht erschöpft, denn vor Anbruch einer Reise in den Schuh gelegt, soll es, wie man in der Schweiz glaubte, vor Müdigkeit schützen und einen glücklichen Ausgang des Geschäftes gewährleisten, dessentwegen die Unternehmung stattfindet. In der Oberpfalz nähte man das Kleeblatt in die Kleider ein, damit einem unterwegs nichts Übles zustieß.

Darüber hinaus wurde vielerorts, und zwar längst nicht nur in Deutschland, sondern beispielsweise auch in Griechenland, Polen und Frankreich, von einem solchen Klee auch behauptet, daß er zu allerlei Liebeszwecken von Nutzen sei. Wollte in Oberfranken ein Mann die Liebe einer Frau erringen, brauchte er ihr lediglich ohne ihr Wissen ein vierblättriges Kleeblatt zuzustecken, und dann würde, wie es heißt, alles nach seinem Wunsch gehen. Auch sollte es genugen, den Klee aufzuessen und dabei an seinen geheimen Schwarm zu denken, um dessen Gegenliebe zu erwecken.

Eine weitere Eigenschaft des vierblättrigen Klees findet ihren Niederschlag in zahlreichen Märchen: Er soll nämlich hellsichtig machen. In einer schottischen Geschichte ist eine Magd imstande, Feen zu sehen, die eine Kuh melken, weil sie, ohne es zu wissen, vermischt mit Gras und anderen Pflanzen ein vierblättriges Kleeblatt bei sich trägt. In einer Tiroler Sage wird ein Wanderer durch das Kleeblatt, das ihm von einheimischen Feen, den Saligen Fräulein, geschenkt wurde, gar unsichtbar. Weniger wunderbar – dafür aber wesentlich leichter zu verifizieren – ist die schwäbische Vorstellung, daß ein fauler Schüler schlagartig fleißig wird, wenn man ihm ohne sein Wissen ein vierblättriges Kleeblatt in die Kleider näht oder in bzw. unter das jeweilige Buch legt.

Ist ein vierblättriger Klee aber großer Anlaß zur Freude, sind mehrere davon, dicht aufeinander gefunden, eher ein Grund, sich Sorgen zu machen – wie aus der folgenden, vom Anfang dieses Jahrhunderts überlieferten Redensart deutlich wird:

»Wer leicht findet vierblättelten Klee
Der kriegt viel Ach und Weh.«

Kleidung

Noch weit mehr als heute galt in früheren Zeiten der Spruch, daß Kleider Leute machen, und da Textilien noch nicht als Massenware in Fabriken gefertigt, sondern aus handgewobenem Stoff von Hand genäht wurden und entsprechend teuer waren, achtete man selbstverständlich auch erheblich mehr auf deren Qualität. Außer man gehörte zu den wenigen Begüterten, war die Anschaffung eines neuen Kleidungsstückes daher eine seltene und somit besondere Handlung, die mit gewissen Auflagen verbunden war. Wichtig war zunächst natürlich das Material, wobei Leinen bei einfachen Leuten an erster Stelle stand, daneben aber auch die Farbe – insofern sie nicht aufgrund der Zugehörigkeit zu einem bestimmten Stand oder einer bestimmten Berufsgruppe ohnehin vorgegeben war. Wie heute noch galt Schwarz bei uns früher als Trauerfarbe, während Weiß, als reine Farbe, besonderen Festkleidern vorbehalten war. Was die übrigen Farben und die Verarbeitung des Gewandes angeht, läßt sich zusammenfassend sagen, daß sie insgesamt möglichst wenig prunkvoll wirken sollten, weil sonst, wie allgemein geglaubt wurde, der → Böse Blick und damit das Unglück angezogen wurde.

In Schwaben, Tirol und Mecklenburg hieß es, daß man zu einem neuen Kleid noch eine Kleinigkeit geschenkt bekommen sollte. So baten Kinder ringsum die Verwandten, ihnen einen Glückspfennig dazuzugeben, und Erwachsene ließen sich etwa zu einer neuen Hose noch die Hosenträger schenken. Diese Gaben wurden als Opfer an den Geist des neuen Kleidungsstücks erklärt, dienten ursprünglich aber wohl eher der Beschwichtigung übelwollender oder neidischer Wesen.

Im Vogtland hängte man das neue Gewand am ersten Abend so hoch wie möglich auf, weil man glaubte, daß man dann darin besonders hoch geehrt werden würde, und allgemein hütete man sich davor, das neue Kleid zum ersten Mal bei Neumond zu tragen – vielleicht aus der nicht mehr bewußten Angst heraus, daß es die Aufmerksamkeit der zu diesem Zeitpunkt besonders aktiven Geister auf sich ziehen könnte. Um sich schließlich das neue Kleidungsstück – das einem frisch vom Schneider geliefert wurde und daher eher von *dessen* als von der eigenen Aura »imprägniert« war – ganz zu eigen zu machen, pflegte man es im Böhmerwald als allererstes »auszuzwicken«, es also an verschiedenen Stellen kräftig zu kneifen. Und um ihm lange Haltbarkeit zu sichern, schlug man obendrein noch darauf und sagte:

»Das Neue muß man klopfen,
Das Alte muß man stopfen.«

Klopfen

Durch Klopfen machen sich nach fast weltweit verbreitetem Glauben die Geister bemerkbar, wenn sie aus irgendeinem Grund zu den Menschen in Verbindung treten möchten. Bekannt sind hier vor allem die sogenannten Klopfgeister, die man für Seelen gewaltsam zu Tode Gekommener hielt. Sie sollen sich dort, wo sie ermordet wurden, so lange herumtreiben, bis sie von jemandem erlöst werden – und um auf sich aufmerksam zu machen, klopfen sie an die Wände oder andere Stellen des Hauses. Die klopfenden Geister der spiritistischen Séancen dürften zwar wohl eher in das Reich der Mode als zur Welt des volkstümlichen Aberglaubens gehören, doch glaubte man schon in weit früheren Zeiten (und außerhalb der großbürgerlichen Salons) an die Existenz grundsätzlich den Menschen wohlgesinnter Geister, die durch ihr (An-)Klopfen ein – zumeist schlechtes – Ereignis ankündigen sollen. Daher hütete man sich in vielen Gegenden Deutschlands, an bestimmten Tagen, und zwar vor allem in den → Rauchnächten, auf ein Klopfen an der Tür zu reagieren – also weder zu öffnen, noch zu fragen, wer denn da sei. Davon versprach man sich, daß ein etwaiger ungebetener nichtmenschlicher Gast wieder fortging und das schlechte Ereignis, das er hatte ankündigen wollen, aber nicht ankündigen konnte, auch nicht eintreten würde. Wöchnerinnen sollten etwa in Schlesien am besten überhaupt kein Klopfen beachten, weshalb Besuch bei ihnen auch niemals anklopfte.

Genauso aber, wie die Geister sich durch Klopfen bemerkbar machen, können nach Ansicht vieler Völker die Menschen ihrerseits durch Klopfen zu ihnen in Kontakt treten – und genau auf diesen Glauben geht die heute noch (oder vielleicht wieder) allgemein gebräuchliche Redewendung »Klopf auf Holz« samt dazugehöriger Geste zurück, die schon bei den alten Griechen geläufig war. Bekanntlich klopft man auf Holz, wenn in irgendeiner Weise über ein künftiges Ereignis so gesprochen wird, als ob es bereits eingetreten sei. Zum anderen und weit häufiger aber, um etwas Negatives, von dem die Rede ist, von sich selbst abzuhalten. In beiden Fällen dürfte das Klopfen als Versuch zu deuten sein, die Geister, die das befürchtete Geschehnis eintreten lassen könnten, zu beschwichtigen und freundlich zu stimmen. Ein Indiz für das hohe Alter dieses Aberglaubens ist die überall anzutreffende Vorschrift, daß man auf *Holz* zu klopfen habe und nicht etwa auf eine andere Substanz. Zumeist wurde dafür die Tischplatte empfohlen, und oft fügte man hinzu, daß man von unten dagegen klopfen müsse.

Wichtig aber ist in Wirklichkeit nur das Holz, das hier – und auch in anderen vergleichbaren Bräuchen – als *pars pro toto* für den Baum zu werten ist. Die Bäume sind es, in denen sich die wohlwollenden Geister hauptsächlich aufhalten sollen, zu ihnen ging man, um sich von Krankheiten heilen und von anderem Kummer befreien zu lassen oder Segen für Haus und Mensch zu erbitten. So ist Holz also nach alter Vorstellung die Substanz, durch die man am ehesten und direktesten zu übernatürlichen Wesen in Verbindung treten kann. Und daher ist das Klopfen wohl auch nicht lediglich als eine Methode der Kontaktaufnahme, sondern auch als eine symbolische Geste der Ehrerbietung, des Respekts für die Macht der Geister zu verstehen.

Knoblauch

Sei es wegen seines penetranten Geruches, sei es wegen seiner seit alters her bekannten gesund erhaltenden Kraft oder auch aus anderen Gründen, jedenfalls galt der Knoblauch – wie man aus Vampirfilmen weiß – bei vielen Völkern als hervorragendes Mittel, um böse Geister fernzuhalten. In Siebenbürgen legte man genau deshalb neugeborenen Kindern drei Knoblauchknollen in die Wiege, und ab dem fünfzehnten Jahrhundert ist der Brauch bezeugt, Kindern Knoblauch als Amulett um den Hals zu binden. In der Mark Brandenburg pflegten Eltern, wenn ihr Kind von jemandem gelobt wurde, laut »Knoblauch, Knoblauch« zu rufen, um dämonische Wesen abzuhalten, die das Lob hätte auf den Plan rufen können (→ Beschreien). Daher heißt es auch vielfach, daß man neben Salz auch niemals Knoblauch verborgen dürfe, weil man sonst sein Glück weggebe. Der Knoblauch soll nämlich nicht nur böse Geister daran hindern, in das Haus einzudringen, sondern auch Krankheiten in sich »aufsaugen«, weshalb man ihn beispielsweise in Sachsen und im Erzgebirge überall in der Wohnung aufhängte. In Anhalt war es darüber hinaus Brauch, wenigstens am Mittwoch der Pfingstwoche Knoblauch zu essen, um das folgende Jahr über gesund zu bleiben.

Knoten

Der sagenhafte Begründer der Königsdynastie in Phrygien, Gordios, verknüpfte Joch und Deichsel eines im Zeustempel geweihten Ochsenwagens durch einen kunstvollen Knoten, und die Weissager prophezeiten, daß derjenige, der ihn zu lösen vermochte, zur Weltherrschaft berufen sei. Bekanntlich war es Alexander der Große, der den Knoten mit einem Schwertstreich entzweihieb. Diese Überlieferung zeigt, wie alt der Glaube an die magischen Kräfte des Knotens ist. Dabei ist das, was in einen Knoten eingeschlossen sein kann, aber keineswegs immer so positiv wie die angeblich im gordischen Knoten enthaltene königliche Macht, die auf Alexander überging. Denn die »Ladung«, die ein Knoten enthält, hängt von dem Anliegen desjenigen ab, der ihn knüpft. Am bekanntesten und am weitesten verbreitet war der Brauch, Krankheiten zu »verknoten«, weshalb in früheren Zeiten niemand, der seine fünf Sinne beisammen hatte, einen geknoteten Faden vom Boden aufgehoben hätte. Auch um anderen Menschen Schaden zuzufügen, wurden Knoten in die verschiedensten Materialien geknüpft, so vor allem in Weidenzweige und in Stroh. Wie verbreitet die Überzeugung war, daß mit einer solchen Handlung Übles bewirkt werden könne, wird aus der schwäbischen Redensart deutlich: »Der hat de Knopf ufdon«, das heißt »er hat den Knoten aufgebunden«, also den ihm angetanen Zauber beendet. Sie wird beispielsweise auf ein Kind angewendet, das einen plötzlichen Wachstumsschub durchzumachen scheint. Da Knoten also einerseits »Behälter« von etwas Negativem (wie eine Krankheit) sein können, das man durch Aufknüpfen freisetzen würde, andererseits aber oft Träger eines Schadzaubers sind, der erst durch das Aufknoten gebrochen wird, ist die diesbezügliche Meinung im Volksglauben sehr zwiespältig. Im Aargau hieß es beispielsweise, man solle jeden Knoten lösen, da ein »Schaden« (ein böser Zauber) hineingeknüpft sein könnte, während man in vielen Teilen Deutschlands genau der gegenteiligen Ansicht war. In einem Punkt zumindest war man sich allerdings überall einig: In bezug auf Empfängnis und Geburt sollen Knoten stets hemmend wirken, weshalb etwa in Schlesien Knoten am Brautkleid streng verpönt waren.

Auf diese Vorstellung, man könne in Knoten also durchaus auch Ungreifbares oder Unsichtbares einbinden, geht die noch heute gebräuchliche Handlung zurück, sich einen Knoten ins Taschentuch zu machen, um eine bestimmte Sache nicht zu vergessen. »Eingebunden« wird in diesem Falle also die Erinnerung, und in dem Augenblick, da man das Tuch aus der Tasche zieht und den Knoten sieht und löst, wird sie gewissermaßen wieder »ins Bewußtsein gelassen«.

Kobold. Zeichnung von Elisabeth Sepi

Kobold

Während in jüngerer Zeit mit »Kobold« alle möglichen Geistwesen bezeichnet wurden, verstanden die Menschen früher – wie die Analyse des aus »kobe« (Kammer) und »holt« (walten) bestehenden Wortes zeigt, das also soviel wie »Verwalter« oder »Beschützer des Hauses« bedeutet – darunter speziell Hausgeister. Nach in ganz Europa verbreitetem Glauben ist jedes Haus, in das man einzieht, normalerweise bereits von seinem Kobold bewohnt. Ist dies aber ausnahmsweise einmal nicht der Fall – etwa wenn es sich um ein ganz neues Haus handelt –, kennt der Volksglauben eine Reihe von Maßnahmen, mit denen man einen Kobold herbeilocken kann. Aus Litauen ist beispielsweise folgende Geschichte überliefert: Ein Mann nagelte unter eine Vertiefung in der Wand, die ihm wie eine geeignete Wohnung für den Hausgeist erschien, ein Brett, stellte darauf einen Napf Grütze mit viel Butter und rief: »Nun komm, lieber Nißpuck.« Bald kamen mehrere Geister, sahen das neue Haus, und einer von ihnen blieb auf immer da. Eine in Norddeutschland beliebte Methode bestand dagegen darin, sich Gebälk von einem alten Haus zu kaufen und es in das eigene einzubauen, um damit auch den Kobold umzusiedeln.

Der Hausgeist kann, wie man glaubte, jede mögliche Erscheinungsform annehmen; häufig soll er als Katze erscheinen, daneben aber auch als Vogel, Kröte, Schlange, Käfer, Hummel, als Feuer, Feder oder jeder andere beliebige Gegenstand. Gleichgültig aber, in welcher Gestalt er sich zeigt, muß er nach übereinstimmender Ansicht gut gepflegt werden, damit er keinen Unfug treibt, sondern sich in den Dienst der jeweiligen Familie stellt. So opferte ihm die Hausfrau in früheren Zeiten täglich ein Schüsselchen voll Milch, donnerstags auch etwas feste Nahrung – worauf übrigens eine Reihe von noch heute gebräuchlichen Gebäcknamen hinweisen, wie etwa der Heidelberger »Kirschenjockel« und der Aschaffenburger »Apfelkunz« oder auch das »Hansadamche«.

Einmal im Jahr bekam der Kobold außerdem ein größeres Geschenk, gewöhnlich ein Stück Stoff zusammen mit Nähgarn und Nadel. Geteilt sind die Meinungen darüber, ob der Kobold ein fertig genähtes Kleidchen oder Schuhe erhalten sollte oder nicht. Wie schon aus dem Märchen von den Heinzelmännchen bekannt ist, wird nämlich oft berichtet, daß diese Wesen die Gabe eines Kleides als Entlohnung und Entlassung betrachteten und daher für immer verschwanden. Hielt man ihn gut, brachte der Kobold dem Haus und seinen Bewohnern Glück, bewahrte es vor Schaden und erledigte auch selbst allerlei Arbeiten. Da er aber auch häufig zu Schabernack aufgelegt war, kam es gelegentlich vor, daß seine Anwesenheit nicht mehr erwünscht war und man ihn gern wieder loswerden wollte. Unter anderem aus Thüringen, Schwaben und dem Allgäu ist die Geschichte eines Bauern überliefert, der von seinem Kobold so sehr geärgert worden war, daß er sein eigenes Haus anzündete und dann mit dem vollbeladenen Wagen davonzog. Erleichtert ging er neben seinen Zugochsen her, bis er sich einmal umsah. Da saß der Kobold vergnügt oben auf dem Hausrat und sagte zu ihm:

»Wären wir nicht so gerannt,
Wären wir fast verbrannt!«

Kohle

Als konzentrierter Form des Feuers und gleichzeitig (als Holzkohle) als dessen Produkt kommt der Kohle im Aberglauben eine sehr große Bedeutung zu. Im Frankenland steckte man je drei Kohlenstücke in jede Ecke des Bettes, um böse Einflüsse abzuhalten. In Bayern trug so mancher aus dem gleichen Grunde ständig drei Stückchen Kohle bei sich. Brauch war es außerdem, die Kohle des Weihnachtsfeuers aufzuheben, da sie angeblich das Haus und dessen Bewohner das ganze nächste Jahr über vor allem Unglück schützen würde. Welcher ideelle oder magische Wert dieser Substanz beigemessen wurde, zeigen die vielen Märchen und Sagen, in denen sich Kohlen, die jemand geschenkt bekommt und achtungsvoll entgegennimmt, in Gold verwandeln. Wie etwa im Märchen ›Die Geschenke des Kleinen Volkes‹ sind es sehr oft übernatürliche Wesen, Feen, Wichtel oder Zwerge, die einem Menschen Kohlen als Geschenk überreichen und sie damit als etwas ganz Besonderes ausweisen. Vielleicht zum Teil aus diesem Grund fand Kohle vielfach in der Volksmedizin Verwendung, wobei sich bei verschiedenen Erkrankungen eine positive Wirkung durchaus nachweisen läßt – man denke nur an die Kohletabletten, die jeder Tropenreisende in seinem Gepäck haben sollte. Mit glühenden Kohlen Hühneraugen und Warzen zu Leib zu rücken, wie man es in der Oberpfalz und in Pommern zu tun pflegte, dürfte allerdings eher nach dem Prinzip, den Teufel mit dem Beelzebub auszutreiben, funktioniert und dem Patienten nicht eben viel Vergnügen bereitet haben.

Komet

Im vierten Jahrhundert vor Christus soll ein Komet den Spartanern ihre Niederlage bei Leuktra verkündet haben; weitere Kometen zeigten den Tod von Augustus, Nero, Vespasian und anderen Herrschern an und waren laut Aristoteles und Seneca für außergewöhnliche Trockenheit, Überschwemmungen und Stürme verantwortlich. Synesios von Kyrene, ein Philosoph und Bischof des vierten bis fünften Jahrhunderts, faßte alle negativen Auswirkungen, die eine Kometenerscheinung nach dem Glauben seiner Zeit mit sich bringen sollte, mit folgenden Worten zusammen: »Unglücksfälle für das ganze Volk, Versklavung von Völkern, Aufstände von Städten, Untergang von Königen, nichts Kleines, nichts in mäßigen Grenzen sich Haltendes, sondern alles schlimmer als das Schlimmste.« Wie schon aus dieser Aufzählung deutlich wird, weist ein Komet nach praktisch weltweit übereinstimmender Ansicht fast immer auf ein Ereignis hin, das für die Gemeinschaft als Ganzes von Bedeutung ist. Zusätzlich zu den genannten schlimmen Folgen wurden in Schwaben, Schlesien, im Vogtland und anderswo auch Hungersnot und Teuerungen befürchtet, in der Pfalz Raupenfraß und Mäuseschwemme und in Westfalen Katzensterben. Der Komet des Jahres 1313 soll sogar, wie aus Schonen überliefert ist, die Heringe vertrieben haben.

Bereits bei den Babyloniern und später bei den Griechen und Römern wurden aber nicht nur die Kometen als solche, sondern auch bestimmte Merkmale ihrer Erscheinung interpretiert. So zog man je nachdem, in welcher Himmelsrichtung ein Komet auftauchte, wohin er verschwand, wie seine Farbe war und wie viele Schweife er hatte, bestimmte Schlußfolgerungen

Holzschnitt aus dem 16. Jahrhundert

bezüglich seiner Bedeutung. So sollte beispielsweise ein Komet im Norden Trockenheit, im Süden Stürme, im Osten Hungersnot und im Westen gute Ernte prophezeien. Daneben spielte seine Beziehung zu den verschiedenen Planeten und Sternbildern eine wesentliche Rolle.

Im Vergleich zu all den negativen Berichten fallen die wenigen, die von positiven Auswirkungen wie etwa einem guten Weinjahr oder Glück und Frieden sprechen, kaum ins Gewicht, und die Angst vor den bösen Folgen einer Kometenerscheinung war zeitweise so groß, daß sogar die Obrigkeit den Zorn Gottes zu beschwichtigen versuchte, indem sie »Beten verordnete«. Im Jahre 1618 forderten die Behörden der Landgrafschaft Hessen-Darmstadt zur Abwehr der Kometenverkündigung Männer, Frauen, Kinder und Gesinde auf, »sich freitags morgens zu einem besonderen Gottesdienst zu verfügen, die Predigt mit

Andacht zu hören, die Sünden zu bereuen, selbige Gott abzubitten und hinführo ein christliches Leben zu führen«. Und die österreichische Regierung wies Ende desselben Jahrhunderts das Volk Wiens aus dem gleichen Grund an, alle Arten von Vergnügungen einzustellen, und verbot bis auf weiteres nächtliche Schlittenfahrten und alles »ruchlose und üppige Wesen«.

Seit der Erfindung der Buchdruckerkunst war es in Frankreich, Italien, Spanien und Deutschland zudem üblich, die Menschen durch Flugblätter vor Kometen zu warnen. Druck und Papier waren in der Regel minderwertig, dafür fanden sich darauf zum Teil interessante Gedichtchen wie das folgende aus dem Jahre 1579:

»Achterley unglück ein Comet
Bedeut, wann er am Himmel steht:
Gross wind, gewessr, unfruchtbarkeit,
Pestilenzisch seuch vnd grossn neid,
Erdbeben vnd eins Fürsten end,
Darzu endrung im Regiment.«

Königskerze

Die volkstümlich auch Himmelbrand oder Wollblume genannte Königskerze (*Verbascum thapsiforme*) ist eine seit alten Zeiten in großen Ehren gehaltene Pflanze, die vor allem mit der Sommersonnenwende in Verbindung gebracht wurde, und nicht nur bei uns, sondern beispielsweise auch in Sardinien zu diesem Zeitpunkt, der sich späterhin auf den → Johannistag (24. Juni) verlagerte, gesammelt werden sollte. In Frankreich zogen die Landbewohner einen Strauß dieser Blumen durch das Johannisfeuer und hängten ihn dann über der Stalltür auf, und in Österreich putzte man, gleichfalls zur Abwehr böser Geister, mit ihnen die Viehtröge aus.

Ein weiterer ihrer Volksnamen, Unholdenkerze, weist darauf hin, daß man früher einen engen Zusammenhang zwischen der Königskerze und Feenwesen herstellte. Man glaubte, der Grund dafür, daß frühmorgens immer viele ihrer Blüten rings um sie verstreut auf dem Boden liegen, sei auf nächtliche Tänze der → Elfen zurückzuführen, die in ihrem begeisterten Überschwang gegen die von ihnen bevorzugte Pflanze stießen. Auf den Einfluß des Christentums, das buchstäblich solcherlei Aberglauben »abhold« war, ist die Umwandlung der ursprünglich »Holden« genannten Wesen in die »Unholden« zurückzuführen.

Als man jedoch noch fest davon überzeugt war, daß ihr enger Kontakt zu übernatürlichen Wesen der Königskerze wunderbare Kräfte verleihe, bediente man sich dieser Blume außer zur Heilung bestimmter Krankheiten auch zu allerlei Orakeln und einfachen magischen Handlungen. In Anhalt legte man sich beispielsweise ein Blatt dieser Pflanze unter die Zunge, wenn man die Gunst einer bestimmten Person erlangen wollte, und aus Preußen überliefert ist der Brauch, daß ein Angehöriger eines Kranken nach Sonnenuntergang oder kurz vor Sonnenaufgang zu einer Königskerze ging, und sie umknickte. Dabei bat er die Pflanze darum, den Kranken wieder gesundzumachen. Profaner waren Wetterprognosen, die man mit Hilfe des Himmelbrands vornahm. In Bayern glaubte man etwa, daß die Anzahl der Blütenringe die Anzahl der bevorstehenden Schneefälle angebe. In Tirol hieß es dagegen, wenn viele Blüten sehr hoch oben am Stengel säßen, würde es erst gegen das Frühjahr hin viel schneien.

Kornblume

Während sie heutzutage in vielen Teilen Deutschlands geradezu Seltenheitswert besitzt, war die Kornblume (*Centaurea cyanus*) früher eines der häufigsten Acker»unkräuter« überhaupt. In Pommern durfte man sie unter keinen Umständen mit nach Haus nehmen, weil sonst angeblich das Brot schimmeln würde. Vermutlich steckte hinter diesem Verbot eher die dieser Pflanze zugeschriebene enge Beziehung zu den Korndämonen, denen sie gehören sollte und die ihr angeblich auch mancherlei Zauberkräfte verliehen. Ein weitverbreitetes Liebesorakel bestand darin, daß sich das wißbegierige Mädchen zwei Kornblumenblüten in den Busen steckte und mehrere Tage lang bei sich trug. Reifte nur eine der beiden Samenkapseln, wußte sie, daß die Liebe einseitig blieb, reiften beide, konnte sie auf Gegenliebe rechnen. Für Männer allerdings konnte die Kornblume, wie man etwa in Pommern glaubte, sogar von noch größerem Nutzen sein. Wer alle seine Feinde überwinden wollte, brauchte angeblich nur an Johanni (24. Juni) um Mitternacht auf ein Feld zu gehen, einige Kornblumenpflanzen auszureißen und dazu »Ab. Mab. Bab« zu sprechen. Anschließend sollte er die Blüten essen, und dann würde er fortan unbesiegbar sein und »weder Hieb noch Stich fühlen«.

Krapfen → Pfannkuchen.

Kreide

Der Grund dafür, daß am sechsten Januar die Sternsinger ihre Namenskürzel mit Kreide an die Tür schreiben, ist nicht, wie man vielleicht annehmen könnte, darin zu suchen, daß dauerhaftere Materialien das Haus auf immer verunstalten könnten. Es ist vielmehr so, daß Kreide früher als zauberische Substanz betrachtet wurde, die es schon für sich allein vermag, Böses von einem Haus abzuhalten. In ganz Deutschland wurden mit ihr an verschiedenen Tagen des Jahres lediglich drei Kreuze über die Haustür oder den Stall gezeichnet; später wurde diese Sitte, die durchaus älter als das Christentum sein könnte, in manchen Gegenden ins christliche Brauchtum integriert.

Die Schutzfunktion der Kreide wurde als so stark eingeschätzt, daß manche Leute ihr Geld tatsächlich von einem Stück Kreide »bewachen« ließen. Und bayrische Landleute legten im gleichen Bewußtsein Kreide neben die Getreidehaufen, weil sie fest davon überzeugt waren, daß dann niemand davon etwas wegnehmen konnte.

Kreis

Wie das Kreuz, ist der Kreis ein Archetyp von überragender Bedeutung. Jahrtausendealte bildliche Darstellungen aus aller Welt sind ein Beleg für die universale Verbreitung des Glaubens an die magische Kraft der Kreisgestalt. Aber auch Gebrauchsgegenstände wie Ringe, Halsbänder, Gürtel, Armreifen oder Kränze hatten (neben ihrem etwaigen praktischen Zweck) letztlich die Funktion, den Träger in den schützenden, durch sie bezeichneten Kreis aufzunehmen, dessen symbo-

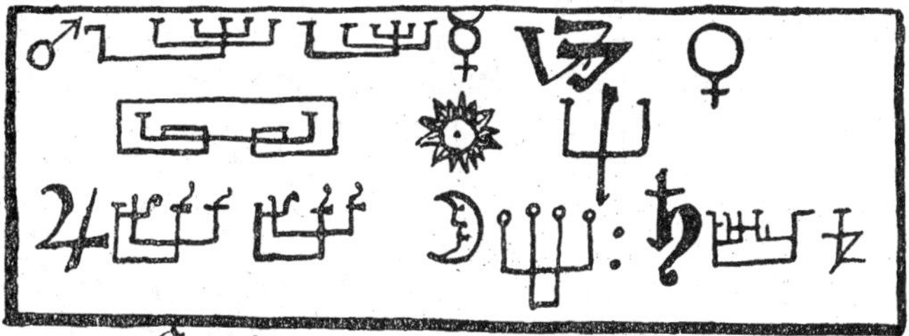

Ohne Kreiß lies mich nicht laut,
sonst bin ich dir gefährlich,
der Geist dringt auf die Haut,
so du nicht magst bewährlich.
und mußt ergeben dich, wenn er dich Bloß thut finden.

Läst nicht abweisen sich, mit ihm sich zu verbinden,
drum stell zuvor mein Kreiß, Characters; wohl aumerck,
stell an das mit Fleiß, eh du schreits zum Werck,
den denck auf einen Geist,
hab acht am deßen Zeichen,
woran dir liegt am meist,
Affect wirst du erreichen.

Wenn du citirst in kraft,
den sollst die Geister zwingen,
gleich wie ich selbst gemacht,
alls muß der Geist dir bringen.

lische Linie böswillige Wesen, wie man hoffte, nicht überschreiten konnten. Die geschlossene Linie wurde für so wirkmächtig gehalten, daß viele Zaubereien und Beschwörungen innerhalb eines Kreises ausgeführt werden mußten und daß man ihn, wollte man sich nicht der Gewalt der Geister aussetzen, bis zum Ende der magischen Handlung unter keinen Umständen verlassen durfte. Zahlreiche Geschichten erzählen von Personen, die unbedacht den Teufel oder einen Geist beschworen hatten und nun in ihrem Kreis festsaßen, bis sie von einem hilfreichen Geistlichen daraus befreit wurden.

Die Vorstellungen darüber, mit welcher Substanz die Kreislinie gezogen werden müsse, variieren erheblich – so ist von Wasser, Steinen, besonderen Pflanzen, Kreide oder eisernen Gegenständen die Rede. Ein aus dem achtzehnten Jahrhundert überliefertes Rezept schrieb vor, um die Pflanze »Singrün«, deren Besitz bewirken sollte, daß man von allen Menschen geliebt wird, einen Kreis aus Silber und Gold zu ziehen. Dann mußte man Kreis und Pflanze die Nacht über in Ruhe lassen, und das Singrün am nächsten Morgen pflücken. Vermutlich war der kostbare Kreis in diesem Fall auch als symbolisches Opfer an die Geister aufzufassen.

Durch Umgänge umkreist, und damit unter Schutz gestellt, wurden zu bestimmten Jahreszeiten auch Häuser, Dörfer, Felder und Gärten, und unter die Obhut Gottes – oder, in früheren Zeiten bzw. in anderen Breiten, einer Gottheit oder eines übernatürlichen Wesens – stellte man sich selbst, indem man Kultbauten, heilige Quellen und Gräber rituell umrundete (→ Umkreisen).

Ebenso wie man sich selbst in den Schutz des Kreises begeben kann, ist es nach alter, überall bezeugter Vorstellung auch möglich, »böse« übernatürliche Wesen und in gleicher Weise irdische Übeltäter in Kreise zu bannen, wobei beides durchaus wörtlich zu verstehen war. Man zog beispielsweise einen Kreis um das Haus, und wenn dann ein Dieb einbrach, konnte er, wie man unter anderem im Böhmerwald glaubte, nicht mehr hinaus, bis ihn der Hausherr erlöste. Die Oberpfälzer kannten dagegen zwei Methoden, wie es der Einbrecher schaffen konnte, sich allein wieder zu befreien: Er brauchte sich nämlich entweder nur einfach auszuziehen und auf seinen ausgelegten Kleidern zu laufen oder aber rückwärts im Kreis herumzugehen.

Auf die dem Kreis zugeschriebene Macht weisen außerdem die auf der ganzen Welt beliebten Rundtänze hin oder Redewendungen wie etwa »im Kreis der Familie«, wodurch Mutter, Vater und Kinder symbolisch als geschlossene Linie gekennzeichnet werden, die nichts Böses zu überschreiten vermag.

Kreuzweg

Die für die verschiedensten Zaubereien eminent wichtige Rolle des Kreuzweges leitet sich mit Bestimmtheit nicht von der christlichen Bedeutung des Kreuzes ab, denn auch in vielen nichtchristlichen Regionen der Welt werden Kreuzwege als magische Orte angesehen. Wenigstens in ganz Europa glaubten die Menschen früher, man könne ungefährdet Geister hören und sehen, wenn man sich – vor allem in besonderen Nächten, wie etwa Walpurgis (30. April) und der Nacht vor Allerheiligen (1. November) – mitten auf einen Kreuzweg stelle. Um die Geister aber beim abendlichen Überschreiten eines solchen Ortes von sich fernzuhalten, spuckte man im Erzgebirge dreimal aus, und anderswo nahm man die Mütze ab und zeichnete mit → Kreide ein Kreuz hinein.

Der Kreuzweg galt daher auch als einer der geeignetsten Orte überhaupt, um einen Geist zu beschwören oder einen Blick in die eigene Zukunft zu tun. Es wurde ein besonderer Tag für eine solche Unternehmung gewählt, in der Regel die Johannis- (24. Juni) oder auch die Silvesternacht, dann zog man zur Sicherheit einen Kreide- oder Steinkreis um sich herum, stellte sich vor Mitternacht hinein und wartete schweigend. Während der ganzen Prozedur durfte man unter keinen Umständen auf irgend etwas reagieren – weder auf Stimmen, seltsame Ereignisse, fallende Äste noch auf sonstige beunruhigende Vorkommnisse. Man mußte vielmehr unbedingt Schweigen und Ruhe bewahren. Mädchen hofften auf diese Weise, ihren Bräutigam zu sehen, junge Männer ihre künftige Frau, und Angehörige einen jüngst Verstorbenen. Die Allgäuer äußerten einfach drei Wünsche, für deren Erfüllung, wie sie glaubten, die Geister dann schon sorgen würden. Die Schwaben hofften dagegen auf Glück beim Würfeln und beim Kartenspiel – und nicht zuletzt beim Raufen.

Da man früher glaubte, Krankheiten würden von bösen Geistern verursacht, hielt man den Kreuzweg auch für einen ausgesprochen geeigneten Platz, um sich von den verschiedensten Leiden zu befreien. Eine in Oldenburg übliche Methode, Geschwüre oder Entzündungen loszuwerden, bestand beispielsweise darin, den mit dem Eiter in Berührung gekommenen Verband auf einen Kreuzweg zu legen. Nur für sportliche Zeitgenossen dürfte hingegen ein gegen Fieber empfohlenes »Rezept« gegolten haben. Der Kranke sollte sich nämlich zu einem Kreuzweg begeben, sich dort auf den Kopf stellen und dann dreimal pfeifen.

Kuckuck

In Pommern heißt es, als der Herrgott den Vögeln ihre Namen ausgeteilt habe, sei der Kuckuck leer ausgegangen. Da soll er erbost das Verslein gesprochen haben: »So will ich nun der Kuckuck sein / und ewig meinen Namen schrein.« Dies ist allerdings beileibe nicht die einzige Geschichte, die davon berichtet, wie der Kuckuck zu seinem Namen kam oder warum er ihn stets ruft. Es gibt davon im Gegenteil so viele verschiedene Varianten – und überhaupt Märchen und Geschichten über den Vogel –, daß klar wird, welche Aufmerksamkeit der Kuckuck und sein ungewöhnliches Brutverhalten seit jeher beim Volk erregten. In ganz Deutschland galt und gilt er als Verkünder des Frühlings, und daher als glückbringend – vorausgesetzt, man erfüllt, wenn man ihn das erste Mal rufen hört, gewisse Bedingungen. Hierzu gehört vor allem, daß man Geld bei sich trägt und auf das Portemonnaie klopft oder es schüttelt. Hat man nämlich keines dabei, wird man das ganze nächste Jahr über in Geldnot sein. Weniger bekannt ist, daß auch der Richtung, aus der der Kuckuck ruft, Bedeutung beigemessen wurde. Kam der Ruf von vorn, würde alles vorangehen, kam er dagegen von hinten, war angeblich mit Rückschlägen und Mißerfolgen zu rechnen. Im Hunsrück, in der Eifel und im Westerwald wälzte man sich zudem beim Erklingen des ersten Kuckuckrufs im Gras und hoffte, dadurch vor Krankheiten, vor allem vor Rückenschmerzen, bewahrt zu bleiben. Mancherorts war es auch üblich, sich schnell etwas zu wünschen oder unter dem Fuß nach etwas zu suchen, was Glück bringen würde. Ein gewöhnlicher Kieselstein beispielsweise, sagten die Menschen in Bautzen, verwandle sich in diesem Augenblick zu einem Glücksstein.

Die ominöse Kraft des Kuckucksrufes wird aber auch in anderer Hinsicht wirksam. So viele Male er ertönt, so viele Jahre soll derjenige, der den Kuckuck danach fragt, noch leben. Bereits der im zwölften Jahrhundert lebende Abt Cäsarius von Heisterbach berichtet von einem Klosterbruder, der sich vom Kuckuck 22 weitere Lebensjahre weissagen ließ. Zwanzig davon wollte er »in irdischen Freuden« verbringen, die restlichen zwei der Buße weihen. Leider ging seine Rechnung nicht auf: Er starb bereits nach zwei Jahren und landete dementsprechend, so der fromme Chronist, in der Hölle. Seit alten Zeiten sind die verschiedenen Sprüche überliefert, mit denen dem Kuckuck diese bedeutsame Frage gestellt zu werden pflegte. Einer der bekanntesten lautet:

»Kuckuck, sag mir doch,
wieviel Jahre leb ich noch?
Gibst du mir die Antwort nicht,
Bist der rechte Kuckuck nicht.«

Der Glaube an die prophetische Gabe des Kuckucks war (und ist) übrigens keineswegs auf Deutschland begrenzt, sondern in ganz Europa verbreitet, wobei der Vogel durchaus nicht nur nach den Lebensjahren gefragt wurde. Häufig erkundigten sich Mädchen beispielsweise danach, wie lange es noch bis zu ihrer Hochzeit dauern würde. Das folgende Verschen ist aus Freudenstadt überliefert:

»Kuckuck, Kuckuck,
zähl mer deine Eier,
zähl mers dreimol aus und ei,
wie lang muß i no ledig sei?«

Rief der Kuckuck überhaupt nicht zur Antwort, hielt das Mädchen es für ein Zeichen, daß es noch im selben Jahr heiraten würde – oder aber nie. Rief er hingegen sehr viele Male, wurde jeder Ruf einem Monat gleichgesetzt. Doch war der Vielfalt der Fragen (und der Deutungsmöglichkeiten) keine Grenze gesetzt. Man konnte sich etwa erkundigen, wann man Vater oder Mutter werden, wie lange man noch Witwer oder Witwe bleiben, wie viele Kinder man haben würde, oder errechnete sich aus der Anzahl der Rufe den Anfangsbuchstaben des oder der Zukünftigen.

In der Nähe der Häuser war der Kuckuck jedoch nicht gern gesehen – man hielt es in jedem Fall für sicherer, ein solch unheimliches Tier auf Distanz zu halten. Und daß man insgeheim glaubte, der Kuckuck stünde mit dämonischen Mächten im Bunde, wird aus den immer noch gebräuchlichen Sprüchen »Geh zum Kuckuck« oder »Hol dich der Kuckuck« deutlich – wobei »Kuckuck« natürlich als Synonym für »Teufel« gemeint ist.

L

Lachen
Daß Lachen eine positive Wirkung auf die Gesundheit ausübt und alle Heilungsprozesse beschleunigt, ist mittlerweise sogar medizinisch erwiesen. Schon seit langer Zeit aber wurde im Volksglauben nicht nur der Germanen, sondern etwa auch der Griechen eine enge Verbindung zwischen Lachen und Leben hergestellt. Im Rahmen des Frühlingsfestes wurden beispielsweise im alten Griechenland zwei junge Männer symbolisch getötet, die zum Zeichen ihrer Rückkehr ins Leben laut lachen mußten. Das fröhliche Lachen ist etwas allein den Menschen Eigenes. Tiere lachen überhaupt nicht, Götter lächeln allenfalls, und andere übernatürliche Wesen brechen höchstens in hämisches Gelächter aus, wenn sie irgendwelchen Schabernack getrieben oder einen Unglücklichen in die Irre geführt haben.

Der vielen Heutigen unziemlich oder pietätlos erscheinende Leichenschmaus war von jeher mit Gelächter verbunden, durch das man in unbewußter Weise den Tod, mit dem man an diesem Tag in enge Berührung gekommen war, vom Leben abzugrenzen und ihn von sich selbst abzuhalten hoffte. Diese abwehrende Kraft des Lachens spiegelt sich in einer Reihe alter Bräuche wieder, wie etwa dem aus Schlesien bezeugten, beim Einzug in ein neues Heim als allererstes in das Ofenloch zu lachen. Damit begrüßte man den Hausgeist, machte ihm aber gleichzeitig klar, daß es nun mit seiner Alleinherrschaft vorbei sei und er sich auf seinen eigenen Platz zu beschränken habe, da die Lebenden jetzt Einzug hielten.

Gerade im Umgang mit Geistern galt es allerdings, unbedingt darauf zu achten, daß man nicht schadenfroh oder höhnisch lachte, da man sich sonst, wie es hieß, ihren Zorn zuzog oder sie (das heißt, gute Geister) aber vertrieb. Was die zwischenmenschlichen Beziehungen anbelangt, so ist nach früher weitverbreiteter Ansicht »Tränenlachen« zu vermeiden, weil andernfalls Streit ins Haus steht. Im Erzgebirge wurde außerdem häufiges Lachen an einem → Montag oder → Freitag eher als ungut angesehen, und man sagte dort: »Wer am Freitag viel lacht, wird am Sonntag viel weinen.« Ähnliches galt für die Braut: In Bayern und in der Oberpfalz etwa herrschte die Ansicht, wenn sie an ihrem Hochzeitstag viel lache, habe sie Unheil in der Ehe zu erwarten.

Geradezu Pflicht ist es andererseits zu lachen, wenn man Petersilie sät: dann soll sie nämlich besonders gut aufgehen. Das Lachen läßt aber nach alter Vorstellung nicht nur die Saat keimen, es soll sogar am Waschtag für gutes Wetter sorgen. Die Hausfrau – der Regen zu diesem Zeitpunkt natürlich ungelegen gekommen wäre – brauchte angeblich nur dreimal in eine Unterhose hineinzulachen, und schon ließ sich die Sonne blicken!

Lebensbaum

In ganz Europa, im Orient, in Indien und Zentralasien war und ist bis heute der Glaube verbreitet, daß zwischen einem bestimmten Baum und dem Leben eines Menschen ein enger Zusammenhang bestehen kann. In der Regel wurde ein solcher Lebensbaum bei der Geburt eines Kindes gepflanzt, wobei man oft, um den engen Kontakt herzustellen, die Nachgeburt darunter vergrub. Als Lebensbäume eigneten sich nach allgemeiner Vorstellung zum einen immergrüne Gewächse, wie Zypressen, Wacholder und Tannen, zum anderen aber fruchttragende Bäume, wie vor allem Apfel-, Kirsch- und andere Obstbäume. Wie es heißt, spiegelt das Gedeihen des Baumes den gesundheitlichen Zustand des Menschen wieder, mit dessen Schicksal er verknüpft ist. In Zeiten, in denen es noch kein Telefon gab und es lange dauerte, bis Zurückbleibende Nachricht von einem Reisenden erhielten, zog man aus dem Zustand »seines« Baumes Rückschlüsse auf sein Wohlergehen, und Geschichten, die wie das Grimmsche Märchen von den zwei Brüdern dieses Thema zum Gegenstand haben, sind fast aus der ganzen Welt bekannt. Im deutschen Märchen stößt der fortgehende Bruder sein Messer in den Baum und erklärt, solange es nicht roste, sei auch er gesund. Woanders wird einfach beobachtet, ob der Baum gedeiht oder aber welkt und vertrocknet. Ist letzteres der Fall, weiß man, daß der Abwesende krank oder sogar gestorben ist. Anders herum kann aber auch das Kranken des Baumes die Gesundheit des mit ihm verbundenen Menschen beeinflussen. Der Salbei gilt beispielsweise in vielen Ländern als Lebenspflanze, und dementsprechend heißt es, wenn er welkt oder gar eingeht, sterbe auch der Hausherr. Von einem preußischen Grafen, einem Freimaurer aus Arnoldsdorf, wird berichtet, als sein Lebensbaum welkte, habe er sich sofort eine Gruft bauen lassen.

Leihen

So lobenswert das Verleihen als Ausdruck von Hilfsbereitschaft auch sein mag, früher wurde es jedenfalls als äußerst gefährlich angesehen. Während für manche Dinge – wie beispielsweise Salz und Brot, Knoblauch und Nadeln – ein absolutes Leihverbot bestand, durfte anderes nur zu bestimmten Zeitpunkten nicht ausgeborgt werden. Dies galt im wesentlichen für alle bedeutsamen Tage des Jahres, vor allem Neujahr, die Zwölften (→ Rauchnächte), Karfreitag, Aschermittwoch, Walpurgis (30. April) und Weihnachten. Auch während der Brautzeit, der Schwangerschaft und kurz nach einer Geburt war jegliches Verleihen zu vermeiden. In Baden, Böhmen und Masuren durfte zudem in den ersten Wochen, nachdem die Säue geferkelt und die Kühe gekalbt hatten, nichts verliehen werden.

Der Grund hierfür liegt in der Vorstellung, daß vor allem die für das Leben wichtigen Dinge, wie Brot und Salz, aber im Prinzip jeder zu einem Haushalt gehörende Gegenstand, wesentlich mit dem Gedeihen der darin wohnenden Familie in Beziehung steht und mit deren Aura oder Kraft aufgeladen ist. Wird er fortgegeben, könnte ihn ein Böswilliger zu einem gegen seinen Besitzer oder dessen Haus gerichteten Schadenzauber verwenden. Die Wahrscheinlichkeit, daß sich jemand einen solchen üblen »Scherz« erlaubt, ist natürlich an Tagen, an denen die Geister und Hexen besonders aktiv sein sollen, wie an Walpurgis oder in der Neujahrsnacht, ganz besonders groß. Läßt es sich nun aber partout nicht vermeiden, jemandem an diesen hochgradig gefährlichen Tagen etwas zu leihen, sollte man entweder etwas Salz dazugeben oder ein Stückchen der Leihgabe abschneiden und behalten – oder aber im Gegenzug selbst etwas ausborgen, damit im Falle eines Falles Zauber und Gegenzauber einander aufheben.

Lein

In Zeiten, da Laken, Tischdecken, Unterwäsche und Hemden in erster Linie aus Leinen gefertigt waren, wurde dem Gedeihen des Leins, einer seit Urzeiten bekannten Kulturpflanze, große Aufmerksamkeit geschenkt. So mußten beim Säen, während des Wachstums, der Ernte und des Dreschens der Pflanze bestimmte Regeln beachtet, bestimmte Sprüche gesagt und bestimmte Riten vollzogen werden, damit alles zum Guten ausschlug und man sich des Segens der dafür zuständigen übernatürlichen Wesen sicher sein konnte. Zum vielfältigen praktischen Nutzen des Leins kam eine magische Komponente hinzu, eine zauberische Kraft, die man ihm, wie überhaupt vielen blau blühenden Pflanzen, zuschrieb. Sehr beliebt und nicht nur in Deutschland, sondern etwa auch in Italien und Schottland bekannt und verbreitet waren Orakel mit Leinsamen, die am → Andreastag (30. November), am → Thomastag (21. Dezember), an Weihnachten oder Neujahr durchgeführt wurden. Hierfür brauchte es nicht mehr als ein paar Leinsamen, die ein Mädchen vor dem Schlafengehen unter das Kopfkissen oder ins Bett streute. Dazu sagte es einen, je nach Region variierenden Spruch, der in Oberfranken wie folgt lautete:

»Thoma streu aus deinen Soma (Samen),
Streu aus deinen Lein,
Daß mein Herzallerliebster mir erschein.
Soll ich mit ihm reisen über Wasser und Land,
Erscheint er mir mit einem Stab in der Hand,
Soll ich mit ihm fröhlich sein,
Erscheint er mir mit einem Gläschen Wein.
Soll ich mit ihm leiden Hunger und Not,
Erscheint er mir mit einem Stückchen Brot.«

Lichtmeßtag

Der zweite Februar ist nach altem Glauben der Tag, an dem die Weihnachtszeit endet, der Winter an Kraft verliert, Fastnacht und damit der Frühling naht. Somit galt er als einer der Wendepunkte des Jahres und wurde dementsprechend gebührend gefeiert. Zum symbolischen Einleiten der hellen Jahreszeit wurden in jedem Haus Kerzen angezündet, und ihnen schrieb man an diesem Tag eine alles Übel abwehrende Kraft zu. Im Rheinland etwa fertigte man aus einer solchen Kerze kleine Kreuze und klebte sie über die Haustür, an die Zimmerdecke und an die Obstbäume. Außerdem ließ man einige Wachstropfen davon auf jedes Haustier fallen. In Frankreich ging der Hausvater dreimal mit einem Lichtlein um das Haus und segnete anschließend damit seine Kinder. Auch die Toten wurden an diesem Tag nicht vergessen: Ihnen steckte man vielerorts gleichfalls eine Kerze zum Gedenken an.

Aber nicht nur Lichtlein spielten am 2. Februar eine Rolle – um den Frühling zur Eile anzutreiben, pflegten junge Männer in der Gegend um Braunschweig in aller Frühe auf die Wiesen zu gehen und die Lerchen mit dem Besen »auszukehren«. Dazu sagten sie: »Lereke, du fule Su, Wi sünd ehr opestan wie du.« In Böhmen ging man auf das Feld hinaus und hoffte, eine Lerche zu hören. Sang tatsächlich eine, galt es als ein Zeichen für ein fruchtbares Jahr. Vom Wetter dieses → Lostages schloß man auf die künftige Ernte. Zwar widersprachen sich die Ansichten, überwiegend hieß es jedoch, daß an Lichtmeß besser kein helles, sonniges Wetter sein sollte, weil sonst ein langer Nachwinter und ein schlechtes Jahr zu erwarten seien. Wenn die Sonne kurz herauskam, und zwar, wie es in Ostpreußen hieß, »gerade so lange, wie der Reiter braucht, um sein Pferd zu satteln«, wurde dies als gutes Zeichen gewertet. Im Lechrain sagte man, daß der Dachs einen Freudensprung macht, wenn an Lichtmeß schlechtes Wetter ist, und man dann viel Obst zu erwarten hat. Scheine dagegen die Sonne, bleibe Grimbart in seiner Höhle, und die Bäume würden kaum Früchte tragen.

Schließlich war auch für ledige Mädchen Lichtmeß ein besonderer Tag, denn sie pflegten mancherorts den Ofen um einen Ehemann anzubeten. In Norddeutschland schlichen sie sich in der Nacht vor Lichtmeß zum Ofen und sagten leise:

»Aben, Aben, ik bed di an!
Bescher mi up't Johr en netten Mann.«

Liebeszauber

So lange es Menschen gibt, so lange gibt es unglücklich Liebende, und so lange versuchte man auch, sich in einem solchen Fall auf magische Art und Weise die Zuneigung des oder der Angebeteten zu verschaffen. Die Methoden dazu waren (und sind) zwar sehr zahlreich, doch ähneln sie sich weltweit. Überall gab es Liebestränke, Amulette, auf Papier oder andere Materialien geschriebene Sprüche, bestimmte Pflanzen und tierische Substanzen, die dem oder der zu Bezaubernden verabreicht oder irgendwie untergeschoben werden mußten. Überall benutzte man zu diesem Zweck vor allem »magische Körpersubstanzen«, wie Schweiß, Speichel, Ohrenschmalz, Haare, Blut und Fingernägel, die man verbrannte, vergrub, einnahm oder auf andere Weise einsetzte. Und überall versuchte man, mit Hilfe von Wachsfigürchen oder irgendwelchen heimlich entwendeten persönlichen Gegenständen die geliebte Person magisch in seine Gewalt zu bringen.

Sehr einfache Zaubereien bestanden etwa lediglich darin, sich ein Amulett mit einer besonders wirksamen Pflanze, wie Liebstöckel oder Eisenkraut, umzuhängen oder auch ein (leeres) Wespennest bei sich zu tragen. Während solche Maßnahmen aber eher darauf abzielten, allgemein die Zuneigung des anderen Geschlechts zu erwecken, gab es auch zahllose – mitunter etwas umständlichere – »Rezepte«, mit deren Hilfe man angeblich einen ganz bestimmten Menschen gewinnen konnte. Dem Geliebten wurde etwa ein längere Zeit unter dem Arm getragenes, also mit dem eigenen Schweiß getränktes, Stück Zucker in ein Getränk geschmuggelt oder ein in gleicher Weise behandeltes Brot oder Gebäck zu essen gegeben. Daß man sich bei derlei »gezielten« Zaubereien eines Kleidungsstücks des oder der Angebeteten bediente, war durchaus keine Seltenheit; in manchen Fällen benötigte man zusätzlich Wäsche eines etwaigen Nebenbuhlers. So soll der württember-

›Der Liebeszauber‹, niederrheinischer Meister des 15. Jahrhunderts

gische Herzog Eberhard Ludwig im siebzehnten Jahrhundert dadurch von einer Frau zur Untreue gezwungen worden sein, daß sie ein entwendetes Stück Unterwäsche der Herzogin zerschnitt, in Branntwein tauchte und sich dann damit das Gesicht wusch. Und schon im elften Jahrhundert sprach eine Stiftsdame, wie die Annalen berichten, einen Liebeszauber über die Stiefel eines Erzbischofs, woraufhin dieser sich mit ihr versündigte. Als er später zu seiner Rechtfertigung seine Diener nacheinander die Stiefel anziehen ließ, verspürten alle angeblich dieselbe Wirkung – worauf die Stiftsdame, wie damals üblich, auf dem Scheiterhaufen endete. In der Oberpfalz pflegten Verliebte das Kleidungsstück, häufig Socken, des oder der Geliebten zu kochen und dann am Herzen zu tragen oder den Absud davon zu trinken.

Eine Reihe von Zaubern zielte darauf ab, eine etwaige Untreue des Geliebten sofort zu bestrafen. Mädchen in der Oberpfalz stachen dafür mit einer Nadel in eine Flamme und sprachen dazu: »Ich stech das Licht, ich stech das Herz, das ich liebe.« Betrog sie ihr Liebster dann, mußte er sterben. Wenn auch nicht jedes diesbezügliche Rezept so drastisch war, galt doch für alle Liebeszauber, daß sie im Falle eines Erfolgs teuer bezahlt werden mußten. Denn, so sagte man, angezauberte Liebe verkehrt sich nach einer bestimmten Zeit immer in ihr Gegenteil, schlägt also in Haß um – und so sollte man den Dingen und Gefühlen vielleicht doch besser ihren Lauf lassen …

Lostage

Lostage sind nach altem Volksglauben solche Tage, die eine zukunftsweisende oder mantische (eine Weissagung ermöglichende) Bedeutung besitzen. In der Regel war das entscheidende Kriterium dabei das Wetter, wie etwa aus folgenden Merksprüchen hervorgeht: »Ist Pankratius (12. Mai) schön / Wird guten Wein man sehn«, oder »Regen an St. Vitustag (15. Juni) / Die Gerste nicht vertragen mag.« Neben Sonne oder Regen spielten die Windrichtung und zuweilen die Temperatur eine Rolle. An den sogenannten → Zwölften, also der Zeit zwischen Weihnachten und Dreikönige, sollte sich die Witterung für das folgende Jahr bestimmen lassen, und zwar in der Weise, daß jeder dieser zwölf Tage als stellvertretend für einen ganzen Monat betrachtet wurde. Daneben galten einzelne wichtige Tage des Jahres, wie Karfreitag, Christi Himmelfahrt, Fronleichnam, Aschermittwoch, Weihnachten und Silvester – und im Durchschnitt fünf weitere Tage pro Monat – als Lostage.

In einigen Fällen wurde weniger der Lostag als solcher als vielmehr die mit ihm endende Zeitspanne als für Prophezeiungen relevant betrachtet. So hieß es beispielsweise: »So oft es vor Wenzel (28. September) friert, so oft friert es nach Philippi-Jacobi (1. Mai).« Die Geltungsdauer der aus Witterung oder sonstigen Merkmalen eines Lostages gewonnenen Prognosen war ganz unterschiedlich. Mal betrafen sie das ganze folgende Jahr, mal die sechs, sieben oder zehn folgenden Wochen – und besonders beliebt waren vierzig Tage. Im Bergischen Land etwa hieß Mariä Himmelfahrt der »Eendroppendach«, denn wenn an ihm auch nur ein Tropfen Regen fiel, würde es, wie man glaubte, noch vierzig Tage lang regnen.

Lotterie

Nach der Devise »Nichts dem Zufall überlassen« versuchten Spieler zu allen Zeiten, ihrem Glück auf magische Weise auf die Sprünge zu helfen. Sehr begehrte, weil angeblich unfehlbar wirkende Amulette waren früher etwa Splitter vom Schafott und Blut oder Knochenstückchen eines Hingerichteten. Auch Kirchhoferde, ein Fledermausherz oder ein vierblättriges Kleeblatt sollten die Chancen des Wettenden sehr positiv beeinflussen. Neben diesen Methoden, die Glücksgöttin allgemein für sich einzunehmen, gab es auch unzählige Techniken, die es dem Wettbegeisterten ermöglichen sollten, die Zahlen der nächsten Ziehung im voraus zu ermitteln. Unter anderem in Bayern, Tirol und Schwaben bediente man sich zu diesem Zweck einer Kreuzspinne, die man zusammen mit einem Zettel mit den – damals neunzig – möglichen Lottozahlen in ein Glas setzte. Die Zahlen, die nun die Spinne beim Netzspinnen umwob, waren, wie man glaubte, die richtigen. In Böhmen hatte man sich eine weitere, für die Gegend ausgesprochen passende Methode ausgedacht. Man legte in jeden Knödel, der am Thomastag (21. Dezember) gekocht wurde, einen Zettel mit einer Losnummer. Derjenige, welcher zuerst oben schwamm, enthielt die glückbringende Nummer.

Doch gab es neben solchen eher schlichten Orakeln auch weit kompliziertere, wie etwa dasjenige, Träume in Zahlen umzudeuten. Diese Kunst brachte einigen »Fachleuten« nicht wenig Geld ein und entwickelte sich regelrecht zu einer Art Geheimwissenschaft. Es wurden ganze Tabellen erstellt, in denen die verschiedenen Objekte, seelischen Zustände oder Handlungen, die in einem Traum vorkommen konnten, jeweils einer Zahl entsprachen. So wurde etwa eine Rose der Zahl 14, Angst der Zahl 90 und Geldzählen der Zahl 56 gleichgesetzt. Laien auf dem Gebiet versuchten wenigstens, auf jede in einem Traum vorkommende Zahl zu achten und sie anderntags zu notieren. Hatte man von keiner geträumt, suchte man nach anderen Details, hinter denen sich vielleicht eine solche verstecken konnte. Brannte also im Traum ein Haus ab, so war, wie man in Schlesien glaubte, die Hausnummer die zu setzende Zahl – oder aber die Summe der Jahre, die diejenigen zählten, die zur Brandstätte gelaufen kamen.

Während auf diese Weise wohl nicht allzu viele Menschen auf die richtige Zahl gekommen sein dürften, das Verfahren als solches aber zumindest harmlos war, ist folgende aus Bayern überlieferte Methode nicht unbedingt zum Nachahmen empfohlen. Fünf Männer gruben, wie berichtet wird, einmal splitterfasernackt um Mitternacht das Grab einer Wöchnerin aus und hoben den Sarg heraus. Während sich einer von ihnen an dessen Stelle in die Grube legte, trugen die anderen vier den Sarg schweigend um den Friedhof und beschworen dabei die Seele der Toten, ihnen die fünf Gewinnzahlen der drittnächsten Lotterie anzugeben. Zu diesem Zweck hatten sie dem im Grab liegenden Mann zuvor einen Zettel in den Mund gelegt, auf den sie die neunzig Zahlen geschrieben hatten. Die fünf Nummern, die hinterher verschwunden sein sollten, würden die richtigen sein. Der Ausgang der Geschichte ist leider nicht bekannt, doch wäre es nicht verwunderlich, wenn die fünf, noch ehe sie die Gewinnzahlen notieren konnten, von den Gendarmen ertappt worden wären.

Löwenzahn
Die gelbe Butterblume, deren Stengel einen milchigen Saft enthält und deren Wurzeln und Blätter in manchen Gegenden Europas gern als Salat und Gemüse gegessen werden, ist eine der bekanntesten Blumen überhaupt. Während heutzutage wohl kaum mehr Frühlingskränze aus ihnen geflochten werden, ist einer ihrer Volksnamen, Pusteblume, kennzeichnend für einen immer noch scherzhaft geübten Brauch. Kinder und Erwachsene pusten die weißen gefiederten Samenstände von einer Pflanze ab, wobei es darauf ankommt, mit einmaligem Pusten alle Samen zu entfernen. Während es heute meistens heißt, daß man sich im Falle des Gelingens etwas wünschen dürfe, sind aus früheren Zeiten spezielle »Belohnungen« überliefert. So hieß es beispielsweise in Westpreußen, man erhielte ein neues Kleid, in Bayern, eine leckere Suppe, anderswo, eine gute Neuigkeit; man versprach sich ferner Erfolg bei einer bestimmten Unternehmung oder die Gewähr, geliebt zu werden. Allerdings wurden auch aus dem Mißlingen Rückschlüsse gezogen, denn aus der Anzahl der stehengebliebenen Samenfäden konnte, wie zum Beispiel aus Magdeburg überliefert ist, ein Mädchen ablesen, wie viele Jahre es noch bis zu seiner Hochzeit dauern würde. Fragte man beim Pusten, wie alt man werden würde, bedeuteten die restlichen Samen die einem verbleibenden Lebensjahre, und deutsche wie französische Kinder pflegten vor dem Pusten nach der Uhrzeit zu fragen. Ganze Samenfäden bezeichneten die Stunden, abgebrochene die halben. Über die Genauigkeit dieser Methode dürften sie allerdings mit ihren Eltern einige Differenzen gehabt haben.

Die harntreibende Kraft des Löwenzahns drückt sich in einem weiteren Namen der Butterblume aus. Sie wurde und wird nämlich in weiten Teilen Deutschlands auch Bettpisser oder Bettseicher genannt, in Frankreich sogar offiziell »Pissenlit«, was soviel wie »Mach-ins-Bett« bedeutet. Deshalb sollten Kinder sie besser nicht mit nach Hause bringen oder gar essen. Eine Ausnahme waren die drei ersten Knospen der Butterblume, denn sie sollen, wenn man sie verschluckt, ein gesundes Jahr garantieren.

M

Mahlzeit

So selbstverständlich, wie der gläubige Christ vor jeder Mahlzeit Gott dankt, gab man in alten Zeiten (und in anderen Kulturen gibt man noch heute) etwas von jedem Essen Göttern und Geistern ab. Während dieses Opfer bei den Böhmen ins Feuer geworfen wurde, legte man es andernorts vor die Türschwelle, auf den Dachboden oder ins Freie an einen bestimmten Ort. In Irland ließ man abends Brot und Milch auf dem Tisch stehen, damit sich des Nachts die Feen davon bedienen konnten. Auch von allen zufällig während der Mahlzeit von der Gabel oder vom Teller gefallenen Bissen hieß es, daß man sie nicht mehr essen dürfe, weil sie für die Hausgeister bestimmt seien.

Neben diesen regelmäßigen Gaben war es aber vor allem an den hohen Festtagen des Jahres wichtig, die übernatürlichen Wesen an dem eigenen Überfluß teilhaben zu lassen, um sich deren Wohlwollen für die kommende Zeit zu sichern und sich für den gewährten Schutz zu bedanken. Im österreichischen Pinzgau galt das ungeschriebene Gesetz, daß am Weihnachtsabend die ganze Familie am Essen teilnehmen mußte, damit die Percht (ein der Frau Holle ähnliches Feenwesen) nicht zürnte. Anschließend nahm die Bäurin die Reste mit hinaus, trat unter die Bäume und rief: »Bäume, eßt's«. Außer den Geistern mußten an diesem Tag auch die Haustiere mit Leckerbissen gefüttert werden – und zwar notfalls mit Gewalt: So pflegten in Böhmen der Hausherr dem Hund und die Frau dem Gänserich, Enterich und dem Hahn je ein Stück Brot in den Hals zu stopfen.

An diesen besonderen Eckpunkten des Jahres galt es regelrecht zu schlemmen, und zwar besondere Speisen, die Reichtum und Glück für die Zukunft gewährleisten sollten. Vielerorts war man der Ansicht, man müsse etwas essen, was schon in sich »viel« sei – wie etwa Erbsen, Linsen und Grütze – um nach dem Prinzip »Gleiches schafft Gleiches« künftig selbst viel zu erhalten. Die Bayern legten dagegen, besonders zu Weihnachten, vor allem Wert darauf, daß die Mahlzeit fett sei, damit, wie es hieß, »das Messer der Percht am Bauch abgleitet«. In Hessen aß man an diesem Tag Sauerkraut, denn das garantierte, wie man dort sagte, Geld für das kommende Jahr. Neben dem Heiligen Abend war auch Fastnacht eine Zeit, in der reichliches Essen empfohlen wurde. Beispielsweise in der Oberpfalz bemühte man sich, möglichst viele Leberknödel zu vertilgen, weil jeweils ein Knödel für einen Schock Korn oder ein Flachsbündel stehen sollte. Je mehr man also essen konnte, desto üppiger, so glaubte man, würde die Ernte ausfallen. In Thüringen dagegen lautete die Regel einfach, daß man so oft essen solle, wie der Hund mit dem Schwanz wedle.

Mai

Wohl die meisten Ehen werden im Wonnemonat Mai geschlossen, der als Sinnbild der Fruchtbarkeit und als Höhepunkt des Frühlings wie gemacht dafür scheint. Um so seltsamer mutet es auf den ersten Blick an, daß Sprichwörter in vielen Teilen Europas gerade vor dem Heiraten im Mai warnen. So heißt es in Italien, Frankreich und in Tirol, zu einer Zeit, da alle Esel verliebt seien, solle man nicht heiraten. Tatsächlich dürfte der Grund für die Ablehnung des Heiratens im Mai zum einen aber darin zu suchen sein, daß bei den Römern das Fest zur Beschwichtigung der Lemuren, böser Spuk- und Quälgeister, am 9., 11. und 13. Mai begangen wurde, weswegen dieser Monat mit eher negativen Emotionen behaftet war. Daneben spielte aber sicher mit hinein, daß der Frühling im Gegensatz zum Winter in bäuerlichen Gegenden eine besonders arbeitsintensive und geldknappe Zeit war, in der deshalb keine großen Feste abgehalten werden konnten.

Maikäfer

Nicht zuletzt wegen seines oft massenhaften Auftretens wurde dem Maikäfer überall große Beachtung gezollt. Er galt als glückbringender Frühlingsbote – was die Einwohner mancher Landstriche, wie etwa Schlesien, dazu verleitete, ihn in Butter zu braten und als Brotbelag zu essen. Dadurch blieb man, wie sie sagten, das ganze Jahr über gesund. So sehr man man sich aber über einzelne Käfer freute, so sehr fürchtete man sich vor der Zerstörung, die sie anrichteten, wenn sie in Massen einfielen. Im fünfzehnten Jahrhundert zitierte man in Bern und Lausanne die landverwüstenden Maikäfer und deren Engerlinge (mit vermutlich mäßigem Erfolg) vor ein weltliches und ein geistliches Gericht (→ Tierprozeß), und seit frühesten Zeiten versuchten die verzweifelten Bauern, die Schädlinge mit Beschwörungen zu bannen. Dieser Brauch war so weit verbreitet, daß im Jahre 1743 im französischen Seez offiziell verboten wurde, auf den Feldern solche Beschwörungen abzuhalten, doch scheinen die Bauern davon nicht allzusehr beeindruckt gewesen zu sein: noch gut hundert Jahre später ist in den örtlichen Kirchenbüchern von derlei abergläubischen Umtrieben die Rede. Weit länger aber, nämlich bis auf den heutigen Tag hielt sich der uralte Kindervers:

»Maikäfer flieg
dein Vater ist im Krieg,
Mutter ist in Pommernland,
Pommernland ist abgebrannt,
Maikäfer flieg.«

Heutige Kinder lassen dabei einen Marienkäfer fliegen, da Maikäfer selten geworden sind, und denken sich nichts dabei, daß die Mutter in Pommernland sein soll. Tatsächlich ist dieses Wort eine neue Variante, die auf den Zweiten Weltkrieg zurückgeht. Ursprünglich war die Mutter nämlich im »Elbenland«, dem Land der Feen also, womit man zum Ausdruck bringen wollte, daß sie gestorben war. Unter dem Einfluß des Christentums wurde dieses Elbenland zum »Engelland« umfunktioniert, und einige Zeit später dann zu »England« verkürzt. Da vielen, die das Verschen sprachen, nicht recht einleuchtete, warum die Mutter ausgerechnet in England sein sollte, wurde der Ortsname je nach Region beliebig ersetzt. So sagte man etwa in Böhmen »Sachsenland« und in Mecklenburg »Hessen« oder »Schwabenland«.

Marienkäfer

Während die meisten anderen Tiere im Volksglauben eine zwiespältige, teils gute, teils schlechte Bedeutung besitzen, wurde der Marienkäfer in ganz Europa als ausschließlich positiv betrachtet. Sein Erscheinen gilt allgemein als ein glückliches Zeichen, insbesondere dann, wenn er sich direkt auf der Hand oder der Kleidung niederläßt. Bei uns ebenso wie in der Schweiz, in Spanien, Italien, Schweden und England brachten Mädchen den Käfer mit baldigem Liebesglück in Verbindung. Sie schickten ihn auf die Suche nach ihrem Schatz oder achteten darauf, in welche Richtung er wieder abflog, denn daher würde, wie sie glaubten, der künftige Bräutigam kommen. In Anhalt sagte man von einem Mädchen, dem sich ein Marienkäfer auf die Nase setzte, es werde bald heiraten. Wie lange es bis zur Hochzeit noch dauern würde, fanden Frauen in Westfalen folgendermaßen heraus: Sie setzten sich einen Marienkäfer auf die Fingerspitze und zählten die kommenden Jahre. Dasjenige, bei dem sie angekommen waren, wenn der Käfer fortflog, sollte das Hochzeitsjahr sein.

Die prophetischen Fähigkeiten des Marienkäfers führte man auf seine enge Beziehung zum Himmel zurück, der seine Heimat sein sollte. Nicht nur verschiedene Volksnamen, wie etwa Himmelskindchen, belegen diesen Glauben, sondern auch zahlreiche alte Kinderreime, wie der aus Westfalen überlieferte: »Himmelskindken, fleig op, fleig tom haugen Heamel rup.« Diese weitverbreitete Ansicht erklärt auch die Verbindung des Marienkäfers zur Muttergottes oder zu bestimmten Heiligen, unter deren Schutz er stehen soll – weswegen er auf keinen Fall getötet werden darf. Die unterschiedlichsten bösen Folgen, angefangen von schlechtem Wetter bis zum baldigen Tod, soll eine solche frevlerische Handlung nach sich ziehen. Wird dagegen freundlich mit dem Tierchen umgegangen, kann es angeblich gutes Wetter herbeizaubern, weshalb man es auch Sonnenschäfchen nannte und es in einem Verschen herzlich darum bat, die Sonne scheinen zu lassen. Daneben konnte der Marienkäfer nach volkstümlicher Meinung Kleider und Backwaren bringen, Wein und sogar eine goldene Kette – oder aber Kinder. In der Schweiz sang man ihm daher vor:

»Herrgottsmoggele, flieg auf,
Flieg mir in den Himmel nauf,
Bring a goldis Schüssela runder
Und a goldis Wickelkindla drunder.«

Martinstag

Heutzutage ein Fest der Kinder, die mit ihren selbstgebastelten Laternen durch die Straßen ziehen, war der Martinstag (11. November) früher das Ende des alten und der Beginn des neuen Wirtschaftsjahres, das entsprechend festlich verabschiedet beziehungsweise begrüßt wurde. Für die dazugehörige Mahlzeit wurden außer den allbekannten Martinsgänsen auch Schweine geschlachtet, und wenngleich an diesem Tag manches verboten war, wie etwa das Nähen, wurde eines ausdrücklich empfohlen: ausgiebiges Trinken. Württembergische Weinbauern tranken an diesem Tag den ersten Wein, um damit für das nächste Jahr eine gute Ernte zu sichern, und andernorts hieß es, ein Rausch am Martinstag mache schön und stark.

Vom Wetter an Martini konnten die Bauern einiges über die kommenden Monate erfahren. In der Eifel schlossen sie auf einen milden Winter, wenn es an diesem Tag nebelte, und in Böhmen auf einen harten, wenn das Laub noch an den Bäumen hing. In Schlesien sagte man das gleiche, wenn die Sonne schien, während Regen, wie man glaubte, auf einen unbeständigen Winter deuten sollte. Außerdem pflegte man aus dem Brustbein der Martinsgans Weissagungen vorzunehmen. Ist der Knochen weiß, so wurde behauptet, fällt viel Schnee, ist er rötlich, gibt es strenge Kälte, und ist er eher grau, wird der Winter entsprechend durchwachsen.

Heute noch bekannt ist die Sitte, daß zwei Personen jeweils das eine Ende des gegabelten Knochens in die Hand nehmen und ziehen. Derjenige, der das längere Stück behält, soll das Glück auf seiner Seite haben. Früher hieß es dagegen, er werde länger leben als der andere.

Märzenwasser

Der erste Regen oder Schnee im März gilt als heilkräftig und darüber hinaus als ausgesprochenes Schönheitsmittel. In Mecklenburg hieß es, daß man sich damit waschen solle, weil die Haut davon schöner werde. Daher wurde Märzenwasser oder -schnee früher, in Flaschen gefüllt, das ganze Jahr über aufbewahrt. Zu Beginn der warmen Jahreszeit verwendete man es gegen Sommersprossen, ansonsten benutzte man es auch zum Haarewaschen. Die Hausfrau im Erzgebirge besprenkelte mit ihm die Betten und die Ecken der Zimmer, weil sie glaubte, daß damit das Ungeziefer vertrieben würde.

Mehl

Mehl ist nach altem Glauben eine der drei weißen Opfergaben, die Hausgeistern und anderen übernatürlichen Wesen dargebracht werden sollen. Die übrigen beiden sind Salz und ein weißes Ei. Noch vor nicht allzulanger Zeit ließ in Böhmen die Magd am Donnerstagabend immer etwas Essen auf dem Tisch stehen und bestreute die Fläche mit Mehl für den Hausgeist. Mehl war die Nahrung des Windes und überhaupt der Elemente, und so warf der Hausherr in Tirol am Weihnachtsabend Mehl in die Luft, vergrub ein wenig in der Erde und streute etwas in den Brunnen und in das Feuer. Zur Unterstützung der Bitte, der Sturm möge das eigene Haus verschonen und die Heuernte nicht gefährden, wurde der Wind in vielen Teilen Deutschlands und Österreichs mit Mehl und Salz »gefüttert«. Als einmal in Bamberg ein starker Wind wehte, soll eine alte Frau ihren Mehlsack aus dem Fenster in die Luft ausgeschüttet und dabei gesagt haben:

»Lege dich, lieber Wind,
bring das deinem Kind.«

Als besonders zauberkräftig galt Mehl, das man drei Witwen gestohlen oder abgebettelt hatte. Es diente den ledigen Mädchen bei uns ebenso wie in der Schweiz und auch in Ungarn für mancherlei Liebeszauber, der vor allem am Weihnachts- oder → Andreasabend (30. November) durchgeführt wurde.

Von einer Bäuerin, die ständig von ihrem Ehemann mißhandelt wurde, erzählt man, daß sie sich Mehl von drei verschiedenen Mühlen verschaffte, daraus einen Kuchen buk und ihrem Mann zu essen gab, um damit seine Neigung zu wecken. Bischof Burchard von Worms berichtet um das Jahr 1000 von einem Zauber, bei dem vernachlässigte Frauen sich erst den Körper mit Honig einschmierten und anschließend in Weizenkörnern wälzten. Dann sammelten sie die Körner, so gut es ging, ab und schickten sie in die Mühle mit dem Auftrag, sie »rückwärts«, also gegen den Uhrzeigersinn, zu mahlen. Aus dem so gewonnenen Mehl buken sie Kuchen, die sie ihren Männern zu essen gaben. Was die Wirkung anbelangt, gibt es allerdings zwei recht widersprüchliche Aussagen. Der einen zufolge siechte der so Bewirtete nach und nach dahin, nach der anderen wurde er dagegen durch das Gebäck sexuell stimuliert – was vermutlich eher der Zweck der Zauberei gewesen sein dürfte.

Messer

Die große Rolle, die das Messer im Volksglauben spielt, hängt sicherlich einerseits damit zusammen, daß der Besitz einer solchen Waffe in früheren Zeiten von buchstäblich lebenswichtiger Bedeutung sein konnte. Hinzu kommt aber der Umstand, daß Messer aus Eisen (→ Hufeisen) bestehen und sich daher nach alter – für ganz Europa und weite Teile Asiens bezeugter – Ansicht hervorragend zur Abwehr böser Geister eignen. Neugeborenen Kindern und Wöchnerinnen wurden sie daher ins Bett gelegt, und Rheumakranke hofften so ihr Leiden loszuwerden, glaubte man doch von solchen Krankheiten früher, sie würden einem von den → Elben angehext – wie übrigens noch aus unserem Wort »Hexenschuß« erkennbar ist.

Als die Häuser im wesentlichen aus Holz bestanden, stieß man in der Oberpfalz ein Messer mit der Schneide nach oben von außen in den Türbalken, um alles Üble fernzuhalten. Am besten aber trug man stets ein Messer bei sich, und zwar mit der Spitze nach unten: Die von ihm ausgehende Macht soll nämlich so groß sein, daß davon der Schluckauf vergeht, man vor Gericht recht behält und ein auf einen gerichtetes Gewehr nicht losgeht! Wie ein Zauberbuch aus dem Schweizer Simmental erklärt: »Kauf an einem Donnerstag nach Fespern ein

Messer mit einem schwarzen Höfti, nimm es, wie sie dir es schätzen, stoß das Höfti in die Scheide in linken Hosensack den Spitz nach unten, so mag keiner schiessen.«

Auf keinen Fall darf allerdings der Bräutigam ein Messer bei sich tragen oder gar eines der Braut geben – wie man überhaupt besser kein Messer verschenken sollte, da dies die Freundschaft zerschneiden würde: ein Glaube, der mancherorts noch durchaus lebendig ist. Daher sollte man in einem solchen Fall ein kleines Geldstück als symbolischen Kaufpreis verlangen. Als weiteres mögliches »Gegenmittel« wurde empfohlen, daß der Beschenkte sich für die Gabe nicht bedankte – oder sie anlachte. Aus begreiflichen Gründen weniger bekannt ist der aus der Oberpfalz überlieferte Brauch, sich mit dem Messer, das man verschenkt, blutig zu ritzen oder gar den Empfänger damit zu stechen!

Milch

Milch und Blut werden nicht nur in einem Gleichnis miteinander verbunden, sie galten tatsächlich seit urdenklichen Zeiten als wesensgleich – und immer wieder ist von Verwandlungen der einen Substanz in die andere die Rede. Obgleich dies allein schon genügen würde, um die immense Bedeutung der Milch zu erklären, spielt sicher auch die Tatsache mit hinein, daß Milch früher eines der wesentlichsten Nahrungsmittel überhaupt gewesen ist. Wie wichtig sie für die Menschen war, zeigen die unzähligen Geschichten, die davon handeln, daß Kühe plötzlich keine Milch mehr geben und Magd oder Bäurin die Ursache herauszufinden versuchen – die meist im Geiz oder falschen Verhalten des Bauern begründet liegt. Vor allem in Irland, daneben in Schottland, Frankreich und Deutschland machten die Bauern nämlich die → Elben oder Hausgeister dafür verantwortlich, daß die Kühe viel Milch gaben, weshalb sie ihnen täglich ihren Anteil daran zuwiesen und sich auch sonst großzügig ihnen gegenüber bezeigten.

Aufgrund dieser Verbindung mit der Feenwelt glaubte man, daß eine Verschwendung von Milch oder mit ihr getriebener Mißbrauch schlimme Folgen nach sich zieht. Aus dem Elsaß wird von einer Frau berichtet, die zu ihren Lebzeiten Milch mit

Wasser versetzt hatte und zur Strafe dazu verdammt war, nach ihrem Tod in einer bestimmten Straße zu spuken und unentwegt Wasser zu schöpfen. Und in Düsseldorf geistert angeblich eine Milchpanscherin in bestimmten Nächten auf dem Markt herum und ruft: »Halb Wasser, halb Milch.«

Einer solchermaßen unter den Fittichen der Feenwesen stehenden Substanz wurde selbstverständlich große Heilkraft zugeschrieben. Die Krankheiten und Übel, gegen die sie helfen soll, reichen von wehen Füßen und Brandblasen über Eingeweidewürmer und Unsinnigkeit bis hin zu Kolik, Schwind- und Wassersucht. Hatte früher in Mecklenburg jemand in der Familie Fieber, goß man Milch in eine Schale und ließ abwechselnd den Kranken und den Hofhund dreimal davon trinken. Dazu mußte der Fiebernde jedesmal sprechen:

»Prost, Brauder Hund,
du't Fewer un ik gesund.«

Hier wurde nach dem Prinzip »Doppelt gemoppelt hält besser« die Kraft der Milch mit einem Übertragungszauber gekoppelt. In Westfalen verfuhr man auf ähnliche Art, nur kaute hier der Kranke dreimal einen Bissen Brot und spie ihn anschließend in einen Napf voll Milch. Dann ließ er das Ganze vom Haushund fressen, wobei er zu ihm sagte: »Es soll dir nichts schaden und mir helfen.«

Für wesentlich heilkräftiger als Kuhmilch wurde Ziegen- und Stutenmilch, vor allem aber Frauenmilch gehalten. Da letzterer obendrein magische Kräfte zugeschrieben wurden, bediente man sich ihrer bei verschiedenen Zaubereien – und zwar, da sie eng mit Fruchtbarkeit in Zusammenhang gebracht wurde, vor allem zur Heilung von Impotenz. In Mecklenburg kannte man dazu folgendes erprobtes Rezept: Der Leidende sollte sich ein Schnapsglas von der Milch einer erstgebärenden Frau besorgen und vor Sonnenaufgang trinken. Dann mußte er einen Pfahl aus der Erde ziehen, in das Loch urinieren und anschließend den Pfahl umgekehrt wieder hineinstecken.

Darüber hinaus verwendete man Milch bei einer Reihe von Liebes- und Diebeszaubern sowie bei böswilligen Schadenzaubern – von denen einer der einfachsten darin bestand, Milch im Namen dessen, dem man übelwollte, auf heißen Steinen verkochen zu lassen. Wie hoch die Kraft der Milch allgemein bewertet wurde, zeigt sich an einem merkwürdig anmutenden, weitverbreiteten Glauben: Es hieß nämlich, daß durch Blitz entstandenes Feuer nur durch Milch gelöscht werden könne. Nach dem Bericht des damaligen Pfarrers schlug im Jahre 1669 in der Kirche zu Husum der Blitz ein. Bei den Löscharbeiten fiel ein Zimmermeister auf, der mit Wasser und Milch löschte. Bald erkannte er, daß die Stellen, die er mit Wasser gelöscht hatte, sofort wieder mit Feuer »belauffen« waren, die anderen aber nicht: »Zum Ende denn nicht allein aus der Stadt, sondern auch aus Rodemiß Milch ward herzugeführet.«

Mistel

Vor allem dank dem Zaubertrank des Druiden Miraculix sind die der Mistel (*Viscum album*) zugeschriebene Heiligkeit und ihre – bei ›Asterix und Obelix‹ allerdings leicht übertrieben geschilderten – »Gaben« heutigen Menschen wieder vor Augen gebracht worden. Wurde die Mistel bei den Kelten und anderen Völkern auch allgemein in hohen Ehren gehalten, galt dies im besonderen für solche, die auf Eichen wuchsen. Die Tatsache, daß dies sehr selten der Fall ist, da die Schmarotzerpflanze in der Regel auf Pappeln und Obstbäumen, seltener auf Nadelbäumen wächst, verlieh einer Eichenmistel noch größeren Wert. Sie wurde bei Neumond mit einer goldenen Sichel geschnitten und durfte die Erde nicht berühren. Aus Schlesien und dem Aargau überliefert ist der Brauch, um den 22. November bei abnehmendem Mond mit einem Pfeil die Mistel von der Eiche herabzuschießen und mit der Hand aufzufangen. In anderen Gegenden pflegte man dagegen einen Stein dazu zu benutzen.

Solch eine Mistel sollte, so wußten es schon die alten Germanen, große Zauberkräfte besitzen. Im altnordischen Mythos beispielsweise verleitet Loki Baldrs blinden Bruder dazu, auf diesen einen Mistelzweig zu schleudern, der sich im Fluge in einen todbringenden Speer verwandelt. Im Volksglauben war die Mistel allerdings eher eine segensreiche Pflanze, ein Allheilmittel, das gegen die verschiedensten Krankheiten, vor allem Epilepsie, wirksam sein sollte. Daneben war man davon überzeugt, daß ihr Genuß Mut und Kraft schenke und gegen Gift feie.

Einer der wesentlichsten Vorzüge der Mistel aber war nach alter Überzeugung die Tatsache, daß sie gegen Verzauberung schützen soll. Über der Tür oder auf dem Dachboden befestigt, soll sie böse Geister, wie überhaupt alles Unglück vom Haus und dessen Bewohnern fernhalten – und damit Glück bringen. Diese Ansicht liegt auch dem wieder in Mode gekommenen Brauch zugrunde, in den Wochen vor Weihnachten Misteln über der Haustür aufzuhängen. Zu germanischen Zeiten dürfte es präziser der Tag der Wintersonnenwende gewesen sein, an dem Misteln vom Baum geholt und für geisterabwehrende oder heilkundliche Zwecke benutzt beziehungsweise verarbeitet wurden. Die Sitte, sich unter einer über der Tür oder an der Zimmerdecke aufgehängten Mistel zu küssen, stammt wohl aus England, dahinter steht aber letztlich der uralte Glaube an die fruchtbarkeitsfördernde Wirkung dieser Pflanze, der in ganz Europa bezeugt ist. In der französischen Schweiz trug die Braut einen Kranz aus Weizenähren, → Eisenkrautblüten und Mistelzweigen, und in Gommiswald galt die Mistel zudem als unfehlbares Mittel, eine Schwangerschaft zu bewirken. Dazu mußten lediglich drei Mistelzweige in einem halben Liter alten Weißwein mit etwas Zucker gesotten, und der Absud acht Tage vor Eintritt der Periode von Mann und Frau getrunken werden.

Mittag

Während der griechische Hirtengott Pan mittags schläft und daher absolute Ruhe von den Menschen verlangt, sind in unseren Breiten Korn-, Flur- und Wassergeister nach altem Volksglauben vor allem zwischen elf und ein Uhr unterwegs und tanzen, waschen – wie man unter anderem in Schlesien dachte – ihre Wäsche oder backen Kuchen. Während dieser Zeitspanne möchten sie, wie man sagte, unter sich sein, und entsprechend heißt es von Rübezahl, daß er um die Mittagszeit niemanden auf seinem Berg duldete. Landbewohner gingen den Geistern und Feen also in der Regel aus dem Weg, wenn sie sich nicht ihrem Zorn oder ihren Streichen aussetzen wollten, die sich ihrer Meinung nach in Sonnenstich, Hitzschlag oder Krankheiten äußerten. Feldarbeiter achteten stets darauf, ihre Mittagsrast zu halten, sonst drohten von den erbosten Wesen verursachte Hagelschläge, das Getreide zu vernichten. In Schlesien war ganz besonders das Fischen zur Mittagszeit verpönt, weil man als Folge einer solchen Handlung Stürme befürchtete oder einen schrecklichen Fang in Gestalt eines Riesenkrebses oder dämonischen schwanzlosen Karpfens. Am meisten aber mußten sich, wie es hieß, Wöchnerinnen in acht nehmen: Noch der im siebzehnten Jahrhundert lebende Gelehrte und Schriftsteller Johannes Prätorius erklärte, sie dürften in der zwölften Stunde unter keinen Umständen allein bleiben, weil sie sonst von Gespenstern und Nixen »angefochten« würden. Das Sammeln bestimmter Heil- und Zauberkräuter – allen voran das Johanniskraut, aber auch Kümmel, Kornblume, Farnkraut- und Klettenwurzeln – wird dagegen gerade für diesen Zeitraum empfohlen, weil sie dann ihre größte Kraft besitzen sollen.

Mittwoch
Der Mittwoch, früher Wodanstag (englisch Wednesday), galt als eigentlich namenloser, auch als »nicht ernstzunehmender«, ja gar nicht richtig vorhandener Tag, oder wie man in Schlesien glaubte, nur als etwas Halbes, woraus sich zum Teil die bis in die Türkei zu beobachtende Ansicht erklären dürfte, er sei ein Unglückstag. An ihm darf nichts Neues begonnen und nichts Wesentliches unternommen werden. Heiraten beispielsweise sollte man an ihm nicht, denn, wie es die Westböhmen ausdrückten: »Heirat' sie am Mittwa, Kinnt sie bal wieda.« Oder, wie es anderswo hieß, die Eheleute werden zeit ihres Lebens mit keiner Arbeit fertig. Auch glaubte man, es sei ratsam, an diesem Tag nicht umzuziehen, nicht auf Reisen zu gehen, kein Brot zu backen und nicht aufs Feld zu fahren. Überhaupt hielt man es für besser, am Mittwoch möglichst inaktiv zu sein, sich die Haare nicht zu waschen und die Nägel nicht zu schneiden. Und wenn in Mecklenburg an diesem Tag jemand kam und sagte: »Mein Schwein hat Maden«, dann mußte man antworten: »Laß sitzen bis Montag.«

Mond

An die Erscheinung des Mondes ist vor allem die Vorstellung geknüpft, daß alles, was wachsen, sich vermehren und gedeihen soll, im zunehmenden Mond begonnen oder getan werden muß. Hierzu gehört etwa das Heiraten und das Umziehen in eine neue Wohnung, denn das Vermögen, der Hausstand der frisch Vermählten soll anwachsen wie der Mond oder wie er in vollem Glanze strahlen. Kinder, die bei zunehmendem Mond geboren werden, gedeihen, wie man beispielsweise im Sarganserland glaubte, besonders gut. Im Erzgebirge ließ man aus dem gleichen Grund Kinder nur in Ausnahmefällen bei abnehmendem Mond taufen.

Auch in bezug auf die Pflanzen findet diese »sympathiemagische« oder analogische Betrachtungsweise Anwendung – wurde doch früher, und zunehmend heute wieder, streng darauf geachtet, nur bei zunehmendem Mond zu säen oder zu pflanzen. Allerdings gilt diese Regel nur für die oberirdisch wachsenden Gemüse; die »unterirdischen«, wie Kartoffeln und Rüben, wurden etwa in Westböhmen, bei den Wenden und in der Schweiz bei abnehmendem Mond gesteckt. Der abnehmende Mond spielt weiterhin bei der Heilung von Krankheiten eine wesentliche Rolle, denn so wie er abnimmt und schließlich verschwindet, soll das jeweilige Leiden vergehen. Doch ist hier auch die gegenteilige Meinung zu beobachten, die lautet, daß die Krankheit zwar abnehmen, die Gesundheit aber wie der Mond zunehmen möge. Die Sprüche, die man dabei zu sagen pflegte, ähneln sich in ganz Deutschland. In Pommern sagte man beispielsweise: »Was ich ansehe, soll wachsen; was ich anzeige, soll vergehen.«

Neumond und Vollmond werden im Volksglauben unterschiedlich bewertet. Die einen betrachten den Neumond als den Beginn des wachsenden, also »guten« Mondes, die anderen als den krönenden Abschluß des abnehmenden, also »bösen« Mondes. Das gleiche gilt umgekehrt für den Vollmond, bei dem allerdings die positive Bewertung bei weitem überwiegt, während der Neumond in viel stärkerem Maße mit Zaubereien und Geistern in Verbindung gebracht wird. In Schlesien warfen ledige Mädchen, wenn sie den Neumond zum ersten Mal sahen, ihm drei Kußhände zu und sagten:

›Zwei Astronomen bei der Beobachtung des Sternenhimmels‹,
Holzschnitt von Heinrich Vogtherr d. Ä. (1490–1556)

»Lieber Mond, sage mir,
wen ich werd haben zum Manne hier.«

Der, von dem sie in der darauffolgenden Nacht dann träumten, würde, wie sie glaubten, der Künftige sein.

Montag

Ebenso wie dem Mond, nach dem dieser Tag benannt ist, wird dem Montag ein veränderliches Wesen und damit Unzuverlässigkeit nachgesagt. Daher galt er im deutschen Volksglauben im wesentlichen als negativ, wie er auch bei den Römern als Unglückstag betrachtet wurde. An ihm darf, wie am Mittwoch, nichts begonnen werden, das von langer Dauer sein soll. Allgemein hieß es, daß alles, was einem an einem Montag geschieht, vorbedeutend für die ganze Woche sei, weshalb man an diesem Tag besser kein Geld ausgeben und nichts verleihen sollte. Niest jemand an einem Montag, wird er dagegen angeblich eine positive Überraschung erleben oder hat die ganze Woche über Glück.

Myrte

Die Heimat der Myrte (*Myrtus communis*) sind die trockenen Macchien des Mittelmeerraumes, und daraus erklärt sich auch, warum sie erst spät bei uns als Brautpflanze populär wurde. Eine Tochter des Handelsherrn und Bankiers Jakob Fugger soll im Jahre 1583 zum ersten Mal statt des bis dahin üblichen Rosmarinkranzes einen Myrtenkranz bei ihrer Hochzeit getragen haben. In gewissem Sinn geht dieser Brauch auf die Antike zurück, denn schon damals schätzte und verehrte man die Myrte. Während im alten Athen Ratsherren und Beamte Myrtenkränze als Zeichen ihrer Würde trugen, waren es in Rom erfolgreiche Feldherren, die sich zum sichtbaren Ausdruck ihres Triumphes zuweilen statt mit Lorbeer mit ihnen schmückten.

Obgleich die Myrte in Rom wie in Griechenland mit der Göttin der Liebe in enge Verbindung gebracht wurde, ist der Brauch, sie bei der Hochzeit zu tragen, dort nicht sicher nachzuweisen. Bei uns jedoch breitete er sich, einmal eingeführt, rasch aus und wurde bald von allerlei abergläubischen Vorstellungen umrankt. Fast allgemein war man davon überzeugt, daß ein unverheiratetes Mädchen keine Myrte geschenkt bekommen oder selbst ziehen dürfe, denn, wie es in Lübeck hieß: »Wer Myrte baut, wird niemals Braut«. In Schlesien war es also die Mutter, die für den Brautkranz ihrer Tochter die Myrte pflegte. Aus dem Gedeihen einer solchen Myrte wurden, wie aus dem eines Lebensbaumes, eine Reihe von Schlüssen gezogen. Das Verdorren eines dem Brautpaar geschenkten oder – trotz des Verbots – von einem unverheirateten Mädchen herangezogenen Bäumchens war natürlich in jedem Fall von übler Vorbedeutung, doch glaubte man im Egerland, daß auch das Blühen einer Pflanze die Heirat der Besitzerin für dieses betreffende Jahr unmöglich mache.

Die Myrte diente bei uns wie in Rumänien, Slawonien und Frankreich aber nicht nur als glückbringende Pflanze für frisch Verheiratete – zum Ring geflochten und am Finger getragen, sollte sie beispielsweise Reisende vor allen Widrigkeiten schützen. In der Hand gehalten, wehrt sie bei langen Wegen, wie behauptet wurde, alle Müdigkeit ab. Diese ihr zugeschriebene Gabe und vielleicht auch der Brauch, sie bei Hochzeiten zu verwenden, geht vermutlich darauf zurück, daß sie als immergrüne Pflanze mit Ewigkeit und Unsterblichkeit assoziiert wurde. Aus diesem Grund war man davon überzeugt, daß Jugend und Schönheit bewahrt werden, wenn man Myrtenblättchen in Form von Aufgüssen zu sich nimmt.

N

Nadel

Die Nadel ist aus mehreren Gründen im Volksglauben ein im guten wie im schlechten Sinne hochbedeutsamer Gegenstand. Ihre Ambivalenz spiegelt sich schon darin wieder, daß die Meinungen darüber, ob man eine gefundene Nadel aufheben oder liegenlassen soll, diametral auseinandergehen. Unter anderem in Schlesien, Thüringen und Oldenburg herrschte die Ansicht vor, solch eine Nadel, vor allem wenn sie noch eingefädelt ist, bringe Unglück, schneide die Liebe und das Glück ab oder bewirke das kalte Fieber. Hat man sie versehentlich doch aufgehoben, soll man sie nach böhmischem Glauben rückwärts über den Kopf werfen, ohne zu schauen, wohin sie fällt. Dann, so hieß es, sei das drohende Unheil gebannt. Weit verbreitet ist aber auch die umgekehrte Ansicht, eine Nadel zu finden bedeute Glück. In England gibt es hierzu ein Verschen, das übersetzt lautet:

> »Siehst du eine Nadel und bückst dich nach ihr,
> Hast du den ganzen Tag Glück für und für;
> Siehst du eine Nadel und magst dich nicht bücken,
> Wird dir den ganzen Tag gar nichts mehr glücken.«

Die Haupteigenschaft der Nadel, ihre Spitzigkeit, dürfte neben dem Umstand, daß sie aus Eisen besteht (→ Hufeisen) für die magischen Fähigkeiten, die man ihr nachsagte, verantwortlich zu machen sein. Als ungeschriebenes Gesetz galt es, daß man unter keinen Umständen Nadeln verleihen (→ Leihen) oder verschenken dürfe, da man sich dadurch, wie in der Schweiz behauptet wurde, die Freundschaft »versteche«. So darf ein Bräutigam seiner Braut keine Brosche verehren, weil er ihr damit »ins Herz sticht« und die Heirat deshalb gar nicht erst zustande kommt. Diesen Glauben machten sich in Westböhmen junge Männer zunutze, die sich einer unbequem gewordenen Liebschaft entledigen wollten: Sie brachten ihrer Freundin eine Nadel als Geschenk.

Während diese über die Gabe nicht sehr erfreut gewesen

sein dürfte, war man in weiten Teilen Europas davon überzeugt, daß sich Quell- und andere Nymphen oder Feen dafür erkenntlich zeigen, wenn man ihnen Nadeln darbringt. Besonders in Frankreich war es üblich, in bestimmte Brunnen Nadeln zu werfen in der Hoffnung, daß dadurch eine bestimmte Krankheit kuriert oder ein Wunsch erfüllt werde. In Lothringen stachen sich an Geschwüren Leidende mit einer Nadel in die kranke Körperstelle und warfen die Nadel anschließend in die Quelle Sainte-Sabine.

Sind diese Bräuche durchaus harmloser Natur, grenzen andere, bei denen Heiligen- oder Madonnenfiguren mit Nadeln gestochen wurden, um dem jeweiligen Wunsch Nachdruck zu verleihen, schon sehr an alte magische Riten, die uns heutzutage hauptsächlich vom Voodoo-Zauber her bekannt sind, aber früher auch bei uns weit verbreitet waren. Hierbei wurden aus Wachs, Blei oder Lehm nachgeformte Abbilder von Menschen, an denen man Rache üben oder denen man aus einem anderen Grund schaden wollte, mit Nadeln durchbohrt. Wie berichtet wird, lebte Papst Johannes XXII. (1249-1334) in der ständigen Angst, auf ebendiese Art ermordet zu werden, und die Königin Maria de' Medici verdächtigte man, das Leben ihres Sohnes Ludwig XIII. dadurch gefährdet zu haben, daß sie zusammen mit einer Freundin sein Abbild aus Lehm formte und es mit Stecknadeln durchbohrte. William Shakespeare spielt in seinem ›Richard III.‹ auf ein ähnliches Verbrechen an, dessen die Herzogin von Gloucester beschuldigt wurde.

Wie die genannten Beispiele zeigen, war diese Art von Schadenzauber keineswegs nur bei »unaufgeklärten« Eingeborenen Westindiens, sondern auch bei hochgestellten Persönlichkeiten in ganz Europa gang und gäbe. Im Volk waren daneben auch weit weniger böswillige magische Handlungen mit Nadeln gebräuchlich. So wickelte etwa ein unglücklich Verliebter ein Haar seiner Angebeten um eine Stecknadel aus ihrem Nähkorb und warf sie rückwärts in einen Fluß. Zu dem gleichen Zweck steckte man in Landshut eine Nadel aus einem Leichentuch heimlich in die Kleider der Geliebten. Eine neue Stecknadel diente in Mecklenburg darüber hinaus auch dazu, Geschwüre und Warzen zu vertreiben, indem man mit ihr unter Hersagung eines bestimmten Sprüchleins dreimal über den befallenen Bereich strich und sie dann vergrub, in einen Brunnen warf oder in einen Baum steckte.

Nase

Die Fülle der heute noch gebräuchlichen Redensarten, die die Nase betreffen, zeigt, welche Bedeutung diesem Organ einst im Volksglauben und überhaupt im Bewußtsein der Menschen zukam. So war es früher bei bestimmten Vergehen üblich, dem Verbrecher als Strafe die Nase abzuschneiden, und die schon im sechzehnten Jahrhundert belegte und bis nach Ostpreußen verbreitete Redensart, »sich an die eigene Nase fassen«, geht auf einen normannischen Rechtsbrauch zurück, daß ein Verleumder coram publico sein Unrecht eingestehen und sich gleichzeitig dabei an die Nase fassen mußte.

Die Nase galt also als wesentlicher Körperteil, dessen Beschaffenheit auf den Charakter seines »Trägers« schließen ließ. So sagte man etwa in Bayern: »Man sieht es ihm an der Nase an, was für ein Kerl er ist«, und die Redensart »jemandem etwas an der Nasenspitze ansehen« ist heute noch gebräuchlich. Während die Adlernase hiernach Zeichen von Freigebigkeit, Hochherzigkeit und Stolz sein soll, deutet die stumpfe Nase angeblich auf ein lügnerisches, wankelmütiges Wesen. Überhaupt sind große Nasen nach allgemeiner Ansicht besser als kleine, die seit Apuleius' Zeiten mit einem in jeder Hinsicht niedrigen Charakter in Verbindung gebracht werden. Am schlimmsten aber sind spitze Nasen, denn »spitze Nas' und spitzig Kinn, da sitzt der lebendig Teufel drin«. Menschen, auf die eine solche Beschreibung zutrifft, gelten als listig und spottsüchtig, außerdem wird ihnen die Neigung zu üblen Machenschaften nachgesagt – wie auch daran deutlich wird, daß Hexen auf Bildern und figürlichen Darstellungen stets mit einer spitzen Nase und einem spitzen Kinn wiedergegeben werden.

Außer der Länge und Form der Nase soll auch die Beschaffenheit der Nasenlöcher einiges über den Menschen aussagen: Schmale Nasenlöcher weisen auf einen kriegerischen Charakter hin, große und weite dagegen verraten angeblich, daß es um die Klugheit des Eigentümers nicht gut bestellt ist. Und wem die Nasenlöcher »ser offen sint«, erklärte Konrad von Megenberg im vierzehnten Jahrhundert, der ist zornig von Natur.

Nebel

Früher glaubte man in manchen Gegenden, der Nebel entstünde, wenn Tiere, Riesen, Feen oder Hexen ihr Essen kochten. Der Nebel war also der Rauch ihrer Herdfeuer, der gleichzeitig den Zweck hatte, Menschen, die sich zu dieser Zeit im Freien aufhielten, in die Irre zu führen. Wie negativ Nebel bewertet wurde, zeigt die Tatsache, daß man ihn zur Zeit der Pestepidemien in manchen Gegenden für diese Krankheit verantwortlich machte. In Nordschleswig und Jütland heißt es in einer Sage, die Heideflächen der Halbinsel seien dadurch entstanden, daß im Jahre 1350 dicker giftiger Nebel das Land überzog. Als die Seuche endlich verschwand, habe sich auch der Nebel aufgelöst, aber an manchen Stellen seien die giftigen Dämpfe so tief in den Boden eingedrungen, daß nun nichts mehr darauf wuchs als karge Heide.

Besonders Hirten, die im Nebel ihre Tiere nicht mehr im Auge behalten konnten, bemühten sich mit verschiedenen Mitteln, den unheilvollen Dunst zu vertreiben. Aus dem Walsertal ist hierfür folgende Methode überliefert, die »Nebelheilen« oder »Nebelkastrieren« genannt wurde. Man nahm ein rundes Holz, spitzte es an beiden Enden zu, umwand es mit einer stabilen Schnur und steckte es am Stall oder Heuschober quer in den Spalt zwischen Tür und Pfosten. Dann versetzte man es durch Hinundherziehen der Schnur in eine drehende Bewegung und zwar solange, bis es anfing zu qualmen und schließlich zu brennen. Dann sagte man: »Nebel, i heilet di«, und der Rauch vertrieb den Nebel.

Neid

Nach uraltem, weltweit verbreitetem Glauben kann Neid dem Beneideten großen Schaden zufügen, weshalb man auch sagte, daß der Neid »Vieh und Leut« frißt (→ Böser Blick). Um sich vor solchem Einfluß zu schützen, errichtete man früher auf den Hausgiebeln sogenannte »Neidstangen«, auf die man in

Urzeiten die Köpfe geopferter Pferde, später dann deren Abbilder steckte oder befestigte. An diesen Brauch erinnern heute noch die gekreuzten Pferdeköpfe auf niedersächsischen Bauernhäusern. Im Mittelalter wurden diese Pferdeköpfe dann vielerorts durch Menschenköpfe mit herausgestreckter Zunge, die sogenannten »Neidköpfe«, ersetzt.

In weiten Teilen Deutschlands, Österreichs und anderer angrenzender Länder ging man davon aus, daß sich der Neid der lieben Mitmenschen vor allem auf das Essen bezieht, weshalb auf dem Land die Familie sofort das Besteck niederlegte, wenn während der Mahlzeit jemand das Haus betrat oder einen Blick auf den Tisch warf. Man befürchtete, daß einem sonst vielleicht der Bissen »in die Seele hineingeneidet« würde. Einen lebendigen Beleg für diese Ansicht bildet der Bericht des Mauthausener Marktsyndikus Ignaz Reimann aus dem Jahre 1832, demzufolge er zusammen mit dem Gesinde am Jakobitag (25. Juli) beim Essen saß, als ein Krüppel an die Schwelle kam und bettelte. »Ich geh zum Hofbrunn«, so der Syndikus, »und hohl mir ein frisch Trinkwasser. Und mir wird mit einmahl der Becher centnerschwer, ich werd todtmüd und verlier das Bewußtsein. Hast sicher weitergessen, meint meine Mutter, wie der bettelt hat. Und das Übel wird immer ärger. Ich werd spindeldürr.« Schließlich läßt ihn die Mutter zu einem Arzt bringen, der die Neidkrankheit konstatiert und dem Kranken eingekochte und pulverisierte Ziegenmilch verordnet. »Drauf werd ich am neunten Fiebertag so schlecht, daß mich versegn lassen wollen. Wart zu, sagt der Steinbrecher zu meiner Mutter, bis zum letzten Pulver. Und wirklich, ein Aß kommt um das ander, unter der Achsel, am Hintern, in der Fußsohln. Lauter gelbes Wasser geht daraus ab. Am zwölften Tag bin ich munter aus der Bettstatt gsprungen und war gheilt von der Neidkrankat. Seither iß ich vor kein Fremden nimmer.«

Neujahr

Das Ende des alten und der Anfang des neuen Jahres wurden und werden bei allen Völkern gebührend begangen und gefeiert, und hierzu gehörte in früheren Zeiten auch das Gedenken der Verstorbenen. Ihnen wurden Speiseopfer dargebracht oder ein Lichtlein angezündet, und in Ostpreußen heizte man den Ofen besonders stark, damit die Geister sich daran wärmen konnten. Überhaupt war man davon überzeugt, daß in dieser Nacht alle Arten von Geistern unterwegs seien, auf den Kreuzwegen herumlungerten und allerlei Unfug trieben. Aus diesem Grund wurde empfohlen, in dieser Rauchnacht das Haus gründlich zu räuchern, die Türen, wie bei den Esten üblich, mit Kreuzen zu versehen, und, wie es beispielsweise in Mecklenburg Brauch war, alle Geräte einzuschließen.

Die heute unabdingbar mit Silvester verbundenen Knallereien wurden ehemals gleichfalls mit der Absicht durchgeführt, alles Böse von Haus und Hof fernzuhalten. Die Kaschuben glaubten, je größer der Krach an Neujahr sei, desto fruchtbarer werde das nächste Jahr werden. Deshalb warf man Flaschen und Töpfe zum Fenster hinaus und überbot sich darin, Geschrei und Klamauk zu veranstalten. In den Niederlanden wird die Neujahrsnacht noch heute damit begangen, daß aller möglicher Unfug getrieben, Wagen auf Hausdächer oder Sanddünen gestellt, alles Herumliegende eingesammelt und in Scheiterhaufen verbrannt wird und frei zugänglich aufgestellte Mülltonnen umgekippt werden. Ursprünglich dienten derlei Maßnahmen gleichfalls der Geistervertreibung.

Wesentlich für jede Neujahrsnacht sind daneben vor allem die verschiedensten Orakel, die Auskunft über das künftige Jahr geben sollen. Allgemein gebräuchlich ist heute noch das Bleigießen, wobei aus dem Aussehen des gegossenen Stücks auf ein wesentliches Ereignis geschlossen wird. Wer in Schleswig früher kein Blei hatte, führte die Zeremonie mit einem rohen Ei durch, das er aufschlug und in kochendes Wasser goß. Für maßgebend wurde dabei die Form des geronnenen Eiweißes gehalten. Neugierige Thüringer zogen dagegen nachts zwischen elf und zwölf Uhr im Freien einen Kreis um sich herum, in der Hoffnung, Näheres über die Zukunft zu erfahren. Sehr beliebt war auch die Methode, die Bibel oder das Gesangbuch an einer beliebigen Seite aufzuschlagen und aus der blindlings – oft mit Hilfe einer Nadel – ermittelten Textstelle entsprechende Schlüsse zu ziehen. In Bayern glaubte man außerdem, der Traum der Neujahrsnacht gehe in Erfüllung, und zwar vor allem, wenn man sich vor dem Einschlafen einen Rosenkranz oder einen anderen geweihten Gegenstand unter das Kopfkissen legt.

Fröhlichkeit, gute Getränke und reichliches Essen gehörten selbstverständlich zu jedem guten Jahresanfang. Die Angaben darüber, welche Speisen auf den Tisch kommen sollten, variieren natürlich je nach Region. Die einen aßen Fisch und Weinkraut, damit ihnen das Geld das ganze nächste Jahr über nicht ausginge, die anderen Süßigkeiten, damit das nächste Jahr »süß« würde, in Schnaps getunkten Lebkuchen, um vor Sodbrennen bewahrt zu bleiben, oder Erbsensuppe, um kein Fieber zu bekommen. In Karlsbad-Duppau trank man morgens auf die Gesundheit, mittags auf die Stärke und abends auf die Schönheit, aß dazu Schweinefleisch, um »Sauglück« zu haben, und Reis, um reich zu werden. In der Schweiz dagegen hieß es, man müsse um Punkt zwölf Uhr zwölf große Humpen Bier trinken, weil man dann das ganze nächste Jahr über glücklich sein würde.

Niesen

Eine der Begründungen dafür, daß man jemandem Gesundheit oder Glück wünscht, wenn er niest, datiert in die Zeit zurück, als die Pest wütete. Damals glaubte man, daß sich die Seuche zuerst durch Niesen ankündige und man dann so lange weiterniesen müsse, bis man schließlich sterbe. Sagte jedoch beim ersten Niesen ein anderer »Helfgott«, so konnte man die Krankheit abwenden.

Hinter diesem Brauch steht vermutlich die weit ältere – und noch heute bei vielen Völkern herrschende – Vorstellung, daß beim Niesen etwas dem Menschen Wesentliches, ein Teil seiner Seele, aus dem Körper austrete und unheimliche Mächte in diesem Augenblick von ihm Besitz ergreifen könnten. Die Kelten waren der Ansicht, daß der Niesende in Gefahr sei, von Feen verschleppt zu werden. Obgleich das Niesen also, wie das Gähnen, als potentiell unheilbringend galt, wurde es zugleich doch auch als etwas Positives angesehen. So war man im Erzgebirge davon überzeugt, ein Kind, das vor der Taufe niese, werde klug, und die Schwaben glaubten, ein niesender Kranker werde mit Sicherheit genesen. Bemerkenswert ist die Ansicht der Lechrainer, der zufolge man nach dem Niesen vierundzwanzig Stunden lang vor einem Schlaganfall gefeit sei. Auch andere angenehme Folgen werden im Volksglauben dem Niesen nachgesagt. Geschieht es – und zwar möglichst mehrmals – am frühen Morgen, am besten vor dem Frühstück, kann man sich angeblich auf ein Geschenk, einen Brief, eine angenehme Neuigkeit, einen erfreulichen Besuch oder, wie die Rheinländer glaubten, auf gutes Wetter freuen – wobei der beste Morgen zum Niesen der des Sonntags oder des Montags sein soll. Die Isländer sagten sogar, daß Montagsniesen besser sei als ein Mutterkuß. In Preußen faßte man die jeweiligen Folgen des Niesens an den verschiedenen Wochentagen übersichtlich und einprägsam in folgendem Gedichtchen zusammen:

»Montag beschenkt,
Dienstag gekränkt,
Mittwoch geliebt,
Donnerstag betrübt,
Freitag groß Glück,
Samstag gehen die Wünsche zurück,
Sonntag Gesellschaft.«

Nixe

Aus vielen Ländern der Welt ist der Glaube an reizende feenartige Wesen bekannt, die im Wasser leben, oft einen Fischschwanz besitzen, mit Vorliebe singen und sich dabei, wie ja auch Heinrich Heine in seinem berühmten Lied von der Lorelei erklärt, die Haare kämmen. Von solchen Nixen hieß es, daß sie es lieben, die Menschen zu necken, mit den Männern herumzutändeln und gelegentlich eine engere Beziehung einzugehen, die aber nie von Dauer sei. Hilfreich sollen sie sein und stets freundlich – solange man ihnen selbst höflich und respektvoll begegnet. Zuweilen lieben sie es, wie man sagte, wohl auch, das Wasser zu verlassen und tanzen zu gehen. Erkennen kann man sie dann, ebenso wie die Wassermänner, an ihrem stets feuchten Kleidersaum.

Selbst heuzutage wissen die Menschen in manchen Gegenden Deutschlands, so in einem Dorf bei Heidelberg, noch von Nixen zu berichten, die in einem nahe gelegenen Gewässer – hier einem Teich – gelebt haben sollen und an manchen Abenden in die Spinnstuben kamen, um den Menschenmädchen zur Hand zu gehen. Allerdings mußten die Wasserfräulein stets Punkt zehn wieder »nach Hause«. Eine von ihnen verdrehte, so erzählt man, aber eines Tages dem Sohn des Schulmeisters den Kopf, und weil er sie noch eine Weile länger sehen wollte, verstellte er eines Tages die Turmuhr. Am nächsten Morgen soll das Wasser des Teiches blutrot gefärbt gewesen sein – und die Nixen wurden nie mehr gesehen.

›Die schöne Meerjungfrau Melusine‹, mittelalterlicher Holzschnitt

O

Ofen

Bereits in der Steinzeit kannten die Menschen primitive Formen von Öfen, und wenn diese im Laufe der Jahrtausende auch weiterentwickelt wurden, war und blieb ihre Bedeutung für den einfachen Menschen – mancherorts gar bis auf den heutigen Tag – weitgehend die gleiche. Während wir gewöhnt sind, daß im Winter jedes Zimmer geheizt und mollig warm ist, besaßen früher die Häuser oft genug nur einen einzigen Ofen, um den sich im Winter das Leben der Familie zentrierte. Man saß, schlief, arbeitete neben und auf dem Ofen und vertrieb sich abends die Zeit auf der Ofenbank mit Spinnen und Geschichtenerzählen.

Es ist daher leicht nachzuvollziehen, daß dieser unschätzbaren Wärmequelle große Beachtung geschenkt wurde. Man hielt den Ofen allgemein in großen Ehren, und sowohl die Germanen wie auch die Slawen waren davon überzeugt, er sei der bevorzugte Aufenthaltsort des Hausgeistes. Bevor Russen in ein neues Haus umzogen, heizte die älteste Frau der Familie den Ofen in der alten Wohnung, wartete bis Mittag, füllte die Glut dann in einen neuen Topf und sprach an den Ofen gewendet: »Bitte, Großväterchen, komm zu uns in unser neues Haus.« Den bedeckten Topf trug sie in das neue Domizil, wo der Hausgeist vom Hausherrn und seiner Frau begrüßt und noch einmal in aller Form eingeladen wurde, sich hier niederzulassen.

In bestimmten Nächten waren es aber auch die Geister Verstorbener, die sich, wie man glaubte, am Ofen niederließen. Die Masuren heizten an Silvester vor Mitternacht den Ofen, stellten eine Bank davor und bestreuten sie mit Asche. Darauf fand die Familie am nächsten Morgen die Spuren ihrer Toten. Die Pommern waren ebenfalls davon überzeugt, daß ihre dahingegangenen Lieben zu Silvester kämen, um sich am Ofen zu wärmen, und vielerorts wußte man, daß sie sich durch ungewöhnliche Geräusche im Ofen ankündigten. Schon allein aus diesen Gründen wurde der Ofen stets mit Ehrfurcht und großem Respekt behandelt. Zu bestimmten Zeiten brachte man ihm, und damit den dort hausenden Geistern, Opfer dar, die vor allem in Mehl und Salz, an Weihnachten auch in Speiseresten bestanden. In Westböhmen hängte man an Dreikönig Knoblauch und Zwiebeln über dem Ofen auf und betete ihn – bzw. die in ihm wohnenden Geister – manchmal sogar an. Ledige Mädchen baten ihn um einen guten Mann, andere Familienmitglieder um Wohlstand oder die Erfüllung der unterschiedlichsten Wünsche, wobei sie nicht selten, um dem guten Willen des Ofens ein wenig nachzuhelfen, ein paar Münzen als Opfer in das Glutloch warfen. Auch pflegte man dem Ofen seine geheimsten Gedanken und Absichten anzuvertrauen, und wie man behauptete, konnten dadurch nicht wenige Dummheiten und sogar Verbrechen schon im voraus vereitelt werden – worauf die weitverbreitete Redensart zurückgehen soll: »Still! Es ist ein Ofen im Zimmer!«

Orakel

So lange es Menschen gibt, so lange scheuen sie sich davor, wichtige Entscheidungen eigenverantwortlich zu treffen und verlangen danach, in die Zukunft zu blicken. Die Methoden, deren sie sich dabei bedienen, variieren selbstredend stark, dennoch läßt sich zwischen Orakeln unterscheiden, die aktiv durchgeführt werden, und solchen, die gewissermaßen von selbst geschehen und lediglich gedeutet werden. Eine wesentliche Rolle unter den letztgenannten spielen Träume sowie die Angänge, die Beobachtung des Wetters, der Tiere und der Pflanzen. Doch auch das Verhalten bestimmter Menschen wird in diese passive Zukunftsdeutung einbezogen. Wenn etwa in der Oberpfalz zufällig ein junger Mann vor einem ledigen Mädchen herging, so pflegte dieses dreimal leise zu sagen:

> »Bist du mir von Gott geschaffen,
> So greife nach deinem Hute oder Kappe,
> Bist du mir nicht von Gott beschert,
> So greife du zur Erd'.«

Die nächste Bewegung, die der Nichtsahnende ausführte, betrachtete das Mädchen als Antwort auf die Frage.

Die aktiven Orakel verlangen im Gegensatz dazu von dem Wißbegierigen, daß er selbst in irgendeiner Weise handle, wobei es zuweilen genügt, daß er etwas hinter sich wirft, mit geschlossenen Augen nach etwas greift – oder sich nicht wäscht. Andere Rituale sind weit komplizierter und erfordern eine bestimmte, genau festgelegte Abfolge von Tätigkeiten, wobei schon der geringste Fehler als unglückliches Vorzeichen gewertet wird. Zu den häufigsten Bedingungen zählen Schweigen, Nüchternheit und Nacktheit. Besonders bei dieser Art von Orakeln spielen sehr oft Zeitpunkt und Ort eine große Rolle. Als ganz besonders magische und daher für die Durchführung besonders geeignete Plätze gelten namentlich Kreuzwege, alte Grenzlinien, daneben Dachtraufen und Dachfirste, Schwellen, Brunnen und Quellen. Als beste Zeitpunkte sind nach gemeineuropäischem Glauben vor allem die Silvesternacht, Weihnachten, Dreikönig und Johanni (24. Juni) zu nennen.

Je mehr günstige Umstände zusammentreffen und je mehr »magische« Bedingungen erfüllt werden, desto höher ist der zu erwartende Wahrheitsgehalt der Weissagung. Aus Baden und Tirol wird berichtet, daß ein Mädchen, das sich an Weihnachten um Mitternacht schweigend an drei verschiedenen Quellen, die gegen Osten fließen, wäscht, unfehlbar den künftigen Ehemann erblicken wird.

Wie aus diesem Ritus ersichtlich, sind auch Zahlen von Bedeutung, denn das Mädchen soll sich nicht an einer, sondern an drei Quellen waschen. Neben dieser Zahl ist es vor allen Dingen die Neun, die in magischen Kontexten immer wieder genannt wird. So sind es fast überall neun Pflanzen, die an Johanni oder Jakobi (25. Juli) für ein zauberwirkendes Kräuterbündel gesammelt werden müssen, und aus neunerlei Holz mußte in Südbaden ein Kranz bestehen, durch welchen ein Mädchen in einen Bach schaute, um dort das Bild ihres künftigen Liebsten zu sehen. Im Riesengebirge pflückte das neugierige Mädchen am Vorabend des Johannistages neun verschiedene Blumen, wand daraus einen Kranz und zählte dabei rückwärts von neun bis eins. Sie mußte den Hin- und den Rückweg schweigend zurücklegen, zu Hause angelangt den

Kranz immer noch schweigend verstecken und ihn nachts unter ihr Kopfkissen legen. Dann, so hieß es, würde sie von ihrem Bräutigam träumen.

Wie diese zwei (unter unzähligen anderen ausgewählten) Beispiele deutlich machen, war die Liebe eines der Hauptanliegen derjenigen, die sich eines Orakels bedienten – zwei weitere waren die Gesundheit und die Ernte.

Selbstverständlich riskiert man bei einer solchen Schicksalsbefragung immer, eine unerwünschte Antwort zu erhalten. Glücklicherweise kannte man früher eine Reihe einfacher Möglichkeiten, ein angekündigtes negatives Ereignis – zumindest vielleicht – abzuwenden. Eine norddeutsche Methode bestand darin, im Anschluß an ein schlechtes Omen rückwärts die Treppe hinaufzugehen; ein anderes beliebtes Gegenmittel war das dreimalige Ausspucken. Tief in seinem Herzen war man aber doch von der Unabwendbarkeit einer negativen Orakelantwort überzeugt, und so versuchten die Bauern in einem solchen Fall zu retten, was von der Ernte zu retten war, Kranke ergaben sich in ihr Los, und heiratswillige Mädchen versuchten im nächsten Jahr noch einmal ihr Glück.

Osterei → Ei.

Osterwasser

An Ostern besitzt das Wasser nach altem Glauben eine ganz besondere Kraft. Gemeint ist hier natürlich nicht Leitungswasser, sondern das fließende Wasser eines Baches oder einer Quelle. An Karfreitag, Ostersamstag oder -sonntag sollte man vor Sonnenaufgang zu einem Gewässer gehen und sich darin zumindest das Gesicht waschen – denn dann, so sagte man unter anderem in Böhmen, wird man schön. Dieser Brauch war in den zwanziger Jahren dieses Jahrhunderts in manchen Gegenden Deutschlands, beispielsweise in Pommern, durchaus noch lebendig. Bei dieser Osterwaschung, so erzählt Ditte Bandinis siebenundachtzigjährige Großmutter Elli Schröder, mußte man darauf achten, sich gegen die Fließrichtung des Gewässers zu stellen. Wichtig war auch, die ganze Zeit über zu schweigen und auf keinen Gruß oder Zuruf zu antworten –

was nicht immer einfach war, weil sich die Dorfburschen grundsätzlich einen Spaß daraus machten, den schweigenden Mädchen aufzulauern und sie dazu zu bringen, doch etwas zu sagen.

Allgemein ist der Glaube, daß eine solche Osterwaschung das ganze nächste Jahr über vor Krankheiten schütze, gesund und stark mache. Dieses über die Maßen heilkräftige Wasser kann man in Flaschen füllen und zu späterer Verwendung aufbewahren, allerdings muß man, so wurde im Märkischen behauptet, damit vor Sonnenaufgang wieder zu Hause sein und darf, solange man es bei sich trägt, keinen → Kreuzweg überschreiten. Unterwegs darf man sich nicht umsehen und kein Wort sprechen, weil »Plapperwasser«, wie man im Erzgebirge sagte, seine Kraft verliert. Wird alles vorschriftsmäßig erledigt, kann man von der Wirkung des Wassers überzeugt sein. Angeblich verdirbt es nicht und ist zu vielen Dingen gut: Es heilt Augenleiden, Kopfschmerzen, Fieber und Wunden. In der Wohnung versprengt, vertreibt es das Ungeziefer, und in den Teig gegossen, schützt es das Brot vor Schimmel. In Westpreußen empfahl man zudem einem liebeskranken Mädchen, drei Löffel davon zu trinken und dabei an ihren Erwählten zu denken: und prompt, so heißt es wenigstens, würde der Betreffende in Liebe zu ihr entbrennen.

P

Pappel

Die Pappel (*Populus*) galt seit alten Zeiten als eine Art natürlicher Blitzableiter und wurde daher früher mit Vorliebe in der Nähe von Gehöften angepflanzt. Davon abgesehen gehörte sie aber nicht unbedingt zu den beliebtesten Bäumen: Mädchen mit einem schlechten Leumund steckte man am 1. Mai Pappelzweige als sogenannten »Schandmai« vor Tür und Fenster. In der Volksmedizin hatte die Pappel andererseits den Ruf, in vielerlei Hinsicht nützlich zu sein, wie der folgende Vers des im siebzehnten Jahrhundert lebenden Arztes und Chemikers Becher von Speyer deutlich macht:

»Der weiß und schwarze Baum von Pappeln ist gar gut,
Wann's einem Menschen in den Gliedern reißen thut.
Wann man sich hat verbrennt, wie auch in kalte Füß,
Haar macht er wachsen, stillt die Schmerzen gar gewiß.
Ist mäßig in der Kraft, stärket, lindert fein,
Draus in der Officin zwey Öl zu finden seyn.«

Ein Rezept aus dem Jahr 1600 empfiehlt Frauen, Pappelknospen oder »-zäpflein« mit Butter zu zerstoßen und in einen Topf zu legen. Dieser wird anschließend fest verschlossen und eine Woche aufbewahrt. »Darnach setzen sie den Topf zu dem Feuer, behalten's in einem sauberen Geschirr. Und so oft sie das Haar gewaschen und die Haar getrocknet haben, schmieren sie darauf diese Salbe. Also werden die Haare nicht allein schöner, sondern wachsen auch länger.«

Petersilie

Wer Petersilie sät, sagte man in Baden, muß dabei lachen; in Unterfranken hingegen wurde empfohlen, dabei zornig zu sein. In Frankreich wiederum hieß es, nur ein Narr oder Lügner dürfe diese Pflanze säen. Um kaum ein anderes Küchenkraut – mit Ausnahme vielleicht des Salbeis – ranken sich so viele abergläubische Vorstellungen, Vorschriften und Tabus wie um die Petersilie. So darf man sie beispielsweise auf keinen Fall verpflanzen, weil sonst, wie es etwa in der Pfalz und in Schwaben hieß, ein Unglück auf dem Fuße folgt – wobei das mindeste ist, daß »man« keinen Mann abbekommt. Auch soll es von schlechter Vorbedeutung sein, wenn die Samen nicht aufgehen – wie man außer bei uns in England, Frankreich und sogar in Südamerika glaubte.

Sogar die Art und Weise, wie die Petersilie aufging, wurde gedeutet. Keimte sie gut, würde es angeblich bald ein Kind in der Familie geben. Frischverheiratete pflegten mit Petersilie ihren Ehenamen zu säen, und je nachdem, wie das Kraut wuchs, wurde auf die vor ihnen liegende Ehe geschlossen. Dieser Brauch könnte damit zusammenhängen, daß man allgemein davon überzeugt war, die Petersilie habe eine stark aphrodisische Wirkung (tatsächlich verursacht sie, in größeren Mengen eingenommen, heftige Uteruskontraktionen); ob dies der Grund dafür war, daß in Schlesien die Straßen, in denen sich die Freudenhäuser befanden, früher »Petersiliengassen« genannt wurden – oder aber der Umstand, daß Petersilienabsud ein nachweislich wirksames Abortivum ist, sei dahingestellt. Daneben werden dem unscheinbaren Doldenblütler aber auch in ganz Europa Unheil abwehrende Kräfte nachgesagt. Daher gab man dem Vieh zu bestimmten Zeiten Petersilie zu fressen, um es vor dem Einfluß böser Geister zu schützen. Während sich die Wirkung dieser Maßnahme schwer überprüfen läßt, ist ein aus Schlesien überliefertes »Jagdrezept« leicht auszuprobieren: Brotkügelchen zusammen mit kleingeschnittener Petersilie und ein wenig zerstoßenem Fenchelsamen sollen nämlich Hasen zuhauf herbeilocken.

Pfannkuchen

Die große Rolle, die Pfannkuchen früher im Volksglauben spielten, könnte damit zusammenhängen, daß sie ausschließlich aus »weißen« Substanzen bestehen – Eiern, Mehl und Milch. Weiße Nahrungsmittel sind nämlich nach weltweitem Glauben die Lieblingsspeise vieler Geister, wie etwa der Feen, weshalb Pfannkuchen auch zu den »klassischen« Opfergaben für diese Wesen gehörten. Wie begierig Kobolde nach diesem Gebäck sein sollen, bezeugen eine Reihe von Sagen, in denen einer von ihnen mit Hilfe von Pfannkuchenködern in eine Falle gelockt wird. Zudem soll es zwischen Heilbronn und Neckarsulm ein Häuschen geben, in dem an einem bestimmten Tag im Jahr ein Gespenst noch immer seiner Leidenschaft frönt und Pfannkuchen macht. An den wichtigsten Tagen des Jahres, Weihnachten und Dreikönig, buk deshalb die Hausfrau Pfannkuchen. In Tirol glaubte man, daß demjenigen, der währenddessen dreimal um das Haus läuft, alles, was er sich dabei wünscht, in Erfüllung geht. Den ersten fertigen Kuchen verschenkte man oder gab ihn, wie etwa in der Schweiz, dem Hund oder der Katze. Dann nämlich gerieten alle folgenden angeblich um so besser. Von jeder Pfannkuchenmahlzeit erhielt der Hausgeist seinen Anteil, den man ihm beispielsweise auf das Dach legte. An Allerheiligen ließ man einige Pfannkuchen für die armen Seelen auf einem Teller liegen, stellte um diesen herum Kerzen auf und heizte sogar das Zimmer für die Verstorbenen. Auch die Percht oder Perchta (ein der Frau Holle ähnelndes Feenwesen) erhielt regelmäßig ihr Pfannkuchenopfer in die Stube gestellt.

Wenngleich die Bedeutung des Brauches in Vergessenheit geriet, ist die Tradition, an bestimmten Tagen des Jahres Pfannkuchen beziehungsweise Krapfen zu backen, noch immer sehr lebendig. In Norddeutschland werden die Berliner – ebenso wie in den Niederlanden die »Oliebollen« – an Silvester gegessen, in Mittel- und Süddeutschland sowie in der Schweiz hingegen ist Fastnacht die Zeit der Kräppel, Krapfen oder Küchel. In Tirol heißt der erste Fastensonntag gar Holepfannsonntag, im Elsaß und in Württemberg Küchelsonntag und in England nannte man den Fastnachtsdienstag den »pancakeday«. Ja, früher sagte man, wer an Fasching keine Kräppel backe, werde das ganze Jahr über nicht froh. Das Fett, in dem sie ausgebacken wurden, hob man in Thüringen auf und schmierte damit die Achsen der Wagen, bevor man im Frühjahr zum ersten Mal aufs Feld fuhr. Es ist sicher kein Zufall, daß ausgerechnet zu Fastnacht Krapfen gebacken wurden. Da es bei diesem Fest um das Austreiben des Winters und Einläuten des Frühlings ging, wurden zu diesem Anlaß die entsprechenden Opfergaben hergestellt und den Geistern dargebracht – und obendrein auch noch die Menschen damit erfreut.

Pfau

Die Heimat des Pfaus sind die Gebirgswälder Ostindiens und Ceylons, doch wurde dieser auffällige Vogel schon von den Phönikiern im siebten vorchristlichen Jahrhundert nach Samos gebracht und dort im Heratempel gehalten. Im Laufe der folgenden Jahrhunderte gelangte er dann nach Athen und Rom, wo er anfangs zu einem ungeheuren Preis gehandelt wurde. Seiner »Augenfedern« wegen verehrte man ihn als heiligen Vogel der Göttin Juno, und seines Fleisches wegen schätzten ihn Gourmets bald als große Delikatesse. Es dauerte allerdings geraume Zeit, bis er auch bei uns Fuß faßte, und seine Verbreitung ist hauptsächlich Karl dem Großen zu verdanken, der anordnete, auf seinen Gütern Pfauen zu züchten. Die Pfauenfedern erfreuen sich ihrer Schönheit wegen nach wie vor großer Beliebtheit, vergessen ist allerdings der frühere Glaube an ihre magischen Kräfte. Auf der einen Seite sagte man ihnen nach, sie hielten böse Mächte von Haus und Hof fern, auf der anderen Seite aber, daß sie den Blitz anziehen und Streit hervorrufen sollen. Daher bewahrte man sie möglichst nicht in der Wohnung auf. Auf Hüten getragen oder, wie etwa bei den Persern, in Stirnbinden gesteckt, bringen sie dagegen, wie man annahm, Glück. Bei uns vertrieb man mit ihnen auch die Melancholie, indem man das Auge einer Feder zusammen mit etwas Quecksilber in eine Haselnußschale gab, diese in ein rotes Tüchlein einnähte und dann als Amulett am Hals trug.

Pfeifen

So wie in manchen Teilen der Welt noch heute, waren früher in ganz Europa die Landbewohner davon überzeugt, daß lautes Pfeifen den Geistern zuwider sei – und sie in den meisten Fällen außerordentlich erzürne. Bei den steirischen und ebenso den westfälischen Bergleuten galt es als ungeschriebenes Gesetz, daß unter Tage nicht gepfiffen werden dürfe, weil sonst die Berggeister verscheucht oder doch wenigstens verärgert würden und Rache nähmen. Auf dem Land war es vor allem die → Mittagszeit, in der absolutes Pfeifverbot herrschte, und weit verbreitet sind Berichte darüber, welche Strafen die Geister über diejenigen verhängten, die sich nicht daran hielten. Als Folgeerscheinungen einer solchen Freveltat galten Hitzschlag, Taubheit oder plötzlich auftretende ungewöhnliche Krankheiten, und sie alle verschwanden angeblich erst nach Darbringung eines entsprechenden Sühneopfers wieder. Die Nacht empfahl sich aber ebensowenig für das Pfeifen; und der im siebzehnten Jahrhundert wirkende Gelehrte und Schriftsteller Johannes Prätorius erklärte darüber hinaus: »Es ist nicht gut, wenn man des Abends mit dem Maule pfeifet.«

Als zu jeder Zeit verwerflich betrachtete man aber das Pfeifen einer Frau. Nicht umsonst lautet ein noch heute gängiger Spruch: »Mädchen, die pfeifen, und Hühnern, die krähn, soll man beizeiten die Hälse umdrehn.« Das mindeste, was solchen Frauen geschehen kann, ist, daß ihnen, wie man in England dachte, ein Schnurrbart wächst oder aber, wie man in Heidelberg meinte, daß sie einen dummen Mann bekommen.

Pferd

Wo immer es als Haustier vorkam, hatte das Pferd früher neben seinem immensen materiellen einen mindestens ebenso großen ideellen Wert. Man begegnete ihm schon allein seiner Klugheit und Kraft wegen mit großer Achtung, ja betrachtete es nicht eigentlich als Tier, sondern als dem Menschen ebenbürtiges oder gar überlegenes Wesen. Die Scheu, mit der man es behandelte, gründete sich auf die feste Überzeugung, daß es mit der Geisterwelt in enger Verbindung stehe, weshalb man ihm auch die Fähigkeit nachsagte, in die Zukunft zu schauen. Daher wurde jede Lautäußerung und jede Bewegung des Pferdes als Weissagung gedeutet. Wieherte ein Pferd vor einem bestimmten Haus, so wußten die Wiener, daß darin bald eine Braut sein würde. Lief aber spät abends vor dem Haus eines Schwerkranken ein Pferd vorbei, so galt dies in der Schweiz als negatives Omen. In Mecklenburg sagte man außerdem, wenn ein Pferd vor einem bestimmten Haus scheue, so sei dies ein schlechtes Zeichen für dessen Bewohner. Die jedem Reiter bekannte Tatsache, daß Pferde an bestimmten Stellen etwas für uns Menschen und für andere Tiere Unsichtbares zu sehen scheinen, vor dem sie sich fürchten, gab sicher dem Glauben an die Geistersichtigkeit dieser Tiere Nahrung.

Pferde können aber, wie man früher wußte, Geister nicht nur spüren – sie lassen sich auch, und zwar vor allem die Rappen, von ihnen reiten, wobei sie dann selbst dämonische Züge annehmen. Ebenso alt und weit verbreitet wie dieser Glauben ist ein weiterer, der heute allerdings fast nur noch in Sagen dokumentiert ist: Zumindest bestimmte Pferde sollen mit ihren Hufen besonders heilkräftige Quellen erschlossen haben. Von Karl dem Großen wurde erzählt, er habe mit seinem Pferd die Aachener Heilquellen hervorsprudeln lassen. Als er mit seinem Heer vor Gudensberg stand und die Krieger großen Durst litten, schlug sein Schimmel mit dem Huf gegen einen Felsen – so fest, daß die Delle noch heute zu sehen ist –, und prompt schoß ein Wasserstrahl hervor, der Gilsborn, von dem die Franken nach Herzenslust trinken konnten. Auch das Pferd des heiligen Bonifatius wirkte angeblich ein solches Wunder: Ihm nämlich soll das friesische Städtchen Dockum seinen Brunnen verdanken. Allein der noch heute für bestimmte Mineralwassermarken gebräuchliche Name »Roßquelle« zeigt, daß diese beiden Fälle keine Ausnahmen waren, doch lassen sich als weitere Bestätigung auch eine ganze Reihe von Ortsnamen wie Schimmelbach, Roßlach, Roßbrunn oder Hengstbach anführen.

Abgesehen von diesen sagenhaften und tatsächlichen Tugenden des Pferdes, schätzte man auch sein im allgemeinen treffend als »Mist« bezeichnetes Produkt ganz besonders: die Pferdeäpfel. Sie dienten (und dienen) nicht nur als guter Dünger, sie fanden darüber hinaus auch vielseitige Verwendung in der Medizin. Der aus den »Roßbollen« gepreßte Saft wurde in den verschiedensten Gegenden Deutschlands zusammen mit etwas Schnaps gegen Durchfall, Kolik, Ruhr, Gicht und Fieber eingenommen. Die Äpfel eines Wallachs oder jungen Hengstes sollten gegen Verstopfung wirken, der Harn eines gerittenen Pferdes Tobsüchtige beschwichtigen, mit Essig verrührter Pferdemist Halsweh heilen und die »Roßknödelsuppen« helfen,

»wann ein Mensch einen Schaden hat, der wil brennend werden«. Sieben oder neun aus Pferdeäpfeln gepreßte Tropfen mit Branntwein vermischt vermögen es, wie man sagte, Impotenz zu kurieren. Angesichts dieser erstaunlichen Wirkungen des Pferdemistes bemerkte Luther kernig-knapp: »Profecto, mich verwundert, daß Gott so hohe Arzney in den Dreck gesteckt hat.«

Pfingstrose

Ihrer wunderschönen großen rosafarbenen, roten oder weißen Blüten wegen fehlen Pfingstrosen (*Paeonia officinalis*) auch heute in kaum einem Garten. Wenige ihrer Besitzer wissen allerdings, daß sie früher nicht zuletzt deswegen angepflanzt wurden, weil man glaubte, sie – und vor allen Dingen ihre Samen – hätten die Kraft, böse Geister zu vertreiben und insbesondere gegen schlimme Träume zu helfen. In einem mittelalterlichen Kräuterbuch heißt es: »15 schwartzer Peonienkörner ... sind treffentlich gutt wider den Alp oder Schrätel, das ist ein sucht oder fantasey so den menschen im schlaff druckt, daß er nicht reden noch sich regen kann.« Dementsprechend nannte man die Samen der Pfingstrose in Franken auch Schreckkörner und hängte sie vor allem den Kindern in Beutelchen als Amulett um den Hals. In der Schweiz hieß es ausdrücklich, es müßten genau siebenundsiebzig Körner sein. Solch ein Amulett sollte gegen böse Träume und mancherlei Krankheiten schützen und das Zahnen erleichtern. Die Rumänen glaubten darüber hinaus, ein Kind werde dadurch schön wie eine Rose. Selbstverständlich wurde eine solche ebenso hübsche wie machtvolle Pflanze in hohen Ehren gehalten, und sie wegzugeben stellte ein Sakrileg dar, das unfehlbar negative Folgen für den Frevler nach sich zog.

Pilz

Früher bildeten die Pilze für Landbewohner eine wichtige Zusatznahrung und willkommene Einkommensquelle, weshalb das Sammeln mit großem Ernst betrieben wurde und es sogar bestimmte »Schwammheilige« gab, zu denen man wallfahrtete und die man um »Schwammsamen« bat. Vom heiligen Veit glaubte man, daß er an seinem Tag, dem fünfzehnten Juni, nachts auf einem blinden weißen Pferd über Land reite und Pilzsamen säe.

Über die günstigsten Suchbedingungen herrschten je nach Region die unterschiedlichsten Vorstellungen. Dem Glauben der Westböhmen zufolge findet die meisten, wer gut oder viel lügt, und auch in Frankreich hieß es, daß man beim Morchelnsammeln lügen müsse. Allgemein war man der Ansicht, daß die ersten zwei, drei Pilze des Tages dem Waldgeist als Opfer dargebracht werden müßten. In Schlesien warf man den ersten Pilz rückwärts über die Schulter, anderswo legte man ihn auf einen Baumstumpf oder in ein Baumloch, damit die Ernte gut ausfiele. Viele Pilze findet angeblich auch derjenige, der sich ungewaschen oder schlecht angezogen auf die Suche macht. In der Steiermark war man fest davon überzeugt, der Donnerstag sei der beste Tag zum Pilzesammeln. Die dortigen Pilzweiblein bedienten sich bei ihrer Arbeit gern der sogenannten »Schwammuhr«, einer denkbar einfachen Konstruktion: Man reißt von einem dünnen Grashalm ein Stück ab, das etwas länger ist als der Nagel des eigenen linken Daumens. Dann feuchtet man den Nagel gut mit Speichel an und legt das Halmstück darauf: Angeblich dreht sich das Gras in die Richtung, in der die meisten Pilze stehen.

Schließlich versuchte man dem Pilzreichtum mit allerlei kleinen Gebeten auf die Sprünge zu helfen – wie dem folgenden, das man entweder frühmorgens oder beim Sammeln selbst vor sich hinsang:

»Haliga Sankt Veit!
Gib uns Schwamm auf freier Weit':
Kloane Schwamm, große Schwamm,
Oll' in mein Binkerl z'samm.«

Während die Pilzsucher über eine reiche Ausbeute natürlich hoch erfreut waren, sahen die Bauern ein gutes Pilzjahr mit anderen Augen. Sie wußten, daß *ihre* Ernte schlecht ausfallen würde – oder, wie es die Westböhmen kurz ausdrückten: »Viel Schwamma – viel Jamma.« Der gleiche Glaube herrschte beispielsweise in Italien und in Frankreich, wo man sagte: »An de cépère – an de misère« (»Steinpilzjahr – Elendsjahr«).

Puppe

Puppen – oder »Docken«, wie die ursprüngliche einheimische (in Süddeutschland noch heute gebräuchliche) Bezeichnung lautete – galten früher längst nicht nur als Kinderspielzeug: sie dienten auch einer Reihe anderer Zwecke. In der Eifel beispielsweise hängte man vor dem Haus einer ledigen Mutter eine Strohpuppe in einen Baum, in Südtirol nagelte man eine solche einer alten Jungfer vor die Türe, und in der Steiermark und in Bayern bekommen verschmähte »Hochzeiter« noch heute eine Strohpuppe an die Haustür gehängt. Puppen sollten aber auch die bösen Geister davon abhalten, sich an einem Kind zu vergreifen und es gegen ein eigenes – den berühmten Wechselbalg – einzutauschen. Die alten Germanen legten daher an drei aufeinanderfolgenden Donnerstagen nach Sonnenuntergang eine »Docke« in eine sogenannte Elbenmühle, das heißt einen Felsen mit einer auf natürliche Weise entstandenen Mulde. Dazu sprachen sie: »Spiel mit dem, was ich gebe, laß mein Kind in Frieden.«

Ebenso weit zurück reicht der Brauch, sich aus bestimmten Wurzeln, vor allem von Knabenkräutern und Alraunen, oder aus Knochen, kleine Püppchen zu fertigen, die dann als eine Art glückbringender Hausgott in einem Kästchen aufbewahrt wurden. In Dithmarschen nannte man diese Figürchen Allerürken, anderswo hießen sie Heckmännchen oder Glücksmännchen, weil sie, wie man glaubte, dem Haus Glück und Geldsegen brachten.

Q

Quelle

Bis vor gar nicht langer Zeit wurden grundsätzlich jeder Quelle und – als einer künstlich eingefaßten Quelle – jedem Brunnen heilende und magische Kräfte zugeschrieben, und zwar nicht wegen der Heilkraft des Wassers per se, sondern weil man jede Quelle als von einer Fee, einem übernatürlichen Wesen, einem Quellgeist, bewohnt dachte. Diese Geister besitzen die Macht, Wünsche – vor allem in bezug auf die Heilung von einem bestimmten Leiden – zu erfüllen, und üben diese Macht auch gern aus, wenn man sie nur durch entsprechende Opfergaben freundlich stimmt. Geopfert wurden zum einen »weiße« Lebensmittel, wie Eier, Brot und Milch, dann vor allem Münzen (→ Geld), Nadeln und Fibeln. In Irland und Schottland, in der Türkei, in Indien und vielen anderen Ländern der Erde, hängt man heute noch in einen neben einer Quelle stehenden Baum oder Busch Kleidungsfetzen, die man mit einer kranken Körperstelle in Berührung gebracht hat.

Brunnenopfer fanden auch im Rahmen von rituellen Brunnenumwandlungen statt, die zu bestimmten Zeiten des Jahres, wie Neujahr, Fastnacht und Pfingsten, in ganz Deutschland durchgeführt wurden. Sie waren offenbar eine Art Fruchtbarkeitszauber, der zum einen die Quelle allgemein »gut stimmen« sollte, damit sie nicht versiegte, zum anderen aber auch dem ganzen Dorf für das kommende Jahr Segen und Reichtum garantieren sollte. Zu diesen Gelegenheiten schmückte man die Brunnen mit Blumen oder steckte einen Maibaum auf ihren Rand. Hier wie in allen anderen genannten Fällen liegt wieder die alte Vorstellung zugrunde, der Quell sei von einem übernatürlichen Wesen bewohnt.

Dieser Glauben erklärt auch, warum so viele magische Handlungen, die mit Weissagung zu tun haben, mit Quellwasser oder an einer Quelle vollzogen werden sollen. Nicht das Wasser ermöglicht es nämlich dem ledigen Mädchen, das Spiegelbild seines künftigen Liebsten zu sehen, wenn es in der

→ Neujahrs- oder der → Andreasnacht (30. November) in einen Brunnen blickt, sondern der in ihm wohnende Quellgeist. Dieser früher praktisch weltweit verbreitete Glaube ging im Laufe der Jahrhunderte wenigstens bei uns verloren – Brunnenfeste aber werden noch immer gefeiert, und noch immer hoffen Menschen, daß ihre Wünsche in Erfüllung gehen werden, wenn sie eine Münze in bestimmte Brunnen werfen.

R

Rabe
Wohl kein anderer Vogel ist im deutschen Aberglauben so eindeutig als Hexenvogel, als böse und hinterlistig verschrien (wiewohl er gleichzeitig als weise angesehen wird) wie der Rabe – und mit ihm die Krähe, da beide in der Vorstellung des

Kolkrabe und Elster

Volkes nicht klar voneinander getrennt wurden. Früher behauptete man sogar, der Rabe sei der Mann der Krähe, weshalb alles, was auf jenen zutreffe, auch für diese gelte.

Die Tiroler sagten über den Raben kurz und bündig, er

sei ein »tückisches Sauviech«, das den Wanderer in Klammen stürze. Außerdem brachte man ihn mit den Toten, mit Schlachtfeldern, Blut und Krieg in Verbindung. Daß der Rabe beziehungsweise die Krähe der Vogel der Hexen, der Bergmännchen, der Zwerge, Kobolde, Feen und anderer übernatürlicher Wesen sein soll, hat eine lange Tradition, die sich in der ganzen keltisch-germanischen Welt ebenso wiederfindet, wie etwa in Indien und sogar in Japan. Gleichfalls weit verbreitet war die Überzeugung, Raben könnten künftige Ereignisse voraussehen, weshalb es der Mühe wert sei, sie zu belauschen. Erinnert sei auch an die beiden Raben Hugin und Munin des germanischen Gottes Wotan, die jeden Morgen über Land flogen, um ihrem Herrn dann das Neuste zuzuraunen. Überhaupt galt der Rabe schon den alten Babyloniern und später in der griechisch-römischen Antike als Orakelvogel, weshalb man glaubte, der Genuß seines Herzens verleihe prophetische Kräfte.

Seine überwiegend negativen Konnotationen erklären auch, warum sein → Angang allgemein als schlechtes Omen betrachtet wurde. Ob er nun krächzend über das Haus flog, sich aufs Dach setzte, in der Nähe schrie, im Obstbaum nistete, dreimal um den Schornstein flog oder sich auf dem Kirchendach niederließ – alles legte man übel aus. In Island glaubte man, wenn ein Rabe unruhig auf dem Dach herumhüpfe, hinke oder krächze, sei ein Mensch in Seenot. Obgleich in Notzeiten Krähen bei uns durchaus gegessen wurden, hielt man es allgemein für geraten, solch ominösen Vögeln, wenn irgend möglich, nichts zuleide zu tun. Wie man nämlich glaubte, wird jeder »Rabenmord« binnen Jahresfrist gerächt. Und wenn auch keiner dagegen gefeit ist, daß eine Krähe oder ein Rabe über sein Haus fliegt oder sich darauf niederläßt, kann man doch immer noch versuchen, das Unheil abzuwenden, indem man, wie die Schlesier es taten, dreimal auf den Boden spuckt. (→ auch Dohle)

Rad

Heute noch – oder vielleicht auch wieder – werden an Johanni (24. Juni) in vielen Gegenden Deutschlands im Rahmen von kleineren oder größeren Volksfesten mit Stroh umwickelte Räder in Brand gesteckt und die Hänge hinabgerollt. Obgleich dieser Brauch auf älteste Zeiten zurückgehen dürfte und unter anderem auch in Frankreich und England bekannt war, ist er erst im elften Jahrhundert sicher belegt, weil solch ein brennendes Rad Ursache für ein Feuer im Kloster von Lorsch gewesen sein soll. Später wird auch von brennenden Scheiben berichtet, die in die Luft geschleudert wurden. Ab dem sechzehnten Jahrhundert wurden derlei abergläubische Bräuche ausdrücklich verboten. Im schwäbischen Kirchenkalender von 1608 steht beispielsweise: »So dürffen wir auch am St. Johannstage nicht Todtbeine verbrennen oder Lichter anzünden oder Reder umbtreiben.«

Je nach Region gibt es verschiedene Aussagen über die Bedeutung dieses Ritus, allgemein aber hieß es, er fördere die Fruchtbarkeit, oder, wie man in der Pfalz vorsichtiger sagte, wenigstens diejenige der Felder, die vom Feuerschein erreicht würden. In Hessen glaubte man, es werde dadurch verhindert, daß Hagel die Ernte vernichte. In England wiederum war man der Überzeugung, Drachen, die im Sommer die Brunnen vergifteten, würden auf diese Weise vertrieben. Überhaupt stimmte man darin überein, daß die Feuerräder alle bösen Geister in die Flucht jagten, weshalb man ihren Anblick mit lautem Jubel begrüßte. Während also die Räder gewissermaßen für das Allgemeinwohl angezündet und den Hang hinabgerollt wurden, schleuderte man Scheiben eher aus persönlichen Gründen in die Luft. Man sprach dabei einen Segensspruch, der meist einem nahestehenden Menschen zugute kommen und Glück und Gesundheit bescheren sollte.

Rainfarn

Der gern an Straßen- und Wegrändern wachsende gelbblühende Rainfarn (*Tanacetum officinale*) ist eine alte Zauberpflanze. Die Unterfranken legten ihn früher kleinen Kindern unter das Kissen, um böse Geister von ihnen abzuhalten. In einem Kräuterbuch aus dem sechzehnten Jahrhundert heißt es, man solle den Rainfarn verbrennen und die Kinder über den Rauch halten, denn dieser »benimt in alle zufelligen suchten und alle böse gespenster des teufels und mag inen nit geschaden.« Zum Schutz vor üblen Einflüssen brachte man die Pflanze über den Türen von Haus und Viehstall an oder flocht sie in den Johannisgürtel (→ Johanni). Auch in der Volksmedizin war der Rainfarn eine begehrte Pflanze, mit der man vor allem gegen Eingeweidewürmer bei Tieren vorging, weshalb einer seiner Namen »Maddekrokt« (Madenkraut) lautete. Zu diesem Zweck sammelte man ihn in Mecklenburg bei abnehmendem Mond, und zwar am besten an einem Freitag oder Samstag. Der beste Sammelmonat soll seltsamerweise der März sein: dann bleibt das Vieh angeblich das ganze Jahr über von Würmern frei.

Die Südslawen benutzten den Rainfarn für einen Liebeszauber: Das Mädchen nahm Wickensamen, die von selbst aus der Schote gefallen waren, Sonnenblumenkerne und Rainfarn. Alles wurde mit Mehl vermischt, das am Mühlstein haftengeblieben war. Dann rührte sie mit einer noch »jungfräulichen« Spindel Honig und Butter darunter und formte aus dem Brei einen Ring, den sie in der Sonne trocknen ließ – denn ins Haus durfte sie ihn nicht bringen. Sah sie nun den jungen Mann, den sie liebte, betrachtete sie ihn durch den Ring und sprach dabei: »Ich schaue dich nicht an, du schaust mich an, schaust mir in mein Herz und in meine Herzfasern, sollst zerspringen, sollst verrecken, sofern du mich nicht siehst, sofern du nicht zu mir kommst, sofern du mich nicht siehst, mich weißes, rosiges, schlankes und hohes Mädchen!« Anschließend legte sie den getrockneten Teigring in ein Säckchen und trug es bis zur Erfüllung des Zaubers unter der rechten Achselhöhle bei sich.

Rasen

Die große Rolle, die der Rasen bei zahlreichen Zauberhandlungen spielte, hängt damit zusammen, daß er als Teil und Sinnbild der heiligen Erde aufgefaßt wurde. Bei vielen alten Segens- und Rechtsbräuchen stach man ein Stück Rasen aus und betrachtete ihn als stellvertretend für den ganzen Acker oder Besitz. Wenn beispielsweise in Schwaben Land an die Kirche übertragen wurde, legte man eine Sode und einen Zweig auf dem Altar nieder, wodurch symbolisch der Boden und sein Pflanzenbestand dargebracht wurden. Weit verbreitet war auch die Sitte, einen Eid dadurch zu bekräftigen, daß der Schwörende sich eine Grassode auf den Kopf legte. Diese Art von Magie nennt man Erdbindezauber, weil es an erster Stelle die Erde ist, der man sich verpflichtet und mit der man einen Pakt schließt, der weit bindender ist als jeder mit einem Menschen geschlossene. Rasen auf den Kopf legten sich die Menschen früherer Zeiten aber auch, wenn sie von Hexen und bösen Geistern nicht gesehen werden wollten. Man selbst kann zudem, wie man glaubte, auf diese Weise in mondlosen Nächten Dinge sehen, die anderen verborgen bleiben, und, sofern man barfuß ist, Schätze heben (→ Schatz). Rasenstücke, die in den Hexennächten, also etwa Walpurgis (30. April) und Johanni (24. Juni), vor den Stall gelegt werden, schützen vor dem Eindringen böser Wesen, weil diese, wie man im Vogtland sagte, erst die Halme zählen müßten und damit die ganze Nacht beschäftigt seien.

Eine nicht minder wichtige Rolle spielte Rasen bei der Behandlung von bestimmten Krankheiten wie Fieber, Zahnschmerz und inneren Leiden. Eine aus Mecklenburg und Oldenburg überlieferte Methode war beispielsweise, drei Tage lang hintereinander nach Sonnenuntergang oder vor Sonnenaufgang schweigend zu einer Rasenfläche zu gehen und mit dem Messer ein rundes Stück so herauszuschneiden, daß die Nordseite noch mit der restlichen Grasnarbe verbunden blieb. Dann klappte der Kranke die Sode auf, warf eine Handvoll Salz auf die freie Erde, urinierte darüber und legte den Rasen wieder an seinen Platz. In Ostpreußen dagegen schnitt man sich auf einem Grenzrain eine Sode aus dem Gras, hauchte nur dreimal hinein und deckte ihn rasch wieder auf die Erde. Daneben kannte man etwa in Bayern und in der Oberpfalz den Brauch, ein Rasenstück direkt mit der kranken Körperstelle in Berührung zu bringen und anschließend wieder an seinen ursprünglichen Platz zu legen.

Die Schlesier schließlich benutzten den Rasen auch zu Orakelzwecken. Wollte nämlich ein Mädchen wissen, ob es bald heiraten würde, schnitt es am Johannisabend ein rundes Stück Rasen aus und legte es um Mitternacht wieder an die richtige Stelle zurück. Krochen am nächsten Morgen Ameisen darauf herum, wußte es, daß es sich auf eine baldige Hochzeit freuen konnte.

Ratte

Früher galt die Ratte als giftig – und ganz besonders ihr Schwanz. Wenn man ihn berührt, so glaubte man, bekommt man Geschwüre, und ißt man etwas, was eine Ratte benagt hat, fallen einem die Zähne aus. Dennoch scheute man sich in der Regel, Gewalt gegen die Schädlinge anzuwenden, da man überzeugt war, daß bestimmte Kobolde und Hausgeister nach Belieben ihre Gestalt annehmen könnten. → Elben und Hexen sollten in engem Kontakt zu den Ratten stehen, und letzteren sagte man nach, daß sie sich für eine bestimmte Summe dazu bewegen ließen, jemandem Ratten ins Haus zu schicken. Abzuwehren versuchte man diese Nager, indem man den Namen eines Rattenheiligen, Ulrich, Nicasius oder Medardus, auf die Haustür schrieb. Auch Lärm hielt man für wirkungsvoll, und so klopfte man in Ostpreußen in der Osternacht an die Wand, während die Wenden Kettenrasseln für wirkungsvoller hielten. Im Riesengebirge und in Mecklenburg »pfiff« man die Ratten »aus«: Dazu bediente man sich einer kleinen Pfeife, die aus dem Röhrenknochen des linken Hinterbeines einer Ratte gefertigt war. Helfen sollte außerdem, einen alten ungeputzten Schuh oder eine Büchse mit einem Geldstück darin auf einen → Kreuzweg zu legen.

Die Unfähigkeit aber, mit diesen Tieren wirklich fertig zu werden, zeigt sich darin, daß man ihnen sogar in aller Form den Prozeß machte. Im französischen Bistum Autun beispielsweise verurteilte man die Ratten im sechzehnten Jahrundert unter Androhung des Bannfluchs dazu, binnen vier Tagen das Gebiet zu räumen. Nicht überliefert ist allerdings, ob die Nager sich dem Richterspruch beugten (→ Tierprozeß).

Rauch

»Was die brennende Flamme nicht vernichtet«, hieß es in früheren Zeiten, »und die leuchtende nicht verscheucht, das vertreibt der Rauch.« Dies veranschaulicht, welch große Kraft dem Rauch beigemessen wurde – und zwar nicht nur in Europa, denn Räucherungen mit bestimmten Kräutern, Weihrauch und anderen Materialien sind praktisch auf der ganzen Welt bekannt. Das periodische Räuchern des Hauses, der Menschen und des Viehs (→ Rauchnächte) hatte zum einen wohl den rein praktischen Zweck, das Ungeziefer zu vertreiben. Daneben diente es vor allem dazu, böse Einflüsse buchstäblich »auszuräuchern«. Der Gedanke an die konservierende Wirkung des Rauches dürfte gleichfalls mit hineingespielt haben, wenn man versuchte, bestimmten Krankheiten mittels Räucherungen beizukommen.

Der Rauch galt auch als wichtiges Orakel, denn aus der Art, wie er sich entwickelte, und aus der Himmelsrichtung, in die er zog, wurden Schlüsse in bezug auf die Ernte, die Herkunft eines künftigen Ehemannes oder den Verlauf einer Krankheit gezogen. In der Lüneburger Heide hieß es beispielsweise, wenn der Rauch eines Feuers direkt nach oben, oder wie man es dort formulierte, »piel in Enn« steigt, wird das Wetter schön, beißt er aber oder schlägt sich nieder, wird es regnen.

Eine vielleicht geringere, aber dennoch durchaus wirksame Kraft hatte nach dem Volksglauben der Rauch einer Pfeife oder einer Zigarette. Als im Siebengebirge einmal das Buttern nicht gelingen wollte (etwas, was früher grundsätzlich auf den Einfluß von Hexen zurückgeführt wurde), bliesen die Knechte mit ihren Pfeifen kräftig Rauch in das Butterfaß – und augenblicklich stellte sich der Erfolg ein. Am besten soll man natürlich die Pfeife ausschließlich mit zauberwirksamen Kräutern stopfen oder diese zumindest mit dem Tabak vermischen, denn dann, so glaubte man, könne einem nichts Übles mehr zustoßen. In der Schweiz gingen die Lastkutscher vor der Abfahrt mit brennender Pfeife rund um ihren Wagen, um Geister abzuhalten, und in Masuren hielten sie es für glückbringend, ihre Fahrt Pfeife rauchend anzutreten. Beim Säen allerdings hütete sich der Bauer zu rauchen, denn er befürchtete, daß sonst der Brand in das Getreide käme.

Rauchnächte
Obgleich die Rauch- oder Rauhnächte strenggenommen nur diejenigen Winternächte sind, in denen Räucherungen vorgenommen wurden, gab man oft dem ganzen zweiwöchigen Zeitraum zwischen Heiligabend und Dreikönige, der eigentlich die »Zwölften« hieß, diesen Namen. Diese zwei Wochen sind eine Übergangszeit, eine »Niemandszeit«, wie auch unsere heute gebräuchliche Bezeichnung »zwischen den Jahren« deutlich macht. In ihr gehen, wie man glaubte, die Geister um, treiben Seelenscharen ihr Wesen und jagen die wilden Jäger mit ihrem Gefolge umher. In Böhmen warf man der heftig tobenden Windsbraut zur Beruhigung Äpfel und Nüsse in den Ofen oder knallte mit den Peitschen, um sie zu vertreiben. Fremden Tieren soll man, so die verbreitete Ansicht, in den Zwölften besser aus dem Weg gehen und Ratten nicht beim Namen nennen, denn keiner weiß, ob es nicht vielleicht verwandelte übelwollende Geistwesen sind. Da auch die Hausgeister in diesen Tagen besonders aktiv sein sollen, pflegte man am Weihnachtsabend, an Silvester und vor allem an Dreikönige das Haus zu räuchern und besondere Opfer darzubringen, die man beispielsweise in den Garten oder auf das Dach legte.

Von diesen Tätigkeiten abgesehen, sollte man sich während der Rauchnächte still und unauffällig verhalten und keine wesentliche Arbeit verrichten. Wer die »Zwölften« nicht hält, hieß es allgemein, zieht sich Kröten, Frösche oder Läuse ins Haus und hat das ganze nächste Jahr über Unglück. Auf keinen Fall sollte man während dieser vierzehn Tage Wäsche im Freien oder auf dem Dachboden aufhängen, da sonst Krankheiten in die Kleidungsstücke kommen, die sich dann auf den Menschen übertragen. Weiterhin verboten war: spinnen, nähen, klöppeln, mangeln, dreschen, Stiefel schmieren und Nägel einschlagen, sich die Füße waschen und die Haare schneiden. Frühmorgens darf man nicht pfeifen, keine Nüsse, Äpfel oder sonst etwas vom Boden aufheben, nichts ausleihen und nicht den Kehricht zur Tür hinauskehren. Erbsen und überhaupt Hülsenfrüchte darf man auf keinen Fall essen, weil man sich sonst, wie es in Westfalen und Franken hieß, Geschwüre zuzieht oder krank wird. Der Verzehr von Grünkohl soll sich dagegen in jeglicher Hinsicht positiv auswirken. Eine der wenigen Tätigkeiten, die für die Rauhnächte ausdrücklich empfohlen werden, ist das Besenbinden, denn mit »Zwölftenbesen« kann man, wie es in Anhalt hieß, die Raupen aus dem Kohl treiben. Auch sollen solche Besen gegen Ungeziefer und Hexerei schützen und das Vieh gedeihen lassen.

Speziell geeignet sind die zwei Wochen zum Durchführen aller möglichen Arten von Orakeln (→ Neujahr), darunter vor allem solche, die Auskünfte über das kommende Jahr vermitteln. Die einfachste Methode besteht darin, das Wetter jedes einzelnen Tages als einem der Monate des nächsten Jahres entsprechend zu betrachten. Ob diese Methode allerdings »rechtskräftig« ist, entscheidet, so dachten die Schwaben, der sechste Januar. Ist das Wetter an diesem Tag trocken, werden die Beobachtungen eintreffen – schneit oder regnet es dagegen, ist nichts darauf zu geben. Weiterhin glaubte man, daß alles, was man in den Zwölften träumt, in dem Monat des kommenden Jahres, der dem jeweiligen Tag entspricht, in Erfüllung geht. Im Erzgebirge präzisierte man diese Aussage dahingehend, daß sich Träume vor Mitternacht am Anfang, Träume nach Mitternacht am Ende des betreffenden Monats bewahrheiten würden.

Regen

In poetischeren – und zugleich barbarischeren – Zeiten, als der Regen als Tränen des Himmels oder der Götter gedeutet wurde, versuchte man bei Dürre, die Überirdischen zum Weinen zu bringen, indem man ein Lebewesen zu Tode quälte. So glaubte man in Böhmen, wenn man eine Schlange fing und mit dem Kopf nach unten aufhängte, werde der Himmel schon nach wenigen Tagen seine Schleusen öffnen. Im Laufe der Jahrhunderte ersetzte man solche Opfer vielfach durch die symbolische »Tötung« von Strohpuppen, wie etwa dem Pfingstl, den man köpfte und ertränkte.

In Hessen und im Rheinland, vermutlich aber auch in anderen Gegenden, gab es das sogenannte »Regenmädchen«. Ein unter der Dorfbevölkerung ausgesuchtes kleines Mädchen

Holzschnitt aus dem 15. Jahrhundert, aus: Ulrich Molitor:
De laniis phitonicis mulieribus

wurde von Jungfrauen nackt ausgezogen und zu einer Stelle geführt, an der Bilsenkraut wuchs. Dann mußte das Regenmädchen die Pflanze mit dem kleinen Finger ihrer rechten Hand mitsamt der Wurzel ausreißen, sie sich an die kleine Zehe des rechten Fußes binden und hinter sich herziehen. Die Jungfrauen führten das Mädchen zum nächsten Fluß, besprengten es mit Hilfe von eigens mitgebrachten Ruten mit Wasser und sangen dabei bestimmte Zauberlieder. Schließlich brachten sie das Mädchen im Krebsgang zum Dorf zurück. Bereits im elften Jahrhundert berichtet Burchard von Worms von diesem Brauch und erklärt, er sei (anscheinend mit sehr geringem Erfolg) unter Androhung einer zwanzigtägigen Kirchenbuße bei Wasser und Brot verboten worden.

Wie eine Geschichte aus der Schweiz zeigt, können auch Gebete den gewünschten Regen herbeiführen: Als einmal in einem Jahr das Vieh auf den Almen wegen zu großer Trockenheit nichts mehr zu fressen hatte, kam eines Tages ein altes Weiblein daher, kniete sich vor einem Stein nieder und begann zu beten. Es betete so lange, bis Tropfen aus dem Stein quollen. Seit diesem Tag, so sagt man, litten die dortigen Almen nie mehr unter Wassermangel.

Aber nicht immer ist Wassermangel das Problem, denn für die Ernte, das Vieh und die Menschen können zu starke und zu lang anhaltende Regenfälle genauso zur Katastrophe werden. Dagegen kannte man gleichfalls eine Reihe von Maßnahmen. In Tirol glaubte man, es genüge, die Hände mit den Handflächen nach oben zum Himmel zu strecken. Da man allgemein der Ansicht war, solch unerwünschter, schädlicher Regen sei die Manifestation eines bösen Geistes, band man in der Gegend von Marburg bei starken Regenfällen eine Puppe, die diesen Geist verkörperte, am Wipfel einer Buche fest – und zwar, wie behauptet wird, mit gutem Erfolg. Als schließlich ein Bauer kam und den Baum umhacken wollte, befreite er unwillentlich diesen Geist, und es begann sofort wieder zu regnen. Wie lebendig diese Vorstellung vom Regendämon noch bis vor kurzem war, zeigt ein Bericht aus den dreißiger Jahren, dem zufolge der Schweizer Bauer Güggeli Schaltibrand bei starkem Regen seine roten Stiefel anzuziehen und vor die Tür zu treten pflegte. Dann rief er in den Regen: »Chömet nume nit, ihr Gspänster; i ha nüt für euch« und ging wieder ins Haus.

Regenbogen

Früher waren die Gefühle, mit denen die Menschen den Regenbogen betrachteten, nicht so uneingeschränkt positiv wie heute. In Bayern, Schwaben und Ostpreußen erachtete man es für besser, sich in sicherer Entfernung von ihm zu halten, weil er alles, was ihm an seinem »Landepunkt« zu nahe käme, mit sich in die Höhe ziehe. Man sagte, der Regenbogen wolle trinken und sei dabei nicht lediglich auf Wasser, sondern auch auf vieles andere mehr, wie etwa Fische und Kinder, aus. Dementsprechend galt in Böhmen ein Regenbogen über einem Haus als schlechtes Vorzeichen für die Bewohner. Unbedingt vermeiden sollte man es nach Ansicht der Schlesier und der Österreicher, mit dem Finger auf ihn zu zeigen, weil sonst angeblich der Wurm hineinkommt oder sonst etwas Unangenehmes damit (dem Finger) geschieht.

Daneben war man allerdings in ganz Europa und weit darüber hinaus davon überzeugt, daß der Regenbogen mit Gold und Schätzen in Zusammenhang stehe und damit indirekt auch Segen bringe. Die sogenannten Regenbogenschüsselchen sind heute noch ein Begriff. Sie sollen sich dort finden lassen, wo die zwei Enden des Regenbogens auftreffen. In Böhmen hieß es zwar einschränkend, nur dort, wo der Regenbogen die Erde dreimal hintereinander berührt habe, sei der Boden »schatzträchtig«, und die Schlesier meinten, nur ein nackter Mann könne den Schatz heben, doch in der Mehrzahl der Fälle hört man von keinerlei derartigen Zusatzbedingungen. Die goldenen Regenbogenschüsselchen, in deren Mitte meist ein kleines Sternchen oder Kreuz abgebildet sein soll, sollen sehr kostbar sein und uneingeschränkt Glück bringen. Auf keinen Fall aber darf man sie hergeben oder verkaufen, weil sonst das Glück dahinschwindet. Man sagte ihnen auch Heilkräfte nach, weshalb man sie als Amulett um den Hals trug. In Bayern schabte man in Notfällen, so etwa bei schweren Geburten oder Krämpfen, etwas davon ab und gab es der Gebärenden oder dem Leidenden ein.

Europäische Volkskundler erklären dieses vielhundertfach belegte Phänomen damit, daß es sich bei den sagenhaften Regenbogenschüsselchen schlicht um römische oder keltische

Münzen gehandelt habe, die von starken Regengüssen aus der Erde gespült wurden. Zieht man aber die Universalität des Glaubens an die enge Beziehung zwischen Gold und Regenbogen in Betracht, erscheint diese Deutung vielleicht doch ein wenig zu simpel.

Reise

In den Zeiten der unbefestigten Straßen, der Wegelagerer und der langsamen Beförderungsmittel war jede Reise ein risikoreiches Abenteuer. Daraus erklären sich die vielen Vorsichtsmaßnahmen und Omina, die es, sollte ein solches Unterfangen einen glücklichen Ausgang nehmen, unbedingt zu beachten galt. Von großer Bedeutung war natürlich zunächst der Tag, an dem die Reise beginnen sollte.

Als grundsätzlich unglückbringend wurde der Freitag erachtet, so daß es die Schiffer der Nord- und Ostsee bis vor kurzem vermieden, an diesem Tag in See zu stechen – wie Joachim Ringelnatz sogar noch für den Ersten Weltkrieg bezeugt. Daneben galt in vielen Gegenden auch der Montag als nicht empfehlenswert für den Beginn einer Reise. Sicherheitshalber sollte man in jedem Fall bestimmte Dinge mit auf die Fahrt nehmen, von denen man glaubte, ihre magische Wirkung beeinflusse den Verlauf der Unternehmung günstig. In der Oberpfalz bevorzugte man einen Wacholderzweig oder einige Stengel vom Rainfarn, die Masuren betrachteten Stahl für einen guten Verbündeten gegen etwaige Feinde, und in Böhmen packte man gegen Heimweh und Bezauberung ein Stück Brot ein. Auch eine qualmende Pfeife sollte in diesem Sinne wirken, Äpfel und Eier dagegen waren etwas, was man nach allgemeiner Ansicht besser nicht mitnahm.

Für wichtig hielt man es weiterhin, daß die Daheimbleibenden dem Reisenden nachsahen oder ihn am besten einige Meilen weit begleiteten, damit er heil und gesund zurückkehrte. Brot mußte sofort vom Tisch entfernt werden, damit dem Scheidenden, wie man im Vogtland sagte, der Weg nicht sauer würde. Um die Verbindung mit ihm aufrechtzuerhalten, ihn nicht von zu Hause »abzuschneiden«, unterließ es die zurückbleibende Hausfrau an diesem Tag außerdem, das Bett zu machen und die Wohnung zu kehren.

Noch heute weit verbreitet ist die Ansicht, daß der soeben Aufgebrochene auf keinen Fall wieder umkehren dürfe, um beispielsweise etwas Vergessenes zu holen, denn dann würde, wie man früher sagte, auch seine Reise »hinter sich gehen«.

Ring

Während für uns Ringe im wesentlichen eine Zier darstellen und einzig der Ehering noch eine symbolische Bedeutung besitzt, dienten früher Ringe im wesentlichen als eine Art Amulett und zum »Binden« im weitesten Sinne. Im Zusammenhang mit Partnerschaft sollte er Liebe und Treue »fesseln«, im Fall des Eherings den konkreten Bestand der Ehe sichern. Deshalb glaubte man in Thüringen, daß man sich nie von einem anderen den Ehering vom Finger ziehen lassen dürfe, weil sonst das häusliche Glück abgestreift werde. Ihn nicht zu tragen soll Unfrieden und Streit ins Haus bringen, und sein Verlust ist von schlechter Vorbedeutung.

Die Amulettringe trug man zur Abwehr negativer Einflüsse, gegen den Bösen Blick und den Neid anderer Menschen. Obgleich ein Ring aus Silber oder Gold als ausreichend mächtig galt, konnten, so dachte man, Edelsteine doch seine Kraft verstärken. Es scheint allerdings kein spezieller Stein bevorzugt worden zu sein, denn die einen sprachen sich für den Karneol aus, andere für den Rubin, den Diamanten oder den Granat.

Als wie magisch Ringe betrachtet wurden, belegen viele einschlägige Sagen und Märchen sowie die Tatsache, daß eine ganze Reihe von Orakeln mit Ringen durchgeführt wurden. Wollte man in Schlesien beispielsweise wissen, wie eine bestimmte Angelegenheit ausgehen würde, band man einen Ring an einem Faden fest und hielt ihn so lange in einen Becher, bis er von selbst zu schwingen begann. Dann fragte man ihn, wie das Unternehmen wohl enden würde – gut oder schlecht. Bei dem jeweils zutreffenden Wort schlug der Ring gegen den Becher. Wichtig aber war, daß es sich bei dem Ring um einen Erbring und bei dem Faden um einen »ungenetzten« handelte.

Im Erzgebirge erkundigten sich unverheiratete Mädchen am Weihnachtsabend auf diese Weise, wie viele Jahre es noch bis zu ihrer Hochzeit dauern würde. Als »Faden« benutzten sie dabei eines ihrer Haare. Jedes Anschlagen des Ringes gegen den Becherrand bedeutete ein Jahr. Hatten sie die Antwort erhalten, konnten sie einen zweiten Versuch starten, um die Zahl ihrer künftigen Kinder zu erfahren.

Ringelblume

Mitte des sechzehnten Jahrhunderts schrieb der Botaniker Hieronymus Bock über die Ringelblume (*Calendula officinalis*), daß »etliche Weiber« damit »superstition« trieben und sie »zu der bulschafft« gebrauchten. An diese spezielle magische Kraft der langblühenden schmucken Blume glaubten die Menschen nicht nur bei uns, sondern beispielsweise auch in England und in Osteuropa. Junge Männer in Bayern hielten es für ausreichend, die Wurzel der orange oder gelb blühenden Pflanze in einem Seidentüchlein am Körper zu tragen, um sich bei den Frauen beliebt zu machen. Die südslawischen Mädchen bedienten sich einer etwas umständlicheren Methode, um sich die Liebe eines bestimmten Mannes zu sichern. Sie achteten darauf, wo der Geliebte entlangging, gruben anschließend die Erde aus, in der sich sein Fuß abgedrückt hatte, und füllten sie in einen Blumentopf. Dann pflanzten sie eine Ringelblume hinein und hüteten sie gut. Denn so wie die Pflanze wuchs und gedieh, so blühte, wie sie meinten, auch die Liebe des Betreffenden zu ihnen.

Rosmarin

Als stark riechende Pflanze zählt der Rosmarin (*Rosmarinus officinalis*) zu den Zauberkräutern, die zur Abwehr von üblen Einflüssen vor das Haus gesetzt werden sollen. Wichtig ist, daß die Pflanze von einem Freund geschenkt und nicht selbst gekauft wird, denn nur dann kann sie, wie man sagte, wachsen, gedeihen und das Anwesen beschützen. Vermutlich aufgrund dieses Glaubens an seine dämonenabwehrende Kraft spielte der Rosmarin schon im Altertum, später dann auch bei uns eine wesentliche Rolle bei Hochzeiten. Braut und Bräutigam trugen ein Rosmarinkränzlein auf dem Kopf, oder, wie dies aus Baden überliefert ist, die Braut steckte sich ein Zweiglein in die Spitze des rechten Schuhs und zeichnete damit bei der Rückkehr in ihr neues Heim drei Kreuze vor der Haustür. Ein Zweiglein des Hochzeitskränzchens oder Sträußchens pflegten in Niederösterreich frisch gebackene Eheleute in die Erde zu stecken und es als gutes Omen zu deuten, wenn es Wurzeln zog.

Überhaupt galt der Rosmarin in ganz Europa als eng mit Liebe und Treue verknüpft und wurde für so manchen Liebeszauber verwendet. In Böhmen nähte ein Mädchen, wenn es die Zuneigung eines jungen Mannes gewinnen wollte, heimlich ein Rosmarinzweiglein in dessen Brustlatz, in Baden suchte es sich das Hutfutter dafür aus. Auf diesen Brauch spielt vermutlich Shakespeare an, wenn Ophelia im ›Hamlet‹ ihrem Liebsten Rosmarin zum Andenken gibt. Rosmarin soll außerdem ein Wundermittel für Gesundheit und Schönheit sein. Gegen Ende des vierzehnten Jahrhunderts berichtete Beatrix, Königin von Ungarn, von einer Rosmarinessenz, die sie im Alter von zweiundsiebzig Jahren, krank und schwach, von einem geheimnisvollen Einsiedler erhalten habe. Die Wirkung des Präparats sei phänomenal gewesen: Sie habe dank seiner ihre Kräfte wiedererlangt und sei jedermann so schön erschienen, daß der König von Polen um ihre Hand angehalten habe – ein Angebot, das sie jedoch »um Jesu Christi willen abgelehnt habe«.

Zur Herstellung dieses Wunderwassers gab man in ein gut verschließbares Gefäß einen Liter vierfach destillierten Weingeist, fügte etwa sechshundert Gramm Rosmarinblüten hinzu und destillierte das Ganze nach fünfzig Stunden mit einer Retorte im Wasserbad. Jeden Morgen sollte man mit dem Ungarwasser, wie es später genannt wurde, das Gesicht und kranke Körperteile bestreichen und einmal pro Woche etwas davon in einem Getränk einnehmen. Die französische Schriftstellerin Madame de Sévigny war derart begeistert davon, daß sie schrieb, sie berausche sich täglich damit, trage es stets in der Tasche bei sich und empfinde es als ausgezeichnetes Mittel gegen Traurigkeit.

Rot

Vielleicht weil es von allen die »energischste« Farbe ist, wirkt Rot nachgewiesenermaßen auf den Betrachter erwärmend, erregend und belebend und gilt wahrscheinlich deshalb als die Farbe der Liebe – aber auch des Krieges. Rot sind der Blitz, der Donner und das Feuer, und da alle drei für überaus gefährlich gehalten wurden, hing allem Roten im Volksglauben der Ruch des Dämonischen – oder zumindest nicht ganz Geheuren – an. Rote Katzen, Rotkehlchen, Rotschwänzchen, Fuchs und Eichhörnchen galten als Hexentiere, und der Klatschmohn wurde sogar Höllenblume genannt. Wichtel, Heinzelmännchen, Hausgeister und Zwerge tragen rote Mützen, rote Kleider oder Strümpfe, und Hexen haben bekanntlich rote Augen und oft genug rote Haare.

Der unheilvolle Aspekt dieser Farbe wurde allerdings dadurch aufgewogen, daß man sie, vermutlich aufgrund ihrer engen Assoziation mit dem Lebensstoff Blut, für die mächtigste aller Farben hielt. Dementsprechend soll nach altem, schon von Griechen und Römern her bekanntem und überhaupt auf der ganzen Welt verbreitetem Glauben, ein rotes Band, am Körper getragen, gegen alles Böse schützen. Aus allen Regionen sind außerdem »Rezepte« bekannt, bei denen rote Seidenbänder zum → Abbinden oder Kurieren von Leiden benutzt werden. Rote Korallen wurden, mit Eichblättern zerstoßen, auf kranke Körperteile gelegt, und Milch von roten Ziegen soll gegen alle Krankheiten helfen. In Mecklenburg banden sich Frauen bei Halsschmerzen ein rotes Tuch um den Hals, das ihnen ein Mann geschenkt haben mußte, und die Balten wickelten sich ein solches bei Wadenkrämpfen um das Bein. Wollte man Zauberpflanzen als Amulett um den Hals tragen, erhöhte man ihre Wirksamkeit, indem man sie in ein Stück rotes Tuch wickelte oder sie mit rotem Wachs umhüllte.

Analog zu dieser zwiespältigen Einstellung gegenüber allem Roten sind auch die Omina, die sich mit dieser Farbe verbinden, zum einen negativ, zum anderen positiv. Während also ein blutroter Himmel auf Unheil hindeuten soll, nimmt jeder das Abendrot für ein gutes Zeichen. Schlecht ist es nach Ansicht der Esten, wenn über einen Platz, an dem ein Viehstall gebaut werden soll, rote Ameisen kriechen, und ein roter Kometenschweif soll Unglück im Gefolge haben. Viele (rote) Ebereschenbeeren im Herbst nahm – und nimmt – der Bauer dagegen als gutes Zeichen, und in Ungarn freute sich ein Mädchen, wenn es als erste einen roten Maiskolben fand, weil es wußte, daß es nun bald heiraten würde – und noch heute betrachtet jede Frau eine rote Rose als Unterpfand der Liebe.

Rotschwanz
Das Rotschwänzchen war dem germanischen Gott Donar heilig und soll nach alter Ansicht das Haus vor dem Blitz schützen. Deshalb freute man sich immer, wenn es am Haus brütete und seine Jungen aufzog, und nahm seine Anwesenheit als glückliches Zeichen. Schlimme Strafen sollen daher demjenigen drohen, der sich an einem dieser liebenswerten Vögel mit dem wippenden roten Schwänzchen vergreift oder seine Brut vernichtet. Die Schwaben glaubten, bei dem Frevler schlage ein Blitz ins Haus, die Tiroler sagten, er selbst werde durch Blitzschlag umkommen oder an Epilepsie erkranken. Man achtete auch sehr genau auf das Verhalten des Rotschwanzes und zog daraus Rückschlüsse auf das zu erwartende Wetter. In der Schweiz hieß es, wenn der Vogel im Sommer um vier Uhr morgens am Firstende sitzt, bleibt das Wetter schön. Hockt er dagegen auf der Mitte des Daches, ist Regen zu erwarten. Binnen drei Tagen aber wird es regnen oder gar schneien, wenn der Rotschwanz nicht ordentlich singt, sondern nur vor sich hin »quetschget«.

Rückwärts
Es dürfte wohl kaum einen Menschen geben, der sich nicht schon wenigstens einmal in seinem Leben gewünscht hätte, er könnte eine unbedachte Handlung ungeschehen machen. Früher wußte man zumindest, wie man Zauberhandlungen aufheben konnte – nämlich dadurch, daß man den jeweils verwendeten Zauberspruch rückwärts aufsagte, so daß dessen Wirkung gleichsam annulliert und die Zeit zurückgedreht wurde. Oft schrieb man den Spruch erst auf einen Zettel, wiederholte ihn dann, ließ aber dabei den letzten Buchstaben fort

und verminderte ihn so lange um einen Buchstaben, bis er – und damit auch der unerwünschte Zustand – völlig verschwunden« war (→ Abracadabra). Eine ähnliche Wirkung läßt sich, wie man seit ältesten Zeiten in ganz Europa glaubte, durch Rückwärtszählen erreichen. Dieses Verfahren wandte man vor allem bei Krankheiten an. So zählte man beispielsweise bei Wurmbefall: »Der heilige Petrus liegt im Grabe, neun Würmer hat er bei sich, acht Würmer hat er bei sich, sieben Würmer hat er bei sich ...«

Während es hier ein Grund zur Freude ist, wenn der Status quo wiederhergestellt wird, die Krankheit verschwindet oder ein unguter Zauber aufgehoben wird, gibt es andererseits Situationen, in denen man sich hüten sollte, durch eine unbewußte magische »Rückwärtshandlung« einen bestimmten Sachverhalt hinfällig zu machen. Ganz besonders gilt dies etwa für den Wanderer, der umkehren möchte, weil er etwas zu Hause vergessen hat. Aber auch das Umsehen, der Blick zurück nach einem Aufbruch, ist, wie schon aus antiken Sagen bekannt, von schlechter Vorbedeutung. Orpheus darf seine geliebte Eurydike bekanntlich nur unter der Bedingung aus dem Totenreich zurückholen, daß er sich auf dem Weg nicht umschaut. Natürlich tut er es doch, und sie ist für immer für ihn verloren.

Ruß

Ruß wurde früher bei uns – und wird es noch heute in vielen Ländern der Welt – bei bestimmten Zeremonien zum Anfertigen von Masken, zum Unkenntlichmachen des Gesichtes benutzt. Daß man gerade Ruß verwendete, hat zum einen sicher rein praktische Gründe; zum anderen spielte dabei aber zweifellos auch die magische, schützende Funktion des Feuers (dessen Produkt der Ruß ja ist) eine Rolle, denn bei vielen dieser Gelegenheiten, wie etwa Fastnacht, ging es darum, böse Geister auszutreiben.

Ruß diente zudem als Heilmittel für die verschiedensten Krankheiten. Man strich den Ruß entweder auf den befallenen Körperteil oder aber tat ein wenig davon in ein Getränk. So heißt es in einem Rezept gegen Kolik: »Nimm Ruß vor dem

Ofenloch, das glitzert, mach ihn rein, tu denselben in ein Gläßel voll guten Branntenwein, und dasselbige ausgetrunken.«

S

Salbei

Der immergrüne Salbei (*Salvia officinalis*) wurde aus mindestens drei verschiedenen Gründen in Gärten angepflanzt, denn, wie es Hieronymus Bock ausdrückt: »Unter allen stauden ist kaum eyn gewächs über die Salbey, denn es dient dem artzet, koch, keller, armen und reichen.« Zunächst soll die Pflanze, wie dies auch von vielen anderen aromatisch duftenden Gewächsen behauptet wurde, alles Übel vom Haus abwehren, in dessen Nähe sie gesetzt wird (→ Zauberpflanze). Darüber hinaus war sie als wichtige Ingredienz für so manchen Liebeszauber unentbehrlich. Wollte ein Mädchen in Pommern einen bestimmten Mann in sich verliebt machen, nahm sie drei Salbeiblätter, schrieb auf das erste »Adam Eva«, auf das zweite »Jesus Maria« und auf das dritte ihren eigenen Namen und den des Erwählten. Dann verbrannte sie die Blättchen und mischte die Asche ihrem Liebsten in ein Gericht oder ein Getränk. In Donaueschingen kannte man noch eine andere Weise, einen Angehörigen des anderen Geschlechts mit Salbei zu bezaubern. Aus dem Anfang des achtzehnten Jahrhunderts ist eine »Besegnung« erhalten, der zufolge der Verliebte mit einer ungebrauchten Nadel drei Löcher in ein Salbeiblatt stechen und dann eines seiner eigenen Haare und eines seiner Geliebten hindurchziehen muß. Darauf soll er das Blatt zusammenwickeln, mit ungebrauchtem Wachs umhüllen und bei einem Taufstein taufen. Schließlich wird er aufgefordert: »Gang dann in das haus, da sie ist und vergrabs undter der thürschwöllen, dass sie auss- und eingehet, so muoss sie dich lieb haben.«

Bis auf den heutigen Tag zählt man den Salbei zu den wenigen Pflanzen, deren Gedeihen eng mit dem Wohlergehen ihres Besitzers oder des Hausherrn verknüpft ist (→ Lebensbaum). Den Salbei liebte (und liebt) man aber auch wegen seiner großen Heilkraft. Ein lateinischer Spruch aus dem vierzehnten Jahrhundert lautet sogar: »Cur moriatur homo, cui salvia crescit in horto« – »Warum sollte der Mensch sterben, dem Salbei im Garten wächst!« Salbei galt armen Leuten, die sich keine teuren Arzneien leisten konnten, als Allheilmittel. Aber er soll nicht nur bei den unterschiedlichsten akuten Leiden Abhilfe schaffen: drei Blättchen, mit einem bißchen Salz bestreut, allmorgendlich eingenommen, bewahren, wie die alten Kräuterkundigen versprachen, den Menschen davor, überhaupt erst krank zu werden.

Salz

Das lebenswichtige Salz galt als heilige Substanz und zu manchen Zeiten und an Orten, wo es knapp war, als äußerst kostbares Gut. Man schrieb ihm eine starke antidämonische und reinigende Kraft zu, was übrigens der Grund dafür ist, daß man die Brezeln, die man früher nur zu bestimmten Anlässen buk, mit Salz bestreute. Da man davon überzeugt war, daß Hexenwesen, Kobolde, Zwerge und Feen kein Salz besitzen, brauchte man zu ihrer Abwehr nur eine Handvoll davon vor die Tür zu streuen. Wie die Schlesier sagten, waren die Geister dann so abgelenkt und mit dem Zählen der Salzkörner beschäftigt, daß sie ihr eigentliches Ziel nicht weiter verfolgten. Mit dem gleichen Hintergedanken warf man auch einem Bettler, den man ohne Gabe fortgeschickt hatte, etwas Salz nach, um etwaige Verwünschungen von sich abzuhalten. Sicher ist diese Geste ursprünglich aber als Opfer gemeint gewesen, das den unheimlichen Mächten dargebracht wurde, um sie zu versöhnen oder bei Laune zu halten. Das gleiche gilt für den früheren Brauch der Ostfriesen und Hessen, Salz in das Feuer zu streuen, wenn verdächtige Leute sich im Haus aufgehalten hatten.

Schließlich dürfte die heute noch überall bekannte und geübte Sitte, jemandem, der umgezogen ist, als erstes Salz und Brot ins Haus zu bringen, gleichfalls als ein Opfer an die Hausgeister zu verstehen sein. Da man aus dem gleichen Grund in ganz Deutschland etwas Salz beim Melken in die Milch, beim Buttern in das Faß und beim Backen in den Brotteig streute, dürfte die obligatorische Prise Salz, die fast allen Rezepten zufolge dem Kuchen beigegeben werden soll, gleichfalls letztlich auf diese »Urfunktion« des Salzes zurückzuführen sein. Vielleicht, weil es als Kraftsubstanz verdiente, in Ehren gehalten zu werden, erachtete man es nicht nur bei uns, sondern in ganz Europa als schlechtes Omen, etwas davon zu verschütten. Mancherorts sagte man, Ärger und Verdruß seien die Folge, anderswo, es bewirke Streit. In der Schweiz und in Tirol hieß es, man verschütte damit sein Glück, und jedes Körnchen koste eine Träne.

Samstag
Dieser im Süden und Westen des deutschen Sprachraums gebräuchliche Name leitet sich vermutlich von »Sabbatstag« her. Im mittleren und nördlichen Deutschland ist »Sonnabend« die gewöhnliche Bezeichnung für diesen Tag, der früher (nach jüdischem Vorbild) allgemein als heilig galt. Damit einher ging die Überzeugung, daß jeden Samstag wenigstens einmal kurz die Sonne scheinen müsse, denn, wie es in Mecklenburg hieß: »Dor is kein Saterdag so dick, dat dei Sünn' nicht deit 'n Blick.« Die Bayern präzisierten diesen »Blick« auf drei Minuten, und in Baden glaubte man, nur an drei Samstagen im Jahr regne es.

Obgleich er in seiner Funktion als »Auftakt« zum Sonntag als glücklicher Tag betrachtet wurde, hielt man den Samstag gerade deshalb auch wieder für einen Unglückstag, weil er nur der »Sonn-Abend«, also ebenso wie der Mittwoch kein »eigener« Tag war. Deshalb nahm man in manchen Gegenden Deutschlands, wie in Anhalt und Mecklenburg, an einem Samstag nichts Wichtiges in Angriff. Mit Ausnahme des ausdrücklich empfohlenen Wäschewaschens sollte an diesem Tag am besten überhaupt nichts gearbeitet werden – und wenn der Samstag als guter Tag zum Heiraten gilt, ist dies auf eine neuere Entwicklung zurückzuführen, denn früher hielt man ihn als nicht wirklich existenten Tag eher für ungeeignet.

Säugling → Kind.

Schafgarbe

Eigentlich besitzt die Schafgarbe (*Achillea millefolium*) keines der für Zauberkräuter (→ Zauberpflanzen) typischen äußeren Merkmale – sie ist vielmehr eine unauffällige und überall verbreitete Pflanze. Dennoch spielte sie im Aberglauben ganz Europas keine unwesentliche Rolle. Man hielt sie für zauberwidrig, weshalb sie Bestandteil der an Johanni (24. Juni) oder Mariä Himmelfahrt (15. August) gesammelten Kräuterbüschel war; man trug sie zusammen mit anderen Pflanzen als Amulett um den Hals, und sie wurde für so manches Liebesorakel benutzt.

Daneben bediente man sich ihrer zu allerlei anderen Zwecken. So bestand eine weitverbreitete Methode, Nasenbluten zu bewirken, darin, sich einen Schafgarbenstengel in das Nasenloch zu stecken. Wie aus dem siebzehnten Jahrhundert berichtet wird, machten sich vor allem in Frankreich Schüler diese Kenntnis zu dem höchst profanen Zweck zunutze, schulfrei zu bekommen. In England dagegen waren es verliebte Mädchen, die sich eine Schafgarbe in die Nase steckten und dreimal darin herumdrehten, während sie an ihren Schatz dachten. Dazu sprachen sie:

»Schafgarbe grün, hast eine weiße Blüte,
Liebt mich mein Schatz, wird meine Nase bluten;
Liebt er mich nicht, so wird kein Tropfen rinnen,
Hat er mich lieb, wirst du im Blute schwimmen.«

Weniger blutrünstig war der in Tirol von jungen Frauen geübte Brauch, am Abend des Johannistages mit der linken Hand einen Kranz aus Schafgarben zu winden und dann nach Hause zu gehen. Dabei war wichtig, keinen Bach und keine Schwelle zu überschreiten. Nachts wurde der Kranz unter das Kopfkissen gelegt, und nun erschien, wie es heißt, der Liebste im Traum.

Daneben waren es vor allem die Spieler, die mit Hilfe dieser Pflanze ihr Glück zu beschwören versuchten. Einem alten Zauberbuch zufolge soll man das »Sankt-Margareten-Kraut«, womit die Schafgarbe gemeint ist, acht Tage vor und acht Tage nach dem Margaretentag (20. Juli) suchen. »In der Wurzel deßelbigen Krautes findet man rothe Würmer, nim derselben

3 Stück, und trage sie bei dir auf der rechten Seiten, in einen saubern Tüchlein, in einen Beutel, so hast du Glück und ist solches Probat. Dieses Kraut muß in zunehmenden Mond gegraben – wo dann die rothen Würmer gefunden werden.«

Schalenstein

Auf der ganzen Welt finden sich auf großen Steinblöcken, Findlingen, Hünengräbern oder anderen Felsen kleine oder größere eingepickte runde »Näpfchen«, deren eigentlicher Zweck in der Fachwelt noch immer umstritten ist. Im Volksglauben machte man im allgemeinen übernatürliche Wesen dafür verantwortlich, und zwar vor allem die Feen. In der Schweiz gibt es einen solchen Näpfchen- oder Schalenstein, der sage und schreibe 360 runde Vertiefungen aufweist. Von ihm wird erzählt, die Feen hätten ihn eines Nachts auf den Ort St. Luc hinabrollen wollen, ihn aber nicht von der Stelle zu rücken vermocht. Da hätten sie mit ihren Absätzen so fest hineingetreten, daß die Spuren davon heute noch zu sehen sind. Anderswo hielt man diese Vertiefungen allerdings eher für »Elfenmühlen«. Man glaubte, das kleine Volk wohne unter diesen Steinen und verwende die Näpfchen zum Mahlen. Um sich diese Wesen geneigt zu machen, pflegten ihnen die Leute in die Schälchen Opfergaben zu legen, die in der Regel aus Münzen, Blumen oder Bändchen, aber auch »weißen« Lebensmitteln wie Butter und Milch bestanden. Kranke baten dabei wohl auch um Heilung ihres Leidens – und zwar vor allem, wenn es sich dabei um Fieber oder Hautkrankheiten handelte, bei denen man nie sicher wissen konnte, ob sie nicht wegen irgendeines unbewußt begangenen Vergehens von den Feen als Strafe angezaubert worden waren.

Schatz

Einer der Gründe, warum es nicht eben einfach ist, einen Schatz zu heben, ist nach altem Glauben der Umstand, daß Schätze ihren Standort und ihre Gestalt wechseln können. In bestimmten Zeitabständen – etwa alle sieben oder auch nur alle hundert Jahre – sollen die Schätze an die Oberfläche der Erde kommen, um sich, wie man etwa im Allgäu sagte, zu

›Teufel, einen verborgenen Schatz aufzeigend‹, Holzschnitt aus dem 16. Jahrhundert; aus: ›Le véritable dragon rouge‹

sonnen oder, wie es in Mecklenburg hieß, zu brennen. Wie die Tiroler wissen, »blühen« die Schätze zumeist des Nachts – oft genug sind sie aber gar nicht als solche zu erkennen. Sie nehmen nämlich jede beliebige Gestalt an, können als blaue Flämmchen, glühende Kohlenstückchen, Lilien, Knochen, Laub, Haselnüsse oder Strohhalme erscheinen. Deshalb ist es reine Glückssache, wenn man einen Schatz findet. Im Saarland meinte man, nur Sonntagskinder seien dazu imstande, anderswo hielt man auch unschuldige Kinder, Jungfrauen und Geistliche für befähigt, Schätze zu heben.

Wichtig ist in jedem Fall der richtige Zeitpunkt, wobei hauptsächlich die Johannisnacht (24. Juni), der Weihnachtsabend, Silvester, der Thomas- (21. Dezember) und der Laurentiustag (10. August) empfohlen wurden, weil da die Schätze unbewacht seien.

In den genannten Nächten sind die Geister, denen nach weitverbreiteter Ansicht das Schatzhüten obliegt, nämlich in eigenen Geschäften unterwegs. Wo sich ein Schatz nun befindet, erfahren Glückskinder im Traum, andere müssen dazu durch das Johannisfeuer springen oder die Wünschelrute benutzen. Auch soll eine → Schlüsselblume am Hut dienlich sein. Ist der Schatz ausfindig gemacht, gilt es, einen der genannten Tage abzuwarten und sich dann unter absolutem Stillschweigen vor Ort zu begeben und zur Sicherheit ein Opfer darzubringen. Handelt es sich um einen »blühenden Schatz«, also um einen, der jeden Augenblick wieder verschwinden oder seine Form verändern könnte, muß man, wie vielerorts behauptet wurde, rasch einen eisernen Gegenstand oder ein getragenes Kleidungsstück darauf werfen, um ihn zu bannen. Doch selbst wenn die – nicht eben einfachen – Bedingungen ordnungsgemäß erfüllt werden, sollen die auf diese Weise erlangten Reichtümer nicht unbedingt Glück bringen. Auf jeden Fall muß der erfolgreiche Schatzsucher daran denken, das ausgehobene Loch so wieder zuzuschaufeln, daß nichts mehr zu sehen ist – sonst folgt die Rache der bestohlenen Geister auf dem Fuße!

Schlange

Während heutzutage in unseren Breiten, abgesehen von der ungiftigen Ringelnatter, keine Schlangenart mehr häufig anzutreffen ist, gab es früher in manchen Gegenden so viele Kreuzottern, daß die Leute Schutzmaßnahmen ergriffen. Dabei genossen Schlangen durchaus großen Respekt. Sie galten auf der ganzen Welt als dämonische oder aber göttliche Wesen und wurden – wie in manchen Ländern auch heute noch – regelrecht verehrt. Das Töten einer Schlange mußte man durch ein Opfer sühnen. In Indien beispielsweise legt man einer getöteten Kobra nach wie vor ein Geldstück in das Maul, um ihrer Rache vorzubeugen.

Wie viele Erzählungen und Märchen deutlich machen, war die Schlange keineswegs rein negativ besetzt; die Hausschlange beispielsweise sollte einem Anwesen und seinen Bewohnern Glück bringen, weshalb die Hausfrau ihr jeden Morgen ein Schüsselchen voll Milch vor die Tür stellte. Wurde ein Opfer verabsäumt, nicht angenommen, oder wurde gar die Hausschlange getötet, so zeitigte das, wie zahlreiche Berichte belegen, schlimme Folgen. Man betrachtete die Schlange meist als Verkörperung des Hausgeistes (→ Kobold), und so hielt man es in der Regel für ein gutes Zeichen, wenn man seiner in dieser Form ansichtig wurde. Zeigte sich die Schlange allerdings vor einer Reise oder verhielt sie sich auffällig, wurde dies als Warnung gedeutet – als Ankündigung eines Unfalls, einer Krankheit, einer Hungersnot oder einer Feuersbrunst.

Ein Grund zur Freude war es dagegen, wenn man die Haut einer Schlange fand: Als greifbarer Beweis für die vermeintliche Unsterblichkeit dieses Tieres stellte sie ein hervorragendes Amulett dar und ließ sich zu den verschiedensten magischen Zwecken verwenden. Beispielsweise bewahrten polnische Schnapsbrenner Schlangenhäute in den Brennereien auf, um zu verhindern, daß ihr Wodka verzaubert wurde. In Schwaben ließen Bauern die Samenkörner vor der Aussaat durch eine Schlangenhaut rieseln, weil sie glaubten, daß dadurch das Korn später vor Ungeziefer und Wildschäden bewahrt bleiben würde, und die Böhmen pulverisierten Schlangenhaut und streuten sich davon in die Haare – denn dann brauchten sie, wie sie sagten, keinen Widersacher mehr zu fürchten. Auch waren sie davon überzeugt, daß man jemandem all seine Geheimnisse entlocken könne, wenn man ihm im Schlaf etwas von diesem Pulver in die Hände streute. Ein zu Anfang des siebzehnten Jahrhunderts verfaßtes Arzneibuch weiß noch um eine weitere Verwendungsmöglichkeit dieses Schlangenpulvers: »Einer Schlange Haut, im zunehmenden Monde zu Pulver gestoßen, hat mannigfaltige kräfte: so eyner zweyffelt an ettlichen zukünfftigen zufellen oder sachen, welcher gestaldt sich die möchten begeben, so streue er dis pulfer auf sein heubt, und das heubt mit einem tuch umbwunden, und sich schlaffen gelegt, so würd er im schlaffe sehen, wie es sich begeben werde.«

Schlehe

Die dornige Schlehe gehört zu den Sträuchern, die im Frühjahr am zeitigsten blühen. Von den kleinen weißen Blüten sollte man nach dem Volksglauben drei essen, um das ganze Jahr über vor Fieber geschützt zu sein. In Mittelfranken sagte man dabei den Spruch: »Etz eß'i die äschtn drei Schläichablei (Schlehenblüten), daß i's Feibö net kreig.«

In Böhmen benutzte man die ersten Blüten, um Flöhe zu vertreiben, in England glaubte man wiederum, daß es nicht ratsam sei, diese Blüten mit ins Haus zu nehmen. Fast überall war man der Ansicht, daß vom Blüten- oder Fruchtreichtum der Schlehen auf die kommende Ernte oder den künftigen Winter geschlossen werden könne. Während viele Schlehen auf einen harten Winter deuten – oder wie eine englische Bauernregel lautet: »Viele Schlehen, viele Seufzer« –, verheißen viele Blüten eine gute Ernte, vor allem aber eine gute Weinlese und, wie man im Lechrain wußte … wenig Jungfrauen!

Schluckauf

Diese Beschwerde läßt sich, wie man früher glaubte, durch verschiedene Sprüche vertreiben, die allerdings – was nicht unbedingt einfach zu bewerkstelligen sein dürfte – mit angehaltenem Atem aufgesagt werden müssen. Vielfach war verlangt, beim Aufsagen einen Bach oder Fluß zu überschreiten, weil man hoffte, daß der »Schluckaufdämon« hierzu nicht in der Lage sein und zurückbleiben – oder aber ins Wasser fallen würde. In Mecklenburg hörte sich ein solcher Zauber so an:

»Snickup und ick gungen aewer'n Steg,
Snickup fullt rin un ick gunk weg.«

In Schwaben versuchte man den »Häcker« dagegen drei bösen Weibern anzuhängen und sagte dementsprechend:

»Häcker, Häcker, reit über d' Äcker,
Reit über die Brach, reit den alten Weibern nach.«

Schließlich sahen manche freundliche Seelen auch ihren Nachbarn als das naheliegendste Opfer für ihren Schluckauf an und murmelten mit angehaltenem Atem:

»Ech han en nu (nämlich den Schluckauf),

Ech han en dan,
Ech gäv en mine nevemann.«

Schlüssel

Vielfältig ist der Nutzen, der früher dem Schlüssel zugeschrieben wurde, wobei das prosaische Öffnen oder Schließen eines Schlosses eine eher marginale Rolle spielte und allenfalls im Glauben, ein Schatz lasse sich leichter heben, wenn man im Besitze eines zauberkräftigen Schlüssels sei, symbolisch zum Ausdruck gelangte. Im Märkischen wußte man, daß Brot nicht anbrennt, wenn man in den Teig einen Schlüssel drückt, und angeblich wird einer Schwangeren nicht übel, wenn sie einen Schlüssel bei sich trägt.

Betrachtet man die Aufgabe eines Schlüssels genauer, wird klar, daß er nicht nur etwas auf- und zu-, sondern auch etwas *ein-* und etwas anderes *aus*schließt. Ausgeschlossen wird in den genannten Beispielen alles Böse, eingeschlossen das Gute. Aus vermutlich genau diesem Grund kannten schon die Etrusker Schlüsselamulette – und noch heutzutage hängt man sich in vielen Gegenden kleine silberne oder goldene Schlüsselanhänger um den Hals. Die gern gegebene Erklärung, es handele sich dabei um den Schlüssel zum Herzen des oder der Geliebten, zeigt jedoch, daß der eigentliche Sinn dieses »Amuletts« vielerorts nicht mehr verstanden wird.

Schlüsselblume

An diese hübsche Blume, deren gelbe Blüten an einen Schlüssel erinnern, knüpfen sich eine Reihe von Sagen. Einer österreichischen Geschichte zufolge wollte einst ein junger Mann mit einem goldenen Geisterschlüssel den Himmel öffnen, stürzte aber damit zur Erde hinab. Als er aus seiner Ohnmacht erwachte, war aus dem Schlüssel das Himmelschlüsselchen geworden. Die Flamen wiederum hielten diese Blume für Schlüssel, die der heilige Petrus verloren hatte.

Wie von vielen anderen Frühlingsblumen auch heißt es vom Himmelschlüsselchen (*Primula veris*) übereinstimmend, seine drei ersten Blüten würden den, der sie verschluckt, das ganze Jahr über vor Fieber schützen. In Mittelfranken sammelte man an Walpurgis (30. April) neunerlei Kräuter, darunter die Schlüsselblume. Nach Hause gekommen, mußte man die Pflanzen in eine Truhe legen. Drangen in der Nacht Geräusche daraus hervor, hatte man, so heißt es, eine Drud gefangen – ein weibliches Alpdruck-Gespenst, das man anschließend für mannigfaltigen Schadzauber einspannen konnte.

Schmetterling
Seine wunderbare Entstehung aus einer für viele Augen häßlichen Raupe und einer allem Anschein nach toten Puppe führte dazu, daß der Schmetterling bei den meisten Völkern mit ehrfürchtiger Bewunderung betrachtet und behandelt wurde. Bei den alten Griechen und den Etruskern galt er beispielsweise als reines Tier, als Sinnbild der Unschuld und Verkörperung der unsterblichen Seele, weshalb man ihn unter anderem auf Sarkophagen abbildete. Die Rumänen bezeichneten den Kohlweißling als »Seele der Toten« und hüteten sich, ihn zu fangen oder gar zu töten, und bei den Azteken wurde der Schmetterling regelrecht als Gottheit verehrt.

Im deutschen Volksglauben hielt man ihn meist für eine Verkörperung der → Elben oder Holden. Das belegen zahlreiche Darstellungen von Elfen mit Schmetterlingsflügeln oder die Vielfalt an Volksnamen für den Schmetterling, so etwa Doggeli, Schrätteli oder Ziebold; auch die italienische Bezeichnung »farfarello« für einen Kobold geht auf »farfalla«, Schmetterling, zurück. Diese enge Verbindung zu den Elben wurde aber keineswegs nur als positiv angesehen, wie die niedlichen Elfenbilder glauben machen wollen. Nach alter Vorstellung sind diese Geistwesen nämlich nicht per se »gut«, sondern launisch und ausgesprochen empfindlich, manchmal sogar durchaus boshaft.

So wurde das plötzliche Erscheinen eines Schmetterlings nicht immer mit Freude begrüßt. Weit verbreitet war beispielsweise die Ansicht, daß einem Elben oder böswillige Menschen das Alpdrücken ins Haus schicken könnten – und zwar beispielsweise in Gestalt eines Schmetterlings. Vor allem Nachtfalter wurden daher mit großem Argwohn betrachtet und verscheucht oder getötet. Ebenso hielt man große Mengen von

Schmetterlingen für ein Zeichen eines baldigen größeren Unglücks, wie etwa einer Seuche, eines Krieges, eines Sturms oder einer Teuerung. Als gutes Omen galt dagegen fast durchweg der erste Anblick eines Schmetterlings im Jahr. Ist er weiß, kann man auf Geld hoffen, ist er gelb, gar auf Gold, und ein roter soll nach Ansicht der Sachsen auf eine hoffnungsfrohe Zukunft hinweisen. Ein brauner Schmetterling schließlich prophezeit nach oberösterreichischem Glauben ein langes Leben. In jedem Fall sollte man aber, wie es in Posen hieß, beim Anblick des ersten Schmetterlings zur Sicherheit sein Portemonnaie schütteln.

Schmuck

Entgegen der heutigen Vorstellung diente Schmuck in früheren Zeiten keineswegs primär der Verschönerung oder Verzierung: Er war im wesentlichen ein Zaubermittel, ein Amulett, das von seinem Träger – ob Mensch, Tier oder Haus – alles Böse abhalten sollte. Entsprechend wählte man dazu Stoffe, denen eine große antidämonische Kraft zugeschrieben wurde, wie besondere Pflanzen (→ Zauberpflanzen), Edelsteine, rote Bänder, Münzen, Spiegelchen, Tierknochen, Muscheln oder Schnecken.

An welcher Stelle des Körpers der Schmuck getragen wurde, war von zweitrangiger Bedeutung. Wesentlich war die unmittelbare Nähe zur Haut und manchmal auch die Sichtbarkeit. Letzteres war besonders dann von Bedeutung, wenn die Gefahr bestand, daß der → Neid anderer Menschen beispielsweise anläßlich einer Hochzeit oder einer Geburt Schaden anrichten könnte. So wurde – und wird vielerorts noch heute – überall auf der Welt empfohlen, Kind oder Braut mit einem oder mehreren sichtbaren zauberwirksamen Dingen zu schmücken und damit den Neid von dem »eigentlichen Objekt« – der Person – auf den Schmuck abzulenken.

Eine weitere wichtige Funktion des Schmuckes bestand nach gleichfalls weltweit herrschender Ansicht darin, die Kraft eines bestimmten Gegenstands auf dessen Träger zu übertragen. Dies gilt etwa für eine Kette aus Bärenklauen oder einen Kopfschmuck aus Adlerfedern. Wer sich damit schmückte, hoffte ebenso stark wie ein Bär und so klug und scharfäugig wie ein Adler zu werden. Jägerhüte sind heute noch in Deutschland, Österreich und der Schweiz mit Gamsbärten und bestimmten Federn verziert, die früher dem Zweck dienten, dem Träger Erfolg bei der Jagd zu verschaffen. In Oberbayern schmückten sich die Männer noch Anfang dieses Jahrhunderts mit einem sogenannten »Maderboanl«, dem Penisknochen eines Iltis oder Marders, um ihre Potenz zu steigern. Im Böhmerwald dagegen pflegten Viehhändler und Metzger an ihren Uhrenketten silberne Pferdchen zu tragen. Nach wie vor beliebt sind silberne oder goldene vierblättrige Kleeblätter oder Hufeisen als Anhänger, die das Glück anziehen sollten.

Schnee

Als man noch nicht wußte, wie der Schnee entsteht, erklärte man sich dieses Phänomen je nach Region auf unterschiedliche Weise. Am naheliegendsten und geläufigsten ist die Assoziation mit Federn. So wissen die Kinder heute noch, daß Frau Holle ihre Betten ausschüttelt, wenn es schneit. Die Oldenburger dachten dabei ans Gänserupfen und sagten: »De ollen Sillenstedte Wiwer sünd bit Göseplücken«. In Ellwangen waren es dagegen die Müllerbuben, die ihre Kleider ausschüttelten. Doch ging diesen nicht unbedingt ernstgemeinten Erklärungen die Überzeugung voraus, der Schnee sei ein tatsächlich existierendes Wesen. In der nordischen Mythologie hieß es vom König Snaer (»Schnee«), er lebe in Finnland und sei dreihundert Jahre alt. In der Schweiz glaubte man an Schneegeister, die Weissagungen erteilen können und sich hervorragend mit dem Wetter auskennen.

Dem Schnee wurden große Heilkräfte zugeschrieben. Er soll ausgezeichnet gegen Augenschmerzen helfen und Sommersprossen oder andere kleinere Schönheitsfehler beheben können. Am besten soll man eine Schneekur am Karfreitag oder an einem anderen besonderen Tag durchführen. Aus dem ersten Schnee gewonnenes Wasser hat, wie man glaubte, die Kraft, damit begossene Pflanzen vor dem Erdfloh zu feien.

Daneben ist die Zeit und die Art des Schneefalls sowie die Konsistenz der Flocken für die Landwirte von jeher von großer Bedeutung gewesen. In der Schweiz war man der Ansicht, daß früher Schnee, der nicht tauen will, auf einen kurzen Winter schließen läßt. Schmilzt er aber bald, gibt es ein spätes Frühjahr. Ein Schneetreiben wiederum bedeutet, daß weiterer Schnee fallen wird, der außerdem lange liegenbleibt, denn »Treibeschnee ist Bleibeschnee«.

Schneeglöckchen

Mit dem ersten Schneeglöckchen, das man im Jahr erblickt, sollte man sich die Augen auswischen, denn dann bleiben sie, wie man in Böhmen glaubte, das ganze Jahr über gesund. Und sind sie bereits krank, heilen sie durch diese Maßnahme.

Daß der Schnee und das Schneeglöckchen sich so ausgezeichnet vertragen, hat einen guten Grund: Als Gott bei der Schöpfung die Farben verteilte, wollte keine Pflanze dem Schnee ihre Farbe geben – bis auf das Schneeglöckchen. Deshalb kann der Schnee auch keine Blumen leiden bis auf diese eine.

Schöllkraut

Das anspruchslose, überall in Mauerritzen, an Wegrainen und auf Böschungen vorkommende Schöllkraut (*Chelidonium majus*) wurde früher in manchen Gegenden auch Warzenkraut genannt. Eine seiner wesentlichen Eigenschaften soll dem Volksglauben zufolge nämlich sein, daß es Warzen zu entfernen vermag. In Tirol hieß es, man müsse die Pflanze bei abnehmendem Mond, am besten an einem Freitag, auf einem Kirchhof pflücken und die Warze mit ihrem milchigen Saft betupfen. In Bayern sagte man, die beste Zeit sei während einer Beerdigung und man dürfe die Warze anschließend nicht anschauen. Schon in der Antike wußte man, daß Schöllkraut auch bei Augenleiden wirksam ist; Plinius berichtet sogar, Schwalben heilten damit ihre blinden Jungen (daher der griechisch-lateinische Name »chelidonium«, etwa: »Schwalbenkraut«). So hängte man sich beispielsweise in der Schweiz, wenn man unter »trüben Augen«, das heißt Hornhauttrübungen, litt, die Wurzel des Schöllkrauts zusammen mit derjenigen einer Klette in einem Beutelchen um den Hals oder legte sich Blätter des Krautes in die Schuhe.

Auf eine andere Wirkung des Schöllkrautes wird in einem Bericht über den Fichtelberg aus dem Anfang des siebzehnten Jahrhunderts hingewiesen. Hier heißt es: »Damit ich mich aber mit abergläubischen Sachen nicht länger aufhalte, sondern auch etwas Nützbares und in das Haushalten Dienliches anbringe, will ich dasjenige mittheilen, das ich observiert habe, wie die Fichtelbergische Bauernweiber die Milch der Kühen zu vermehren pflegen. Sie nehmen nemlich die Schöllwurz mitsambt dem Kraut und gebens denen versiehenen Kühe (bei denen die Milch versiegt ist) zu essen, dann geben sie viel Milch.«

Schornsteinfeger
Eine der wenigen Ausnahmen, was die negative Bedeutung der Farbe Schwarz angeht, ist der Schornsteinfeger: Von ihm weiß selbst heute jedes Kind, daß sein Anblick Glück bringt. Noch immer werden an Neujahr kleine Kaminkehrerfigürchen in die Glückskleepflanzen gesteckt, und noch immer wertet man die Begegnung mit einem Schornsteinfeger als gutes Zeichen. In der Steiermark war man überzeugt, daß daraufhin ein Wunsch in Erfüllung gehe, andernorts, daß man einen Brief erwarten könne.

Dieser Glaube wird von manchen darauf zurückgeführt, daß früher der Schornsteinfeger am Jahresanfang die Rechnung verlangte und Gaben erbat, wofür er im Austausch ein Kalenderblatt verschenkte, auf dem ein Glückwunsch stand. Da der Kaminkehrer somit einer der ersten Neujahrsgratulanten war, nahm man ihn als glückliches Omen. Weit wahrscheinlicher dürfte es indes sein, daß die Meinung, sein Anblick bringe Glück, damit zusammenhängt, daß er sein Geld mit einer höchst magischen Substanz verdient – mit → Ruß. Und da er außerdem noch den Rauchfang kehrt (→ Besen), in dem sich mit Vorliebe Geister aufhalten sollen, hielt man ihn selbst halb und halb für ein magisches Wesen und wollte ihn berühren, um etwas von seiner übernatürlichen Kraft abzubekommen. Dazu spuckte man aus und sagte: »Rauchfangkehrer, Glück«.

In Schlesien versuchte man einen Augenblick abzupassen, in dem der (Reisig-)Besen des Schornsteinfegers unbeaufsichtigt herumlag, um zwei oder drei Zweiglein abzubrechen; und zuweilen nutzte der Kaminkehrer diesen Glauben aus und verkaufte an Neujahr Teile seines Besens an abergläubische Interessenten.

Schuh

Als Schuhe noch handgefertigt wurden, waren Zustand, Form und Material für das Ansehen, das ihr Träger bei seinen Mitmenschen genoß, von wesentlicher Bedeutung. Man ging daher sorgfältig mit seinen Schuhen um und betrachtete sie gar als lebendiges Wesen. So sagten die Böhmen von einem Schuh, der an der Spitze aufgerissen war: »Er hat Hunger, er reißt das Maul auf.«

Von Bedeutung war bereits das morgendliche Anziehen der Schuhe: Kaiser Augustus betrachtete es als ein schlechtes Omen, wenn er aus Versehen seinen Schuh auf den falschen Fuß zog, und führte, wie Sueton berichtet, einen Aufruhr, der einmal in einer Kolonie ausbrach, auf eine solche Fehlhandlung zurück. Allgemein sagte man, zuerst müsse der rechte, dann der linke Schuh angezogen werden. Die schwäbischen Marktfrauen waren felsenfest davon überzeugt, sie könnten ihre Ware dann teurer verkaufen, und böhmische Brautleute achteten am Hochzeitsmorgen besonders darauf. Zu Anfang des fünfzehnten Jahrhunderts machte sich der Dichter Hans von Vintler über diesen Glauben lustig, indem er sagte:

»Und etleich die jechen
es sei nicht guet, daz man
den tenken schuech leg an
vor dem gerechten des morgens frue.«

Bis hinauf nach Island hielt man es für besser, erst beide Strümpfe und dann die Schuhe anzuziehen, denn anders, so hieß es, bringe es Unglück. Nicht gut ist es nach alter Ansicht, zu → niesen, während man in die Schuhe schlüpft, und da vielleicht auch noch andere unbewußt dabei ausgeführte Handlungen oder Geräusche unheilvoll sein konnten, hielten es viele für geraten, prophylaktisch in ihre Schuhe zu spucken, bevor sie sie anzogen. In Lüneburg spuckte man vor allem dann in den Schuh, wenn man an diesem Tag etwas Besonderes vorhatte.

Fast ebenso verbreitet wie die Furcht vor dem falschen Schuh war die Ansicht, daß Schuhe niemals auf einen Tisch gestellt werden sollen, sonst, so sagten die Menschen im Isergebirge, geht man unbequem darin oder behält sie nicht lange. Die Schlesier glaubten, Schuhe auf dem Tisch bedeuteten Ärger oder Streit, deshalb sollte man sie in einem solchen Fall nicht direkt anziehen, sondern erst noch einmal auf die Erde stellen.

Schuhe schützen natürlich die Füße und halten sie warm; darüber hinaus können sie aber angeblich ihren Besitzer vor dem Alpdrücken bewahren: Man braucht nur darauf zu achten, sie abends mit der Spitze zur Tür auszurichten, und zwar nach Ansicht der Brandenburger so, daß die Spitzen einander berühren. Damit nämlich werden die Dämonen getäuscht und nehmen an, der Eigentümer der Schuhe sei ausgegangen. Die Oldenburger erklärten, die Walderiske glaube dann, niemand sei im Bett, und die Ostpreußen hielten es für ausgemacht, daß der Nachtmahr selbst die Schuhe anzöge und damit zu beschäftigt sei, um die Schläfer zu plagen. Die bösen Nachtgeister lassen sich aber auch dadurch in Verwirrung bringen, daß die Schuhe unordentlich oder verkehrt hingelegt oder kreuzweise übereinandergestellt werden. In Bosnien hängte man gar, um die Drud abzuwehren, einen hölzernen Stiefel über das Bett. Es erscheint durchaus plausibel, daß unsere Sitte, an Nikolaus Stiefel vor die Tür zu stellen, auf diesen Glauben zurückgeht.

Für gutes Einschlafen sorgt die richtige Position der Schuhe im Schlafzimmer, in diesem Fall mit der Spitze zum Bett gerichtet, wie man in Schlesien und Brandenburg sagte. Und dem allbekannten Alptraum, im Schlaf verfolgt zu werden und sich nicht rühren zu können, läßt sich abhelfen, so hieß es im Simmental, wenn man die Schuhe so vor das Bett stellt, daß die Spitze des rechten Schuhes etwas vorgerückt ist.

Das ledige Mädchen aber, das endlich wissen will, wen es heiraten wird, braucht sich am Neujahrsmorgen nur ein Geldstück in den linken Schuh zu legen und damit auszugehen. Der erste Mann, dem es dann begegnet, wird, so glaubten die Hessen, der Künftige sein. Wenn die schlesische Braut am

Hochzeitsmorgen in ihren Schuh Pimpernell, Salz und Dill legte, geschah es allerdings aus anderen Gründen. Sie hielt nämlich während der Trauung den Fuß mit diesem Schuh über den des Bräutigams und murmelte dabei:

»Ich trete auf Pimpernelle, Salz und Dille;
Wenn ich rede, bist du stille.«

Schütteln

Mancherorts bis heute gehalten hat sich der früher in ganz Deutschland, der Schweiz und in Österreich bekannte Brauch, zu bestimmten Zeiten des Jahres die Obstbäume zu schütteln, damit sie gut tragen. Als beste Tage hierfür galten vor allem Silvester, der Weihnachtsabend oder eine beliebige andere Nacht in den → Zwölften. In Böhmen hieß es, Fastnacht sei die geeignetste Zeit, weil es dann viele Vogelnester und wenig Raupen darin gebe.

Der Sinn dieses Schüttelns ist wohl zum einen das Auf- oder Wachrütteln der schlafenden Kräfte der Natur, andererseits findet damit nach Ansicht mancher ein sympathetischer Fruchtbarkeitszauber statt. Mehr auf das Materielle gerichtet ist das Schütteln des Portemonnaies, wenn man den Kuckuck das erste Mal rufen hört oder beim Anblick der ersten Bachstelze oder Schwalbe im Jahr. Mädchen schüttelten Bäume als eine einfache Form von Liebeszauber. Im Erzgebirge wählten sie dazu einen Birnbaum, der möglichst an einem Kreuzweg stand, und sagten dazu:

»Bäumlein, ich rüttle dich,
Herzallerliebster, melde dich;
Willst du aber dich nicht melden,
So laß doch dein Hündlein belden.«

Dann sollte der Herbeigesehnte erscheinen oder aber ein Hundebellen die Richtung anzeigen, aus der er bald kommen würde. Wen erinnert dies nicht an Aschenputtel, die den Haselbaum auf dem Grab ihrer Mutter mit den Worten »Bäumchen rüttel dich, Bäumchen schüttel dich« um ein Kleid bittet? Indirekt verhilft ihr die Hasel zu einem Mann – und genau das erhofften sich die Mädchen früher, wenn sie ihren Schüttelzauber ausprobierten.

Schwalbe

Die mit dem Frühling aus warmen Ländern zurückkehrende Schwalbe galt seit alten Zeiten als glückbringender, ja als heiliger Vogel. Allgemein hieß es, daß niemand sie stören, vertreiben oder gar töten dürfe und sich jeder glücklich schätzen

Rotfigurige Vase: Der Jüngling ruft die Frühlingsschwalbe an

könne, unter dessen Dach sie brüte. Solch ein Haus sei vor Blitz und Feuer gefeit, hieß es in der Schweiz. Schon die alten Griechen freuten sich so sehr über die Ankunft der Schwalben, daß sie denjenigen, der die Kunde als erster brachte, mit Geschenken belohnten. Die Römer dachten, der Anblick der ersten Schwalbe bewahre das ganze Jahr über vor Augen- und

Zahnschmerzen. Und selbst die heutigen Italiener, die für ihre Jagd auf alle Arten von Singvögeln bekannt sind, haben großen Respekt vor der Schwalbe und halten es für ein ungeschriebenes Gesetz, sie zu schonen.

Für ein gutes Omen nahm man den ersten Anblick der Schwalben auch bei uns. Die Oldenburger dachten, wenn man in diesem Moment über die Schulter zurückschaue, könne man Geister sehen, und in Schlesien und Böhmen empfahl man, sich beim Beobachten der Schwalben auf den Rücken zu legen, weil man dann das kommende Jahr über keine Rückenschmerzen mehr haben würde. In ganz Deutschland verbreitet war der Glaube, wenn man in diesem besonderen Augenblick unter dem linken Fuß grabe, finde man eine kleine Kohle, die wirksam gegen Fieber helfe.

Davon abgesehen wurde überhaupt alles, was mit der Schwalbe zusammenhängt, als heilkräftig angesehen. Ihr Kot sollte gegen Krämpfe, Kopfschmerzen oder Verstopfung, der Verzehr ihres Nestes vor allem bei Halskrankheiten gute Dienste leisten. Mädchen benutzten das Schwalbennest auch, in Milch gesotten, um die Liebe des von ihnen Erwählten zu erlangen, und in Württemberg trug man es bei sich, um das Erinnerungsvermögen zu stärken.

Schwan

Die Engländer pflegten früher die Schwäne so in Ehren zu halten, daß sie Gelübde bei ihnen ablegten und als Buße für einen getöteten Schwan soviel Korn verlangten, wie benötigt wurde, um den am Schnabel aufgehängten Vogel völlig zu bedecken. In alten Zeiten glaubte man, Götter und Dämonen verwandelten sich zeitweilig in Schwäne (man denke nur an Zeus' Affäre mit der Leda), und Geschichten von Schwanenjungfrauen sind auf der ganzen Welt bekannt. Daher ist es nicht verwunderlich, daß man dem Schwan mit Scheu begegnete. Allein der Ausdruck »mir schwant«, verrät die eher unheimliche Bedeutung dieses majestätischen Vogels, und während sich die Schiffer über seinen Anblick freuten, brachte man mancherorts mit seinem → Angang Regen, Kälte oder plötzliches Tauwetter in Verbindung. Die ihm zugeschriebene enge Verbindung zu übernatürlichen Wesen, die seine Gestalt annehmen können, erklärt vermutlich auch den von belgischen Liebespaaren früher geübten Brauch, in ein Schwanennest zwei Ringe zu legen, um sicherzustellen, daß ihre Liebe für immer währe.

Schwangerschaft

Die Schwangerschaft ist nach alter universaler Vorstellung eine für das ungeborene Kind ebenso wie für die künftige Mutter äußerst gefährliche Zeit. Wie man nämlich früher glaubte (und in vielen Ländern noch heute glaubt), haben es böse Geister ganz besonders auf Schwangere abgesehen. Aufgrund ihrer angeblich erhöhten Anfälligkeit gegen die Angriffe übelwollender Wesen hielt man sie für unrein, und vielerorts war man sogar davon überzeugt, sie hätten den → Bösen Blick. In Japan etwa und ebenso bei den alten Griechen durften Schwangere aus diesen Gründen kein Heiligtum besuchen.

Der Kirchgang war ihnen bei uns zulande zwar nicht untersagt, allerdings mußten werdende Mütter ansonsten auch hier – um ihres ungeborenen Kindes willen – eine Unzahl von Vorschriften und Tabus beachten. So durfte die Schwangere kein Unrecht begehen, nicht lügen oder fluchen. Sie sollte nicht aus einer Flasche trinken, weil ihr Kind sonst zu einem Säufer werden, kein Stierfleisch oder Hähnchen essen, weil es sonst wollüstig werden, und sich nicht auf ein Wassergefäß setzen, weil es sonst ertrinken würde. Sie durfte nicht über den Kirchhof gehen und nicht über ihren Zustand reden, bevor er augenfällig wurde, nicht in den Vollmond sehen, Wäsche aufhängen oder Wasser tragen, sich auf Steine setzen oder über verdorrten Rasen gehen. Sie durfte sich vor allem nicht aufregen oder ärgern, weil ihr Kind sonst ein Schreihals werden oder, wie man in Braunschweig dachte, Krämpfe bekommen würde. Der diesen und vielen weiteren Verboten zugrunde liegende Gedanke ist der, daß sich alles, was eine Schwangere tut, ißt, denkt, fühlt, auf das ungeborene Kind überträgt und dessen Gestalt oder Charakter entsprechend beeinflußt.

Um alle bösen Einflüsse von ihnen fernzuhalten, wurden Schwangere weitgehend von der Außenwelt abgeschottet. In

Baden und in Schwaben etwa wurde ihnen geraten, das Haus abends überhaupt nicht oder auf jeden Fall nicht ohne Kopfbedeckung zu verlassen. Im Egerland ließ man sie nicht bei Geburten helfen, und anderswo nicht an Begräbnissen und natürlich nicht an Tanzfesten teilnehmen. Daneben schützte man sie durch Amulette, Schutzbriefe und hell loderndes Feuer.

Schwarz

Als Farbe der Nacht ist Schwarz nach weltweit verbreitetem Glauben eine »böse« Farbe, die mit der Unterwelt in Verbindung gebracht wird, mit dem Tod, mit Geistern und anderen unheimlichen übernatürlichen Wesen – und mit dem Teufel, der vielfach schlicht »der Schwarze« genannt wird. Aus dem gleichen Grund galten schwarze Tiere, allen voran die schwarze Katze, der Rabe, die Krähe und die Dohle, als dämonisch. Das »Schrättele« (ein schwäbischer Waldteufel) kommt, wie es hieß, nachts in Gestalt einer schwarzen Henne zum Fenster herein, und schwarze Geisterhunde mit feurigen Augen sind zur Genüge aus Sagen und Märchen bekannt.

Gerade aber wegen ihres zwielichtigen Charakters und ihrer engen Beziehung zu Wesen, die mehr Macht besitzen als die Menschen, bediente man sich solcher Tiere gern zu Heilzwecken. In der Oberpfalz rieb man beispielsweise Warzen mit schwarzen Schnecken, um sie zum Verschwinden zu bringen, und woanders überstrich man sie mit dem Blut einer schwarzen Henne. Fleisch von einem solchen Huhn sollte gegen »Hartleibigkeit« helfen und außerdem die beste Nahrung für eine Wöchnerin sein. Gegen »Schwäche der Kinder« aber wurde empfohlen, etwas vom Urin des betreffenden Kindes in einen Topf zu tun, ein neunfach durchstochenes Ei von einer rabenschwarzen Henne hineinzulegen und den mit einem Tuch zugebundenen Topf in einen Ameisenhaufen zu stellen. Eine ähnliche Funktion erfüllten schwarze Bänder, vor allem, wenn sie aus Samt waren und um den Hals getragen wurden. Sie sollten gegen Zahnschmerzen, Halsweh und Krämpfe gut sein. Schwarzen Kleidern schrieb man eine allgemein schützende und namentlich dämonenabwehrende Wirkung zu, weshalb in Estland Schwangere grundsätzlich diese Farbe trugen. Und im Orient ist es noch heute üblich, kleine Kinder mit Ruß zu schminken, um sie gegen den bösen Blick zu feien.

Trotzdem die schwarze Farbe also auch positiv besetzt ist, überwiegt ihre negative Bedeutung und hielt man den → Angang schwarzer Tiere für ein übles Vorzeichen. Eine Ausnahme ist die schwarze Spinne, die sich an einem Faden auf einen herabläßt – denn sie soll, nach Ansicht der Mecklenburger, ebenso wie der Schornsteinfeger Glück bringen.

Schweigen

Reden ist Silber, Schweigen aber Gold, und so ist im Volksglauben Schweigen oft unerläßlich für den Erfolg einer Unternehmung. Das Schweigen dient nicht nur dem Zweck, ein bestimmtes Ritual ohne Störung zu vollziehen, es konzentriert und steigert auch die Kräfte dessen, der es ausführt. Wie universal dieses Gebot war, zeigen die zahlreichen Märchen, Legenden und Sagen aus aller Welt, in denen ein Redeverbot übertreten wird und die Strafe auf dem Fuße folgt. Hierher gehören vor allem die Geschichten von Sterblichen, die eine Liebesbeziehung zu einem überirdischen Wesen eingehen. Meist wird ihnen auferlegt, darüber zu schweigen oder aber den Namen ihrer Geliebten niemals auszusprechen. Anchises, der Vater des trojanischen Helden Aeneas, wird von Zeus mit Lahmheit gestraft, weil er bezüglich seiner Verbindung zu Aphrodite nicht den Mund hielt, und nach einer deutschen Überlieferung bestrafte ein Berggeist, der für seine stete Hilfe nur mit Essen und Stillschweigen belohnt werden wollte, den, der sich nicht daran hielt, gar mit dem Tod. Gewöhnlich besteht die Strafe allerdings darin, daß der Plauderer seinen kleinen Helfer oder seine übernatürliche Freundin oder Frau für immer verliert.

Auch für eine ganze Reihe von Zauberhandlungen ist Schweigen ein absolutes Muß – ob es sich dabei nun um das Sammeln von Heilkräutern, um das Herbeiholen von wirkmächtigem Wasser, um nächtliche Liebeszauber oder bestimmte Orakel handelt. Das magische Kurieren von Warzen, Gerstenkörnern oder anderen Leiden hat, abgesehen von eventuell vorgeschriebenen Sprüchen, gleichfalls schweigend zu geschehen – und während die Kuh kalbte, sprach die Familie früher kein Wort, nicht einmal, wenn Besuch kam, denn sonst, so hieß es in Minden, würden Muttertier und Kälbchen sterben müssen. In Oppeln schwieg am Weihnachtsabend beim Abendessen die Familie allerdings aus einem nicht ganz so löblichen Grund: Wie man nämlich glaubte, gewährleistete das kleine Opfer des Schweigens, daß im nächsten Jahr kein Familienmitglied vom Förster beim Holzstehlen erwischt werden würde!

Schwein

Das Schwein ist seit ältesten Zeiten eines der wichtigsten Nutztiere der Menschen, und seine Zucht wurde mit großem Ernst betrieben. Aus dem Mittelalter ist überliefert, daß allein im zwischen Bruchsal und Philippsburg gelegenen Wald Bußhart im Jahre 1437 angeblich fünfzigtausend Schweine in die Eichelmast gingen. Das Schwein wurde bei uns in Ehren gehalten und stellte in germanischer Zeit eines der wichtigsten Opfertiere dar, galt aber dennoch als Hexentier. In Siebenbürgen ging, wie man sagte, zur Weihnachtszeit die Adventssau um, und auch in der Schweiz und in Süddeutschland wußte man von einem solchen Schwein, das sich vor den Ortschaften herumtrieb und Wanderern auflauerte. Aus allen Regionen Deutschlands wurde von feurigen oder feueratmenden Schweinen berichtet, die um Mitternacht spuken, Leuten nachlaufen und sie zwingen sollten, auf ihnen zu reiten, oder, wie die Schlesier glaubten, sie in die Irre führten. Vielfach war man der Ansicht, diese Schweine seien in Wirklichkeit → Wiedergänger, also Menschen, die eines unnatürlichen Todes gestorben sind und deshalb keine Ruhe finden oder ein Verbrechen begangen haben und zur Strafe in Schweine verwandelt wurden.

Schweine sollen für alles Übernatürliche sehr empfänglich sein, weshalb sich einmal ein Schwein morgens nicht mehr rühren konnte, weil sich in der Nacht jemand in seinem Stall erhängt hatte. Erst als der zur Hilfe gerufene Priester es mit »Malefixwachs« einschmierte, erholte es sich wieder. Ferkel müssen aus diesem Grund vor den Blicken Fremder geschützt werden, andernfalls besteht, wie man auch in Frankreich und England dachte, sehr leicht die Gefahr, daß sie vom bösen Blick berührt und daraufhin krank werden. Die den Schweinen nachgesagte große Empfindsamkeit führte dazu, daß manche Bauern regelrecht Gelübde ablegten, damit ihre Tiere gediehen. Ein Schweinebesitzer in Baden hatte so lange Unglück mit seinen Tieren, bis er versprach, von nun an an Sonn- und Feiertagen kein Schweinefleisch mehr auf den Tisch zu bringen.

Andere Familien besaßen einen »Schweinesegen«. Im elsässischen Hindisheim wurde ein solcher Segen seit dem Jahre 1727 von Generation zu Generation vererbt und in großen Ehren gehalten. Er sollte gegen die gefürchtete »Kornkrankheit« wirksam sein, weshalb immer wieder Schweinebesitzer von nah und fern kamen und die Familie unter Tränen – doch ohne Erfolg – baten, ihnen dieses vergilbte Papier zu verkaufen.

Als »Hexentier« diente das Schwein zu mancherlei Orakeln. Während die überlieferten Meinungen, ob sein → Angang gut oder schlecht sei, sich widersprechen, überwog ursprünglich wohl doch die positive Deutung, wie die heute noch gebräuchlichen Redewendungen »Schwein gehabt« oder »saumäßiges Glück« beweisen dürften. Von einem Schwein zu träumen hielt man zumindest in Siebenbürgen für ein gutes Zeichen. In Österreich, in Bayern ebenso wie im übrigen deutschsprachigen Raum gingen junge Mädchen in der Andreas- (30. November), Thomas- (21. Dezember) oder Weihnachtsnacht nackt zum Schweinestall, klopften an die Tür und horchten. Grunzte zur Antwort ein ausgewachsenes Schwein, nahmen sie es als Hinweis, daß sie einen älteren Mann oder Witwer heiraten würden. Grunzte ein Ferkel, würde es ein junger Bursche sein, blieb aber alles still, stand für dieses Jahr keine Heirat in Aussicht.

Für glückbringend wurde es in jedem Fall gehalten, an Neujahr und zur Fastnachtszeit Schweinefleisch zu essen, denn dann würde, wie es hieß, Geld ins Haus stehen. Hier sei auch an unsere Glücksschweinchen oder Spardosen in Schweinegestalt erinnert, die gleichfalls die Verbindung von Geld und

Schwein vor Augen führen. Ebenso dürften die aus Blätterteig gefertigten »Schweinsohren« auf den Glauben an die positive Zauberkraft des Schweines zurückgehen. Denn gerade diesen Teil des Tieres benutzte man, in einen »Segen« (das heißt, einen mit einem Segensspruch beschriebenen Zettel) gewickelt, gern als Amulett, und in Schleswig trug man, wenn es zum Kartenspielen ging, ein »Schweinsgehör« als Glücksbringer in der Tasche mit sich. Die Knochen der Schweine hängte man in Schlesien schließlich über den Stalltüren auf, um die Marder abzuhalten, und wenn die Bauersfrau zum ersten Male die Küken ins Freie ließ, schaute sie durch die beiden Augenhöhlen eines Schweineschädels die Vogeljungen an und sprach dabei: »Rabe, Weihe, Elster! Seid alle blind, nur meine Hühnerchen sollen sehen.«

Schwelle

Die Schwelle galt als einer der magischsten Orte überhaupt. Wenn Grenzlinie und Zaun die Funktion haben, die wilde, »böse«, gefährliche Außenwelt, in der die Geister herrschen, von dem geordneten, sicheren Wohnort der Menschen zu trennen, ist die Türschwelle gewissermaßen die letzte → Grenze, an der unheimliche Wesen davon abgehalten werden können, in den menschlichen Bereich vorzustoßen, und damit von immenser Bedeutung.

Von den vielfältigen Maßnahmen, durch die man die Geister daran zu hindern hoffte, in ein Haus einzudringen, war die wichtigste das Opfer. Bereits beim Bau des Hauses wurde unter der Schwelle Geld, Schmuck oder ein getötetes Tier vergraben. Beim Abriß alter Häuser hat man Tierschädel, Hufeisen, Eierschalen, Geld, Pferdefüße und Hunde gefunden. Auch Blut ließ man auf die Schwelle tropfen. Später wurden anstelle von Tieren Figürchen aus Eisen geopfert. Die Geister, so dachte man, sind mit dieser Gabe zufrieden und sehen davon ab, die Menschen heimzusuchen. Gleichwohl ging man davon aus, daß die Geister nicht einfach kehrtmachen, sondern sich auf der Schwelle aufhalten und auf die erste sich bietende Gelegenheit warten, ins Innere des Hauses vorzudringen und die Bewohner zu belästigen. Deshalb baten noch bis vor wenigen

Jahrzehnten Sennerinnen, bevor sie eine Almhütte für den Sommer in Besitz nahmen, an der Schwelle den Wichtel um die Erlaubnis einzutreten. Aus dem neunzehnten Jahrhundert ist aus dem oberschlesischen Ratibor überliefert, daß auf der Schwelle eines Hauses wiederholt eine schattenhafte Gestalt beobachtet wurde, die Vorbeigehende um einen Trunk bat, wirklich trank, sich bedankte und sogar ihren Namen sagte. Im Allgäu ließ man beim Abriß eines Hauses die Schwelle an ihrem Ort liegen, weil dann, wie man hoffte, die Geister gleichfalls dort bleiben würden. Dieser Glaube daran, daß die Geister unter der Schwelle wohnen, ist nicht nur in ganz Europa bis hinauf nach Island verbreitet, er ist auch aus dem Orient bekannt, und wie lebendig er gewesen ist, zeigt die heute noch von Deutschland bis Indien, Java und Afrika unumgänglich zu einer Hochzeit gehörende Sitte, die Braut über die Schwelle zu tragen. Sie darf nicht darauf treten, weil die darunter wohnenden Wesen über ein solches Sakrileg erzürnt sein könnten. Deshalb gehörte früher zu diesem Einzug der Braut ein Opfer aus Münzen, Honig, Butter oder Milch für die Geister.

Daß sich die Schwelle hervorragend für Zauberhandlungen eignet, versteht sich nach dem Gesagten von selbst. Im Jahr 1521 »gestand« eine der Hexerei angeklagte Bäuerin, sie habe unter einem Galgen Knochen aufgesammelt, sie mit Menschenhaaren gebürstet, zusammengebunden und unter der Schwelle einer Familie vergraben, der sie schaden wollte. Die Folge sei gewesen, daß die Hausfrau unfruchtbar, der Mann impotent und sechs Hengste störrisch geworden seien.

Die Kraft der Schwelle wurde aber nicht nur zu solchen (tatsächlichen oder auch nur unter der Folter zusammenphantasierten) üblen Zaubereien mißbraucht: Sie diente vor allem dazu, Krankheiten zu kurieren und die verschiedensten Liebeszauber durchzuführen. In Mecklenburg etwa erzählte man, daß ein junger Mann, der endlich einen Bart haben wollte, nur zu warten brauchte, bis ein junges Mädchen durch die Tür ging. Dann legte er sich, ohne ein Wort zu sagen, rasch bäuchlings nieder und scheuerte sein Kinn auf der Schwelle – und angeblich sprossen auch schon bald die ersten Barthärchen.

Schwertlilie

Die Schwertlilie (*Iris*) schmückt im Frühjahr die Ufer von Teichen, Gräben und Seen mit ihren gelben Blüten; ihre zahlreichen Arten sind beliebte Gartenblumen. Im Gegensatz aber zu den meisten Pflanzen, spielten bei ihr weniger die Blüten oder

Schwertlilie. Zeichnung von Ditte Bandini

Blätter als vielmehr die unterirdischen Teile im Volksglauben eine Rolle. Eine Handschrift aus dem fünfzehnten Jahrhundert erklärt, wer eine Schwertlilienwurzel bei sich trage, »dem mag kain tüffel kain layd noch kain schaden by lebendem lib nit getun«.

In Nassau pflegten die Männer die Wurzel in der Osternacht auszugraben, sie zu trocknen und dann auf der bloßen Haut zu tragen, um dadurch gegen »Hieb und Stich« gefeit zu sein. Von einer anderen Wirkung erzählte eine der Hexerei angeklagte Frau im Jahre 1650: Pferde würden schön und zögen alle Lasten, die man ihnen auflade, wenn man ihnen zerstoßene Schwertlilienwurzeln unter das Futter mische.

Während man bei dieser Aussage nicht sicher sein kann, ob sie nicht auf das Konto der Folter zurückzuführen ist, war ein anderer Glaube nachweislich weit verbreitet und bereits aus der Antike bekannt. Die am Johannistag (24. Juni) ausgegrabene und als Amulett umgehängte »gelb lilgenwurz« soll nämlich ein hervorragendes Mittel gegen Zahnschmerzen sein – und wenn man sie mit der linken Hand aus dem Boden zieht und dabei sagt, welchem Kranken sie helfen soll, dann lassen sich mit ihr, wie Plinius erklärt, auch Kröpfe und Geschwülste heilen.

Sellerie

Der Sellerie gilt im Volksglauben als starkes Aphrodisiakum. Im sechzehnten Jahrhundert empfahl ein Arzneibuch den Männern, »das dich din frouw für al man lieb hatt«, Selleriesaft mit Honig zu verrühren und anschließend zu erwärmen. Dann »schmir den zagel da mit und die hoden, so machst du als wohl, das ir kein ander fur dich liebt.« Diese besondere Wirkung des Selleries war auch in Frankreich bekannt, denn dort pflegte man zu sagen: »Wenn die Frau wüßte, was der Sellerie für einen Mann bedeutet, würde sie bis nach Rom laufen, um welchen zu besorgen.«

Eine im Kloster Maria Laach verwahrte Handschrift aus dem elften Jahrhundert erwähnt noch eine weitere angebliche Gabe des Selleries. Wenn man nämlich einer Schwangeren ohne ihr Wissen grünen Sellerie auf den Kopf legt und sie als nächstes den Namen eines Mannes spricht, wird ihr Kind ein Junge werden; nennt sie dagegen zuerst eine Frau, dann wird es ein Mädchen.

Sieb

Die Bedeutung, die dem Sieb im Volksglauben fast aller Länder zukam, erklärt sich zunächst vermutlich aus seiner wesentlichen Aufgabe, die Essenz oder das Reine vom Unreinen zu scheiden und die Nahrung der Menschen vom Abfall zu trennen. Die Griechen hängten deshalb in ihrem Haus ein Sieb als Symbol häuslichen Glücks auf, und in vielen Ländern spielte dieses Gerät bei der Hochzeitszeremonie eine Rolle. Bei den Serben beispielsweise warf die Braut einige Handvoll Körner aus einem Sieb hinter sich, und in Schottland hielt die Schwiegermutter ein Sieb mit Brot und Käse über den Kopf der Braut.

Nach weitverbreitetem Glauben haben aber auch die Geister eine Vorliebe für das Sieb und betrachten es als eines ihrer wichtigsten Werkzeuge. In Indien glaubt man, daß eine der zahlreichen Krankheitsgöttinnen, Matangi-Shakti, die Menschen mit einer Worfschaufel »siebe«; hierzulande galt das Sieb als eines der Attribute der Wetterhexen, und auch allen möglichen Geistern wurde eine enge Beziehung zu Sieben nachgesagt. Von zwei Walderisken, weiblichen Feenwesen, wird erzählt, daß sie in einem Sieb von Holland ins niedersächsische Rheden reisten, und von den schlesischen Fenesmannel und -weibel hieß es, sie würden auf Sieben sogar nach Amerika fliegen. Geister und Hexen können also auf Sieben reiten – und sich sogar nach Lust und Laune in diese Geräte verwandeln. Die Rügener erzählen, daß einmal einem ihrer Schäfer ein Siebrand aus einem Wirbelwind zuflog. Als er ihn auffing, stand plötzlich ein Mädchen neben ihm und jammerte:

»Min Sevenrand, min Sevenrand,
Wo ropt (ruft) min Moder in Engelland.«

Der Schäfer gab ihr den Rand zurück, und sofort war sie verschwunden. In Schlesien soll ein Mädchen einen Alp, der zu ihr ins Zimmer kam, gepackt und dann wieder losgelassen haben. Da verwandelte er sich in ein Sieb und flog summend zum Fenster hinaus. Dem Glauben entsprechend, daß Geister nur bis zur heiligen Zahl Drei zählen können, benutzte man in Dänemark das Sieb auch zur Dämonenabwehr. Solange die Mar, wie die Dänen dachten, damit beschäftigt ist, die Löcher im Sieb zu zählen, kommt sie nicht dazu, den Menschen Schaden zuzufügen.

Mit einem so magischen Gegenstand trieb man natürlich gern allerlei Zauberwerk. In Finnland beispielsweise legte man ein Stückchen Kohle und ein Stück Brot in ein Sieb und hielt etwas darüber, was als Pendel dienen konnte. Sprach man nun einen Wunsch aus und das Pendel bewegte sich im gleichen Augenblick, war man sicher, daß der Wunsch in Erfüllung gehen würde. Ist dieses Ritual eher ausgefallen, so war es allgemein üblich, insbesondere das Federvieh zur Abwehr allen Übels zu »besieben«. In Mecklenburg hieß es hierzu genauer: »Besiebe das Vieh, so Läuse hat, mit gebrannter Zwölftenbuchenasche« – das heißt, mit der Asche von Buchenholz, das man während einer der → Rauchnächte verbrannt hat. »Das ist aber nur für die kleinen Läuse; für die großen brenne Erbsenstroh zu Asche und besiebe damit das Vieh.«

Silber

Ebenso wie Gold und andere Metalle soll nach altem Glauben Silber eine stark antidämonische Kraft besitzen, weshalb es im Orient noch heute in Amulettform an die Wiegen gehängt wird. Ringe, Armreifen oder Ohrgehänge aus Silber sollen den Träger vor bösen Einflüssen schützen und außerdem bei einer Reihe von Krankheiten helfen. In einem Rezept aus dem sechzehnten Jahrhundert heißt es, mit Weinsteinöl vermischtes geschabtes Silber stärke das Herz und mache »gut Geblüt«.

Die Alchimisten assoziierten das Silber mit dem Mond und waren der Ansicht, daß es besonders gegen Leiden des Kopfes wirksam sei. Früher benutzte man dieses Metall gern zum Ausgraben von Heilpflanzen. In Schwaben hieß es außerdem, Männer, die sich für acht Tage »hieb- und stichfest« machen wollten, müßten im Zeichen der Jungfrau mit einem silbernen Werkzeug eine weißblühende Wegwarte ausgraben und sie an einem Freitag essen.

Ganz besondere Kräfte besitzen angeblich aus »Erbsilber« gegossene Kugeln: Mit ihnen soll man sogar Werwölfe und in Füchse, Hasen oder Schweine verwandelte Hexen oder andere dämonische Wesen erlegen können.

Silvester → Neujahr.

Smaragd
Der Smaragd soll nach mittelalterlichem Wissen vor allem die Unkeuschheit bekämpfen und, gelingt es ihm nicht, zerspringen. Von einem ungarischen König wird berichtet, daß ihm genau das mit einem wertvollen Ring passiert sei, als er mit seiner Frau »Liebesumgang« pflegte. Außerdem wird dem Smaragd nachgesagt, daß er vor Fallsucht bewahre und, am Hals getragen, das Gedächtnis und die Augen schärfe. Darüber hinaus wird sein Träger angeblich von nichts und niemand mehr erschreckt werden. In Frankreich hieß es auch, daß man die Tiersprache verstehen könne, wenn man ihn unter die Zunge lege. Nach deutschem Volksglauben ist der Smaragd der Stein der im September Geborenen. Er soll ihnen dabei helfen, falsche Freunde zu erkennen und die treuen an sich zu binden.

Sonne
Obgleich die Sonne für das Gedeihen der Feldfrüchte, der Tiere und der Menschen unerläßlich ist, spielte sie im Volksglauben, von den seit uralten Zeiten mit der Sonnenwende zusammenhängenden Riten einmal abgesehen, insgesamt eine weit geringere Rolle als der Mond. Die »Frau Sonne«, wie sie personifiziert auch genannt wurde, betrachtete man einerseits als hilfreiches Wesen, an das man sich mit verschiedenen Anliegen wenden konnte. In Pommern betete man beispielsweise bei Fieber: »Liebe Sonne, komm herab und nimm mir die 77 Fieber ab.« Andererseits schrieb man ihr aber weit mehr als dem Mond einen dämonischen, bösen Charakter zu, der sich vor allem in der Mittagszeit offenbaren soll. Ihr Aufgang dagegen wurde allgemein als ihr bester Aspekt betrachtet und entsprechend begrüßt, wozu in der Oberpfalz und in Westböhmen außer einem kurzen Gebet gehörte, daß man respektvoll den Hut zog; anderswo warf man der Morgensonne eine Handvoll Salz zu und sprach: »Gib, was man braucht, nimm, was man nicht braucht.«

Magische Handlungen zur Heilung von Krankheiten führte

›Sol indiget luna, ut gallus gallina‹, Holzschnitt von Matthäus Merian d.Ä. (1593–1650), aus: Michael Maier: Atalanta Fugiens

man im wesentlichen bei – oder kurz vor – Sonnenaufgang durch. Allgemein galt dabei die Regel, daß alle »guten« Rituale mit der Sonne, also nach dem Uhrzeigersinn ausgerichtet, alle »schlechten« gegen die Sonne zu vollziehen waren. Alle Tätigkeiten aber, die im Freien stattfanden, mußten mit dem Untergang der Sonne eingestellt werden, weil dann die Herrschaft der Geister beginne. In manchen Gegenden hütete man sich sogar, nach Sonnenuntergang noch irgendwelche Milchprodukte – die von bösen Wesen besonders gern »verhext« werden – aus dem Haus zu geben.

Obgleich die ganze Periode der Abwesenheit der Sonne als

magische Zeit angesehen wurde, machte man doch einen Unterschied zwischen »nach Sonnenuntergang« und »vor Sonnenaufgang«. Während Heilpflanzen meistens am frühen Morgen gesammelt werden sollten, führte man jede Art von Zaubereien oder Orakeln• eher nach Sonnenuntergang durch und zwar im allgemeinen um Mitternacht, vermutlich, weil dann die Sonne am fernsten und die Macht der Geister am größten sein soll.

Seltsam weit verbreitet war und ist die Ansicht, daß die Sonne an bestimmten Tagen des Jahres drei Freudensprünge mache, die man in Westböhmen die »Hupfa«, in Pommern das »Osterlammspringen« nannte. Aus Freude über die Auferstehung der Natur – oder, wie später die Christen sagten, Jesu – hüpfe die Sonne zu Ostern am Himmel. Am besten seien die Sprünge zu sehen, sagte man in Mecklenburg, wenn man durch einen Zaun schaue. In anderen Gegenden, so etwa in Schwaben und in der Schweiz, dachte man, die Sonne hüpfe am Himmelfahrtstag, an Johanni (24. Juni) oder auch am Pfingstsonntag. Früher zogen ganze Prozessionen an den genannten Tagen oder am Vorabend auf die Hügel der Umgebung, um dort auf das Schauspiel zu warten, das, wie man sagte, in der Regel bei Sonnenaufgang erfolgt. Die aus Pommern gebürtige Großmutter der Verfasserin, Elli Schröder, weiß noch, daß auch ihr Großvater jeden Ostersonntagmorgen vor Tagesanbruch das Haus verließ, um von den Saatziger Bergen aus die Sonne hüpfen zu sehen.

Sonntag

Wie die noch immer gebräuchliche Bezeichnung »Sonntagskind« zeigt, galt der Sonntag, vor allen anderen aber der »goldene« Dreifaltigkeitssonntag (Trinitatis), überall als Glückstag. Alles, was an diesem Tag begonnen wird, soll gelingen, wenn man dreimal die Kirche umrundet und dabei fest an sein Vorhaben denkt.

Alle Sonntage eignen sich zum Hochzeitfeiern, und im Erzgebirge bevorzugte man diesen Wochentag auch für den Einzug in ein neues Heim. In Westböhmen glaubte man, alles, was man an einem Sonntag träume, gehe in Erfüllung, und allgemein war man der Ansicht, das Wetter an diesem Tag sei bestimmend für die kommende Woche. In Mecklenburg sagte man, wenn es vor der Messe oder gar während des Gottesdienstes regne, werde die nächsten Tage schlechtes Wetter sein, und in Holstein hieß es, wenn die Sonne während der Predigt auf die Kanzel scheine, sei für die folgende Woche gutes Wetter zu erwarten.

Sonntagskind
Als Sonntagskind werden nicht nur diejenigen unter uns bezeichnet, die tatsächlich an einem Sonntag geboren sind, sondern auch alle, die an besonderen Zeitpunkten des Jahres zur Welt kommen. Zu diesen glücklichen Tagen – oder eher Nächten – zählen nach alter Vorstellung vor allem die Christnacht, die Neujahrsnacht und überhaupt jede Nacht in den Zwölften (→ Rauchnächte), und auch die Johannisnacht (24. Juni) wird zuweilen in diesem Zusammenhang genannt. Obgleich es ein Sonntagskind, wie man sagt, im Leben nicht immer leicht hat, soll ihm im wesentlichen alles glücken, was es in Angriff nimmt, und außerdem ist es, wie man im Allgäu erklärte, begabt, schön und gescheit. In Hinterpommern sagte man, ein Sonntagskind könne alle wichtigen Ereignisse des nächsten Jahres sehen, wenn es in der Silvesternacht zwischen elf und zwölf Uhr über das Haus blicke, denn – und darin stimmte man in ganz Deutschland überein – Sonntagskinder seien geistersichtig. Während sie angeblich gegen alle Anfechtungen böser Wesen geschützt sind, besitzen sie selbst zauberische Fähigkeiten, mit denen sie beispielsweise Geister bannen oder, wie die Oberpfälzer glaubten, arme Seelen erlösen können. Auch den Wind vermögen sie zu besänftigen; dazu müssen sie, wie in den Akten eines Hexenprozesses des Jahres 1587 nachzulesen, lediglich dreimal sagen:

»Gligg, gligg Wind,
Ich bin ein Sonntagskind.«

Spatz → Sperling.

Speichel

Menschliche Spucke zählt zu den zauberwirksamsten Substanzen. Sie ist wesentlicher Bestandteil des Körpers und gleichzeitig problemlos von diesem zu trennen, was sie einerseits für jede Art von magischen Handlungen besonders geeignet macht, andererseits in Händen Unbefugter zu einer gefährlichen Waffe werden läßt. Deshalb muß man sie, wie man in Schwaben sagte, nach dem Ausspeien sofort zertreten. Am häufigsten benutzte man den eigenen Speichel dazu, um Krankheiten zu heilen. Diese Methode war derart gebräuchlich, daß man die Spucke in der Oberpfalz als das »Pflaster der Bauern« bezeichnete.

Die einfachste Kur bestand darin, sich den Speichel auf einen Finger – am besten den Daumen – zu spucken und über die kranke Körperstelle zu streichen; auch zur Beseitigung von Warzen und Gerstenkörnern war dies ein allgemein gebräuchliches »Rezept«. Oft hieß es, man müsse für solche Kuren den »nüchternen« Morgenspeichel benutzen, denn dieser sei so stark, daß man, wie es in einer Minoritenpredigt des vierzehnten Jahrhunderts heißt, selbst den Teufel mit ihm austreiben könne. Daneben wurden dem Speichel prophylaktische Kräfte zugeschrieben. In Schlesien bestrich man die Augenlider mit »nüchternem« Speichel, um weiterhin gut sehen zu können, und in Bayern rieb der Vater seinem Kleinkind Spucke auf das Zahnfleisch, damit es keine Zahnschmerzen bekäme. (→ Spucken)

Sperling

Eine Sage berichtet, daß Nachtigallen, die nicht mehr singen, zu Sperlingen werden. Weit öfter heißt es allerdings, daß sich bestimmte Geister in Spatzen verwandeln. Im Erzgebirge erzählte man, im Wirbelwind sitze der Teufel. Er ziehe voran, und hinterdrein folgten viele kleine Spatzen. Vielleicht hielt man es gerade wegen dieser Verbindung zu dämonischen Wesen für ein gutes Zeichen, wenn Spatzen unter dem Dach eines Hauses nisten. Man sagte, es bedeute Glück und Reichtum für dessen Bewohner. Wenn aber ein Sperling ans Fenster geflogen kommt, steht, wie man in Posen glaubte, ein Brief ins Haus.

Die Bauern waren allerdings über Spatzen auf ihrem Gehöft nicht so erfreut, denn sie fürchteten um ihre Saat. Im Laufe der Jahrhunderte entwickelten sie daher zahllose phantasiereiche Methoden, um Sperlinge von ihren Feldern fernzuhalten. Sie probierten es unter anderem damit, von jeder Ecke des Feldes vor Sonnenaufgang eine Ähre abzubeißen und in den Schornstein zu hängen, während der Reifezeit dreimal nackt um das Feld zu laufen oder – in protestantischen Gegenden – Knochen vom Karfreitagsbraten in den Acker zu stecken. Böswillige Menschen schickten ihren Nachbarn die Spatzen hinüber, indem sie fünf Weizenkörner zu einem Brei kauten und dem Betreffenden auf den Acker spuckten. Dadurch, so glaubte man in Thüringen wie in Estland und Finnland, wurden die Spatzen dorthin gelockt und verschonten das eigene Getreide.

Spinne

Unsere Angst und vor allem unser Abscheu vor Spinnen wurde von unseren Vorfahren nicht geteilt. Zwar galten sie allesamt als giftig, was für die Kreuzspinne ja tatsächlich zutrifft, doch sollten sie zugleich alles Giftige im Haus aufsaugen und dadurch vernichten. Eine Spinne, die sich in der Wohnung aufhält, zu töten oder auch nur zu vertreiben, sollte dementsprechend Unglück nach sich ziehen.

Große Bewunderung wurde den »geistigen« Fähigkeiten der

Kreuzspinne

Spinne entgegengebracht, allen voran ihrem erstaunlichen Orientierungssinn: Es hieß, man könne sie noch so weit von ihrem einmal erwählten Platz forttragen – sie fände stets zurück. Deshalb zollte man ihr, insbesondere aber der Kreuzspinne, hohen Respekt, hielt sie in Ehren und betrachtete sie als glückbringend. In Tirol wurde die Kreuzspinne sogar als heilig angesehen und Muttergottestierchen genannt. Doch auch andere Spinnen galten als gutes Omen, namentlich wenn sie zu mehreren auftraten. Im Erzgebirge sagte man zu ihnen:

»Bringst du Glück, so bleibst du stehen,
Bringst du keins, so kannst du gehen.«

Ein gutes Omen ist, wenn man sie abends sieht – wie man auch in Frankreich glaubt, wo es heißt: »Araignée du soir, bon espoir« – »Spinne am Abend (bringt) gute Hoffnung«. Morgens eine Spinne zu erblicken, galt allerdings eher als schlechtes Vorzeichen.

Wenn einem eines dieser Tierchen über die Hand lief, über die Brust kroch oder sich am Faden auf einen herabließ, freute man sich und hoffte auf einen erfolgreichen Tag. Direkt auf Geld deutet es angeblich, wenn man eine Spinne an ihrem Netz arbeiten sieht oder wenn sie ins Zimmer hereinkommt.

Ungeachtet all dieser positiven Eigenschaften sagte man der Spinne einen ambivalenten Charakter nach und brachte sie mit dämonischen Mächten, Geistern und Kobolden genau wie mit guten Wesen in Verbindung. Dewegen verwendete man sie auch gern als Orakeltier, beispielsweise, um beim Lotto die richtigen Zahlen in Erfahrung zu bringen (→ Lotterie) und hielt sie für einen ausgezeichneten Wetterpropheten. Sitzt die Spinne mitten in ihrem Nest oder spinnt sie, ist gutes Wetter angesagt, verläßt sie ihren Platz und krabbelt auf dem Boden herum, sagte man in Schwaben, steht Regen bevor. Leicht nachvollziehbar ist schließlich die Prognose, daß es warm wird, wenn die Spinne ihr Netz in der Nähe des Fensters webt, kalt dagegen, wenn sie einen Platz am Ofen vorzieht.

Springwurzel

Die Springwurzel ist eines der wenigen sagenhaften Heilkräuter, die sich nicht mit einer bestimmten tatsächlich existierenden Pflanze identifizieren lassen, von deren Gewinnung und Bedeutung aber antike und mittelalterliche Schriftsteller berichten und die auch im Volksglauben eine große Rolle spielten. Bei Plinius und Aelian heißt es, daß Specht und Wiedehopf mit Hilfe dieses wunderbaren Krautes Keile, Lehm oder Nägel aus ihrem Nest entfernen. Diese Geschichte war jahrhundertelang lebendig und wurde häufig variiert, denn auch Schwalbe oder Star sollten die Springwurzel nutzen. Ein deutscher Schlosser des sechzehnten Jahrhunderts weiß, was Frösche mit dem Wunderkraut machen: Wenn man zwei kopulierende Frösche trennt und das untere Tier, also das Weibchen in einen irdenen Topf legt »und den wohl verschließt, so kommt der andere Frosch, bringt ein Kraut und legt es in den Hafen (Topf) hinein, der auseinanderfällt, so daß der gefangene Frosch frei werde«. Wenn ein Mensch aber dieses Kraut in seine Hände bekäme, könne er damit alles, was er wolle, ohne Schlüssel öffnen.

Während der Mensch in den genannten Fällen nur durch ein Tier in den Besitz der geheimnisvollen Pflanze gelangen konnte, hieß es in Siebenbürgen, man müsse sich einen Weg suchen, an dem mindestens neunzehn Stauden wüchsen. Von der ersten solle man eine Blüte pflücken, die zweite übergehen, von der dritten wieder eine Blüte nehmen und so weiter, bis man neun Blüten beisammen habe. Der nächste Schritt sei nun, von jeder der Blüten ein Blättchen abzureißen, sich einen Schnitt in den Daumen zu machen und die Blättchen in die Wunde zu drücken. Sobald der Daumen verheilt sei, könne man mit ihm alle Schlösser öffnen. Hier und in anderen Angaben ist von einer »Wurzel« zwar nicht die Rede, doch wird im Volksglauben nicht alles wörtlich genommen. Genausooft wie die Springwurzel wird nämlich das »Springgras« erwähnt beziehungsweise der »Hüpfer« oder »Springer«, mit dem man ebenfalls alles Beliebige öffnen könne.

Damit ist die Wunderkraft des Springkrauts aber nicht erschöpft, denn als Amulett soll es bewirken, daß man immer

Geld in der Tasche hat, und obendrein, so sagten die Schwaben, dafür sorgen, daß man weder von Kugeln noch von Stichwaffen getroffen werden kann. In Oldenburg war man schließlich davon überzeugt, daß die sagenhafte Pflanze imstande sei, Feuer zu löschen.

Spucken
Welche Zauberkraft dem → Speichel zugeschrieben wurde, zeigen die zahllosen Gelegenheiten, bei denen empfohlen wurde auszuspucken. Zu unterscheiden ist allerdings zwischen der heilenden und per se magischen Wirkung der Spucke, und dem *Akt* des Spuckens, der in der Regel mit der Zahl Drei gekoppelt ist. Dreimaliges Ausspucken wehrt nach altem universalem Glauben alles ab, was sich an Üblem zu nähern versucht oder über einen hereinzubrechen droht. Dazu gehören beispielsweise negative → Angänge, unfreiwillige Begegnungen mit unglückbringenden Tieren oder verhaßten Menschen und das unheilkündende Knacken des Feuers. Die Schlesier spuckten aus, wenn sie in einen Wirbelwind gerieten, und riefen dazu: »Pfui, alte Sau«, während die Bayern sich ein wenig höflicher ausdrückten: »Pfui, pfui! Hex' laß da!« Gleichfalls Hexen oder böse Geister von sich fernhalten wollten die Siebenbürger Sachsen, wenn sie morgens beim Überschreiten der Schwelle dreimal darauf spieen.

Mit Spucke lassen sich auch die schlimmen Auswirkungen des → Beschreiens aufheben, beispielsweise, wenn ein Kind wegen seiner Schönheit gelobt wird. In diesem Fall spuckte die Mutter ihrem Sprößling über die linke Schulter oder, wie in der Oberpfalz, auf die Seite oder gar ins Gesicht. In Preußen leckte sie das Gesicht des beschrienen Kindes dreimal ab, im Böhmerwald spuckte sie bei jedem Mal obendrein aus oder zur Tür hinaus. Überhaupt hielt man es bei vielen Gelegenheiten für ratsam, rein prophylaktisch auszuspucken. So sollte man nach mecklenburgischem Glauben beispielsweise jeden gefundenen Gegenstand bespucken, und falls man vorhatte, in einem Bach oder See zu baden, empfahl es sich nach Ansicht der Bayern, vorher drei Kiesel aus dem Wasser zu holen und sie zu bespucken, um die Wassergeister fernzuhalten. Wie allgemein üblich das dreimalige Ausspucken früher war, zeigt, daß sogar bei der Belagerung von Danzig im Jahr 1734 die alten Frauen jedesmal, wenn eine Kanonenkugel in die Stadt fiel, dreifach ausspien und dazu riefen: »Phy, phy, phy, da kömmt de Drack (Drache) getragen.«

In gleicher Weise, wie das ursprünglich nur Unglück abwehrende Hufeisen zu einem Glücksbringer wurde, sah man mit der Zeit auch das Bespucken als eine Methode an, etwas Positives herbeizuzwingen, zu bewahren oder zu sichern. Die immer noch gebräuchliche Sitte, sich in die Hände zu spucken, bevor man eine körperliche Arbeit in Angriff nimmt, ist darauf zurückzuführen, denn, wie man im Bergischen und in Sachsen sagte: »Das bringt Kräfte«. Auch das Bespucken von Münzen gehört hierher, denn man möchte damit garantieren, daß der Geldsegen anhält. Nicht zuletzt sei an das bekannte »Toi, toi toi« erinnert, das lediglich als ein »höflicher« Ersatz für richtiges Ausspucken zu verstehen ist.

Stein

Im Volksglauben fest verwurzelt war die Ansicht, daß Steine, solange sie unberührt in der Erde bleiben, wie Pflanzen wachsen, also lebendige Wesen sind. Je länger sie an ihrem Platz liegen, desto mehr Energie nehmen sie aus der Erde in sich auf und desto größer wird ihre Heilkraft. So versuchte man, Krankheiten »loszuwerden«, indem man die betroffene Körperstelle mit einem Stein bestrich und diesen dann an seinen Platz zurücklegte.

Man glaubte, der Stein speichere das, was man auf ihn überträgt. Wenn also ein junger Mann den Sommer über in der Fremde Arbeit suchte, gab er seinem Mädchen einen Stein, den er zuvor geküßt hatte. Den so mit Liebe aufgeladenen Stein bewahrte das Mädchen auf, bis ihr Liebster im Herbst zurückkam und kein Stellvertreter mehr nötig war. Die von den Steinen über die Jahrtausende aufgenommene große fruchtbarkeitsspendende Erdkraft wollte man in Baden und im Erzgebirge auf Obstbäume übertragen, indem man – hauptsächlich in der Weihnachtsnacht – zwischen die Äste Steine legte. Dadurch, so war man überzeugt, würde die Obsternte im nächsten Jahr besonders gut ausfallen. Diese Methode wurde übrigens auch als Kur bei verdorrenden Bäumen angewendet. Doch nicht nur Pflanzen ließ man die Segenskraft der Steine zuteil werden: An Silvester pflegte man Tische mit Steinen zu belegen, um das Jahr über genügend Essen zu haben. Dieser Brauch war so weit verbreitet, daß ihn der um die Jahrtausendwende lebende Bischof Burchard von Worms ausdrücklich als heidnischen Aberglauben verbot.

Als besonders wirkmächtig galten solche Steine, die sich durch ihre Form und Größe auszeichneten oder deren Lage in irgendeiner Weise bemerkenswert war. *Sie* wurden als heilig und von übernatürlichen Wesen beseelt angesehen. Zu ihnen ging man, wenn Hilfe vonnöten war, umkreiste sie drei- oder auch neunmal, küßte oder berührte sie. Man bat um die Heilung eines Leidens, darum, daß ein Kind gut gedieh, um die Treue des Partners und vieles andere mehr. In der Normandie gingen Mütter zum »Pierre Djallon« (einem bestimmten Menhir), legten einen Zweig darauf und baten darum, daß ihre Söhne bei der Auslosung zum Militärdienst eine gute Nummer zögen.

Ein weiterer Grund, zu bestimmten Steinen zu pilgern, war der Wunsch nach Kindern. In Frankreich pflegten die Frauen vor Sonnenaufgang das Dorf zu verlassen und, sich bei den Händen fassend, einen Felsblock zu umtanzen. Drastischer war der Brauch, daß sich ein seit langem kinderloses Ehepaar um den Stein herum verfolgte und schließlich vor ihm vereinigte. Aber gleichgültig, mit welchem Anliegen man einen Stein aufsuchte, man durfte auf keinen Fall vergessen, sich anschließend mit einer Gabe bei ihm zu bedanken. Ein solches Dankgeschenk konnte in Münzen bestehen, in Blumen, Stoff, Bändern, Brot oder auch ein wenig Milch.

Sternschnuppe

Die Schwaben hielten Sternschnuppen für verirrte Sterne, die wieder an ihren Platz zurückfliegen, während die Oberpfälzer der Ansicht waren, sie seien die Dochte, die auf die Erde fallen, wenn die Engel die Sterne putzen. Anderswo dachte man dagegen, sei seien die Seelen Verstorbener oder die Tränen des Mondes.

Während im allgemeinen jede ungewöhnliche Himmelserscheinung – sei es nun eine Mond- oder Sonnenfinsternis oder ein Komet – mit Unbehagen betrachtet wurde, galten Sternschnuppen als positives Omen. Noch heute weiß jedes Kind, daß man sich beim Anblick einer Sternschnuppe etwas wünschen kann. In Italien versuchten Ledige vor allem während der Zwölften (→ Rauchnächte) eine Sternschnuppe zu sichten und dabei fest ans Heiraten zu denken – weil sie dann sicher sein konnten, daß im kommenden Jahr ihr Warten ein Ende haben würde.

Furchtsamere Gemüter hielten es allerdings für angebracht, beim Anblick einer Sternschnuppe rasch ein Gebet zu sprechen, das sowohl der Abwehr von üblen Folgen für Leib und Seele als auch dem Schutz vor einer Feuersbrunst gelten konnte. Von einem Bauern aus Minden ist überliefert, daß er sich, wenn er einer Sternschnuppe ansichtig wurde, ins Haar griff und sagte: »Heerbrand stoh (Sternschnuppe steh/warte)! Seo vil Hoore, seo vil Johre.«

Storch

Der Schwalbe gleich gilt der Storch als ein glückbringendes Tier, und so wird sein Name »Adebar« (tatsächlich wohl = »Sumpfgänger«) volksetymologisch als »Segensbringer« gedeutet. Wohl dem Haus, auf dem er nistet, denn es soll vor Feuer und Blitz geschützt sein. Als Frühlingsboten begrüßte man ihn mit Freude und rief ihm etwa zu:

»Am Sankt Peterstag sucht der Storch sein Nest
und kommt von Schwalben der Rest.«

Während die Pommern beim ersten Anblick eines Storches die Münzen in ihrem Portemonnaie schüttelten, um das ganze Jahr über genügend Geld zu haben, nutzten die Schlesier die Gelegenheit, um den Vogel in deftiger Weise direkt darum zu bitten:

»Grimmarsch, Kratzarsch!
Haben nichts im Täschl,
möchten gern a Gröschl.«

Die immer noch lebendige Vorstellung, daß der Storch die Kinder bringe, könnte sich aus dem alten heidnischen Brauch entwickelt haben, bei Kinderlosigkeit Gewässergottheiten oder Feen um Nachwuchs zu bitten. Da der Storch ein Wasservogel ist und in Sümpfen und flachen Seen herumstakt, übernahm er vielleicht im Zuge der Christianisierung diese Funktion. In jedem Fall zeigen die zahlreichen Kinderverse und Liedchen, wie tief die Überzeugung, er bringe die Babys, im Volk verwurzelt war. Dementsprechend nahmen es frisch gebackene Eheleute als Ankündigung baldigen Familienzuwachses, wenn Störche über ihrem Haus kreisten oder sich gar darauf niederließen. Gab es aber schon Kinder im Haus, rief man im Braunschweigischen dem Vogel zu:

»Heilebart, du Langbein,
Lat dik nu nich wedder sein.«

Streit

Nach weitverbreitetem, wenn nicht gar universalem Glauben ist es nicht unbedingt Schuld der Menschen, wenn sie sich streiten; Zwist kann auch durch bestimmte Gegenstände oder Aktivitäten hervorgerufen werden. Das zufällige Verschütten von Salz gehört zu den bekanntesten »Fehlhandlungen« dieser Art, eine weitere ist, Schuhe auf einen Tisch zu stellen, zu zweit von einem Löffel zu essen, ein Schwalbennest herunterzureißen oder einen Regenschirm in der Wohnung aufzuspannen.

Während hier konkret Streit die Folge sein soll, wird durch bestimmte Geschenke – vor allem Messer und Scheren sowie jede Art von Nadeln – angeblich die Freundschaft oder Liebe zerschnitten. Doch können auch manche Gegenstände, die man selbst ins Haus holt, wie zum Beispiel Pfauenfedern, und bestimmte Pflanzen für Unfrieden sorgen: Efeu, Begonien, Farn und fünfblättriger Klee sind nach landläufiger Ansicht besser im Freien oder auf dem Balkon aufgehoben. Da die Liste dieser Streitquellen beliebig verlängert werden könnte, ist es ein Ding der Unmöglichkeit, alle entsprechenden Tabus zu beachten. Daher sollte man sich vielleicht mit dem alten Spruch trösten: »Wo kein Zank, ist auch kein' Eh'«.

T

Tanne

Im Volksglauben wurde zwischen Tanne und Fichte in der Regel kein Unterschied gemacht. Beide galten, vermutlich ihrer Nadeln wegen, als dämonenwidrige Bäume, weshalb man mit ihnen zu bestimmten »gefährlichen« Zeiten die Ställe und Türen schmückte. Den gleichen Schutzzweck erfüllte das auf den Giebel eines Rohbaus gestellte, mit bunten Bändern verzierte Tannenbäumchen – ein Brauch, der heute noch überall gepflegt wird. Es soll alles Böse, vor allem den Blitz vom Haus und seinen künftigen Bewohnern fernhalten – und vermutlich ist das auch der Sinn des Weihnachtsbaums. Mit Zweigen dieser Nadelbäume versuchte man sich an mancherlei Orakeln. So gaben die Böhmen am Dreikönigstag jeweils einem Ästchen den Namen einer Getreidesorte und legten diese dann in das Feuer. Eine gute Ernte versprachen sie sich von demjenigen Korn, dessen immergrüner Stellvertreter besonders laut prasselte.

Taschentuch

Das Taschentuch ist erst im sechzehnten Jahrhundert aus Italien zu uns gekommen, und so betrachtete man es bis vor kurzer Zeit eher als eine Zierde denn als Gebrauchsgegenstand. Im Liebesleben spielte es zeitweise eine nicht unbedeutende Rolle, denn es galt – wie jeder am Körper getragene Stoff – nach altem Glauben als magisch wirksam. So ist die bis weit in unser Jahrhundert hinein geübte Sitte, durch ein fallengelassenes Taschentuch mit einem Mann anzubändeln, durchaus als kleiner Liebeszauber zu verstehen. Ostpreußische Mädchen waren davon überzeugt, daß sie einen Mann an sich binden könnten, wenn sie ihm erlaubten, sich die Hände an ihrem Taschentuch oder ihrer Schürze abzutrocknen. Und in Frankreich versuchten die jungen Männer mit einem ähnlichen Hintergedanken, in den Besitz eines Taschentuches ihrer Erwählten zu gelangen.

Eine etwas absonderliche Verwendung des Taschentuchs ist aus den Alpen überliefert. Im Vorarlberg glaubte man nämlich, daß das Sternbild des Großen Wagens alle sieben Jahre auf die Erde herunterkomme und dann jeden vernichte, der nicht rasch genug sein Taschentuch auf den Boden lege und sich mit den Worten daraufsetze: »Ich bin auf meiner Sache.«

Tau

Dem Tau kommt im Volksglauben die Bedeutung des Lebenswassers zu. Dabei wurde er fast als lebendiges Wesen betrachtet, denn man sprach davon, daß er die Wiesen tränke, das Gras färbe und auf dem Zaun sitze. Während er in germanischen Mythen als Milch der Wolkenkühe gedeutet wurde, interpretierte man ihn in späteren Zeiten eher als Tränen überirdischer Wesen. Seine Kraft sollten sich die Menschen vor allem an bestimmten Tagen des Jahres, wie Karfreitag, Ostersonntag oder dem ersten Mai, zunutze machen können.

Sehr beliebt war es, sich vor Sonnenaufgang mit Tau zu waschen, was alle erdenklichen Krankheiten heilen, schön und klug machen sowie das ganze kommende Jahr vor Leiden schützen sollte. Die Mecklenburger und Schlesier glaubten, Sommersprossen ließen sich mit Tau vertreiben, während die Sizilianer davon überzeugt waren, daß sie sich am Himmelfahrtstag nur mit Tau das Gesicht zu waschen bräuchten, um vor Kopfweh bewahrt zu bleiben. Doch gilt der Tau nicht nur an den genannten Tagen als heilkräftig, denn nach weitverbreitetem Glauben genügt es schon, bei zunehmendem Mond eine kranke Körperstelle mit Tau zu benetzen, damit sie gesundet. Tiere bewahrte man vor Krankheiten, indem man sie in der Walpurgisnacht (30. April) vor Sonnenaufgang mit Tau einrieb und dreimal dazu sprach: »Jetzt wasche ich dich in Walberntau, das hilft fürs gah, fürs blah, für'n Unflat.«

Thomastag

Der 21. Dezember ist der kürzeste Tag des Jahres und damit der Zeitpunkt der Wintersonnenwende, die in früheren Zeiten die Bedeutung des Jahreswechsels besaß. Daher dürften die meisten der für diesen Tag vorgeschriebenen oder praktizierten Bräuche mit letzterem zusammenhängen und nicht eigentlich mit dem heiligen Thomas. Dies gilt vor allem für die zahlreichen Orakel, die nach altem Glauben jetzt durchgeführt werden sollten, um den Verlauf des kommenden Jahres im voraus zu erfahren.

Hierzu legte man sich mancherorts abends verkehrt herum ins Bett und glaubte, man werde nun von den Geschehnissen des nächsten Jahres träumen. Ledige Mädchen in Kärnten nutzten diesen Tag, um das Hausgerät blitzblank zu putzen, weil sie dadurch hofften, im nächsten Jahr eine Braut zu werden, und Lottospieler steckten in die Knödel numerierte Zettel. Die Knödel, die als erste im kochenden Wasser nach oben kamen, enthielten angeblich die Glückszahlen der nächsten Ziehung. Wie in allen besonderen Nächten, gehen in der Nacht des 21. Dezember die Geister um, namentlich die wilde Jagd. Auch sollen, wie man im Allgäu glaubte, in dieser Nacht die → Schätze »blühen« und daher sichtbar sein, weshalb sich die Schatzsucher jetzt auf den Weg machten. In Schweden ging auf dem Lande niemand in eine Schmiede, weil man glaubte, sie gehöre in dieser Nacht den Nissen (skandinavischen Schutzgeistern der Häuser, → Kobolden). Zur Abwehr der bösen Geister pflegte man in dieser ersten → Rauchnacht, Haus und Stall gründlich auszuräuchern, und zur Sicherheit fütterten Bauern ihr Vieh zusätzlich mit Salz und Brot – zwei unheilabwehrenden Substanzen. Die Westfalen schließlich sorgten in dieser Nacht verstärkt für das leibliche Wohl und aßen und tranken nach Herzenslust, damit sie sich, wie sie sagten, im kommenden Jahr nicht »totzuhungern« bräuchten.

Tiernamen

Die meisten der in älteren Zeiten gebräuchlichen (und zu einem großen Teil noch heute verwendeten) Tiernamen beruhten auf – im weitesten Sinne – abergläubischen Vorstellungen. Vier der bekanntesten Beispiele hierfür sind der Tausendfüßler, die Blindschleiche, der Feuermolch und der Ohrwurm. Der eine hat bestimmt keine tausend Füße, die andere ist nicht blind, der Feuermolch oder -salamander kann keineswegs im Feuer überleben, und der Ohrkneifer kriecht Schlafenden nicht in den Gehörgang und beißt hinein. Auch die Annahme, Fledermäuse würden den im Rauchfang hängenden Speck fressen, worauf ihre volkstümliche Bezeichnung »Speckmaus« beruht, geht auf einen Irrtum zurück, und daß der »Neuntöter« immer erst neun Tiere tötet und aufspießt, bevor er sich ans Essen macht, ist gleichfalls ein Ammenmärchen.

Für bestimmte Tiere, die mit Respekt betrachtet wurden, wählte man achtungsvolle Bezeichnungen – man denke nur an die Bienen-»Königin« und die geflügelte Ameise, der man gleichfalls diesen Titel verlieh. Bei manchen Tieren behalf man sich mit Namen bekannterer Tierarten, die teilweise verändert und an Kennzeichen oder Lebensraum des betreffenden Lebewesens angepaßt wurden. So hieß das Eichhörnchen etwa »Baumkater«, das Murmeltier »Murmelmaus«, der Hamster »Kornferkel« und der Dachs »Grabschwein«.

Ein in früheren Zeiten und teilweise auch heute noch weltweit zu beobachtendes Phänomen ist, daß man sich scheute, gefährliche Tiere – ebenso wie schlimme Krankheiten oder übelwollende Wesen – beim Namen zu nennen. Man befürchtete durch eine solche Handlung die Krankheit oder das Tier auf magische Weise herbeizurufen. Daher bediente man sich, wenn man schon von ihnen sprechen mußte, verschiedener Umschreibungen, wobei eine Reihe dieser Tabubezeichnungen einen schmeichelnden Charakter haben, wie beispielsweise »Goldbein« für den Wolf oder das französische »belette«, »kleine Schöne«, oder das italienische »donnola«, »kleine Frau«, für das Wiesel. Andere Tabunamen waren eher beschreibender Art wie beispielsweise »Graurock« beziehungsweise »Rotrock« für Wolf und Fuchs. Manche dieser Namen bürgerten sich schließlich so ein, daß die eigentliche Bezeichnung in Vergessenheit geriet und nur noch die umschreibende benutzt wurde – wodurch diese ihren »Vermeidungscharakter« einbüßte und man zum Teil neue Tabunamen einführen mußte. Ein gutes Beispiel hierfür ist Meister Petz: Die Germanen scheuten sich, das gefürchtete Raubtier bei seinem wirklichen Namen zu nennen, und sprachen von ihm daher als dem »Braunen« (althochdeutsch »bero«); als daraus im Laufe der Jahrhunderte der neue »eigentliche Name« wurde (Bär), wich man gezwun-

Holzschnitt, Flugblatt aus dem 16. Jahrhundert

genermaßen auf neue Umschreibungen wie »der Große« oder »Breitschädel« aus.

Schließlich gibt es auch eine Reihe von Namen, die auf eine Verbindung der betreffenden Tiere zu bestimmten überirdischen Wesen hinweisen, und zwar bei uns vor allem zu den → Elben. In der Jägersprache hieß der Iltis etwa früher das »Elbtier« oder »Ellkatze«, und der Weberknecht wurde im Steirischen »Habermann« genannt, nach einem Schutzgeist, von dem man glaubte, daß er die Sonnenstrahlen meide; erinnert sei schließlich auch an den inzwischen »offiziellen« Namen einer Libellenart: »Wasserjungfrau«.

Tierprozeß

Früher wurden Tiere in mancher Hinsicht dem Menschen gleichgesetzt, wie der seit dem Altertum geübte Brauch zeigt, Tiere, die eine »unrechtmäßige« Handlung begangen hatten, auf die gleiche Weise wie Menschen zu bestrafen. Im alten Israel wurde ein Ochse, der einen Menschen getötet hatte, gesteinigt, die Araber peitschten einen Hund, der in eine Moschee gelaufen war, öffentlich aus, und in den phönikischen Kolonien pflegte man Löwen, die sich zu nah an die Siedlungen herangewagt hatten, ans Kreuz zu schlagen. Ab dem dreizehnten Jahrhundert begann man in Frankreich, Flandern, Deutschland und Schweden sogar damit, »kriminellen« Tieren regelrecht den Prozeß zu machen, wobei man zwischen weltlichen und geistlichen Prozessen unterschied. Weltliche Gerichte waren für Haustiere zuständig, die sich eines »Totschlags« schuldig gemacht hatten. Wie sich eine solche Klage anhörte, und wie das Urteil ausfallen konnte, zeigt das folgende Beispiel aus dem Jahre 1644, das aus Detmold überliefert ist.

»Am 12. Novembris abends, zwischen 3 undt 4 Uhr ist ein Ziegenbock in Hrn. vicecantzlarß Tilhennen hauß gelauffen kommen undt deßen Sohnchen Simon Ludevich genandt, gar gefehr- und Jämmerlich gestoßen, also sehr, daß der Knabe inwendig einer halben stunde des todts gewesen und darauf dieser bescheidt gegeben. Bescheidt:

Es soll der Ziegenbock vom Scharfrichter auff den offenen Markt zu Detmoldt geführt und daselbst eine Zeitlang, von einer virtell stunde gebunden gehalten, darnach offentlich kundt gemacht undt angezeiget werden, was es für eine bewandtniß damit hatte, daß nemblich derselbe Ziegenbock einen Jungen vornehmen Knaben mit einem Stooß umb sein leben gebracht, derowegen Er befhelicht wehre, demselben zu abschewlichen Exempel mit einem beill den halß abzuhawen, undt etzliche stiche hin undt wieder durch den leib zu thuen…«

Im Gegensatz zu diesen weltlichen Prozessen gegen einzelne Tiere wurden die kirchlichen immer nur gegen ganze Arten angestrengt, die eine Plage für die Bevölkerung darstellten. Hierunter fielen etwa Mäuse, Maulwürfe, Maikäfer, Ratten und Raupen. Der Prozeß wurde mit der Absicht durchgeführt, die Tiere zu »bessern«, und die Mittel, dies zu erreichen, bestanden im allgemeinen in Gebeten, Exorzismen oder dem Versprühen von Weihwasser. So steht beispielsweise geschrieben, daß Papst Stephan IV. im neunten Jahrhundert mit bestem Erfolg geweihtes Wasser gegen Heuschrecken eingesetzt habe, und der heilige Bernhard soll bei der Einweihung des Klosters von Foigny allein durch die Worte »Excommunico eas« (»Ich exkommuniziere sie«) lästige Fliegenschwärme vertrieben haben. Einen Übergang von solch einfacher Beschwörung zu komplizierteren Verfahren stellten die sogenannten Malediktionserlasse dar, in denen behördlicherseits eine Verwünschung ausgesprochen wurde – wie dies Mitte des fünfzehnten Jahrhunderts gegen die Blutegel im Genfer See geschah. Für einen solchen Fall wurde ein Prokurator ernannt, der die Vorladung der beklagten Tiere beantragte. Wurde diesem Antrag stattgegeben, forderte man die Schädlinge in Feldern, Wiesen oder Gärten durch einen Boten auf, sich an einem festgesetzten Termin vor Gericht einzufinden. Andernfalls, so drohte der Bote, würden sie verflucht werden. Bei der Verhandlung nahm der Richter dann, wenn dies möglich war, eines oder mehrere der beklagten Tiere in die Hand und wies sie aus dem Gebiet aus, wobei er ihnen mit der Malediktion drohte. Er wiederholte diesen Befehl dreimal und gab ihnen eine dreitägige Frist, nach deren Ablauf im Falle des »Ungehorsams« der Prozeß wieder aufgenommen, die anwesenden Tiere getötet und die übrigen verflucht wurden.

Tisch

Neben dem Herd stellte der Tisch das eigentliche Zentrum des Hauses dar, und da er es ist, der täglich aufs neue die lebensnotwendigen Speisen, allen voran Brot und Salz, trägt, wurde er regelrecht als heilig und als häusliche Form des Altars angesehen. Auf ihm brachte man an besonderen Tagen, wie beispielsweise Weihnachten oder Dreikönige, Opfergaben dar, die über Nacht dort liegenblieben, damit sich die Hausgeister oder die Geister verstorbener Familienmitglieder daran bedienen konnten.

Diese Funktion des Tisches erklärt, warum keinerlei Unfug mit ihm getrieben werden durfte. In Böhmen hieß es, wer mit den Fingern auf den Tisch trommele, rufe sein Elend herbei, und wer mit dem Messer hineinsteche, werde umgehend mit Zahnschmerzen bestraft. In der Oberpfalz sagte man, Streit und Unfrieden seien die Folge, wenn ein Tisch statt mit einem Lappen mit Papier abgewischt würde, und Krankheiten ziehe es nach sich, dazu einen Besen zu benutzen. Neben dem Tisch galt auch der unter ihm befindliche Raum als heilig. Brocken, die beim Essen unter den Tisch fielen, gehörten nach Meinung antiker Schriftsteller den Heroen, in slawischen Ländern hielt man sie dagegen für das Eigentum der Verstorbenen, weshalb die Teilnehmer von Totenfeiern schweigend einzelne Bissen unter den Tisch warfen. In Irland heißt es wiederum bis auf den heutigen Tag, solche heruntergefallenen Nahrungsbrocken seien den Feen vorbehalten, und ähnliches glaubte man auch bei uns. Deshalb galt es als ungeschriebenes Gesetz, daß solche Bissen nicht aufgehoben und schon gar nicht gegessen werden durften.

Mit diesem Glauben hängt auch die alte Regel zusammen, daß ein Tisch niemals verrückt werden dürfe (was so weit ging, daß man bei einem Auszug den Tisch zurückließ). In Tirol wurde er deshalb in den → Rauchnächten gar »angeklampt«. Unverrückbar war daneben auch die Sitzordnung der Familie, wobei die Tischecke im Prinzip verheirateten Gästen vorbehalten war. In Mecklenburg hieß es nämlich, wenn ein lediges Mädchen an einer Tischecke zu sitzen komme, werde es erst in sieben Jahren heiraten oder einen buckligen Mann bekommen. In Westböhmen erklärte man demgegenüber, es werde in diesem Fall einen Witwer ehelichen oder aber – dies eine noch immer bekannte Redensart – sich eine böse Schwiegermutter einhandeln. Der magischen Kraft der Tischecke konnte man sich allerdings auch zu seinem Nutzen bedienen: Von der Tischecke abgeschabte Späne gaben die Badener demjenigen in die Suppe, der für längere Zeit fortging, in der Oberpfalz mischte man sie dem Vieh unter das Futter, damit es nicht fortlief, und im Erzgebirge legte man sie den Kindern unter das Kopfkissen, damit sie ruhig schliefen.

Trinken

Weil man beim Trinken, ebenso wie beim Essen, den Mund öffnen muß, vermeiden es manche Völker oder Volksstämme, wie etwa die Tuareg, noch heute, dies in Gegenwart Fremder zu tun (→ auch Gähnen). Sie fürchten, daß ein böser Geist dabei in den Körper eindringen und Macht über einen gewinnen könnte. Aus der gleichen Furcht heraus bliesen die Böhmen dreimal ins Glas, bevor sie nachts etwas tranken; die Oberpfälzer wiederum vermieden es, aus einem Gewässer zu trinken, in welches der Mond hineinschien. Eine offizielle Anordnung des Jahres 1654 verbot der Bevölkerung, während einer Sonnenfinsternis irgendwelche feste oder flüssige Nahrung zu sich zu nehmen.

Die Angst davor, mit einem Getränk Unheil in sich aufzunehmen, wuchs natürlich, wenn es ein Unbekannter war, der es einem darbot. Daher empfahl man in der Oberpfalz, den Spender erst selbst kosten zu lassen, und dann erst zu trinken, wobei man währenddessen sicherheitshalber die Tischplatte berühren sollte. Andererseits vermied man es in der Regel, mit jemandem aus ein- und demselben Becher oder Glas zu trinken, und wenn es doch sein mußte, bemühte man sich, der erste zu sein, der trank. Man glaubte nämlich, daß der andere einem die Kraft wegtrinken könne. Eine Ausnahme von dieser Regel sind bestimmte Anlässe, wie vor allem eine Hochzeit. Hier ist für viele Regionen überliefert, daß Braut und Bräutigam – wie auch bei der (katholischen) kirchlichen Trauung – aus einem Glas trinken sollen, damit sie fest aneinander gebunden werden und sie immer in Frieden miteinander leben. In der Oberpfalz wurde das Glas dann in die Runde gereicht, und der letzte Gast warf es fort. Im Erzgebirge trank die ganze Familie an Silvester aus einem Glas. Nach zwölf Uhr wurde dieses mit einem kleinen Rest aus dem Fenster geworfen. Damit hoffte man, alles Unglück im kommenden Jahr von Haus und Familie fernzuhalten.

Eine allgemein beachtete Regel empfiehlt, ein Glas ganz auszutrinken. Dies soll, ebenso wie den Teller leerzuessen, positive Folgen haben – etwa gutes Wetter nach sich ziehen. In Baden achtete man darauf, unverheirateten Frauen oder Männern nie nachzuschenken, solange ihr Glas noch halbvoll war – denn sonst würde, wie man glaubte, der oder die Betreffende noch sieben Jahre lang ledig bleiben.

Mit einem Getränk einen Geist in sich aufzunehmen oder sonstwie verzaubert zu werden konnte bei der Durchführung magischer Handlungen andererseits vorteilhaft sein. Wünsche sollten in Erfüllung gehen, wenn man einen Zauberspruch auf einen Zettel schrieb, diesen in Flüssigkeit auflöste und anschließend trank. Der Gesundung diente es, einem Kranken einen Spruch in die Hand zu schreiben, die Buchstaben mit Wasser abzuspülen, und dieses Wasser dem Leidenden zu trinken zu geben. In Schwaben versuchte man, Schwangeren die Geburt dadurch zu erleichtern, daß man mit Honig auf das Innere eines Gefäßes folgenden Spruch schrieb: »Adonai, wann die Trübsal vorhanden, so sucht man dich gleich wie eine schwangere Frau; wenn sie soll gebären, so ist sie in Ängsten und schreit in ihren Schmerzen; also geht es, Adonai, auch bei mir …« Dann goß man eine Flüssigkeit darauf und gab das Ganze der Gebärenden zu trinken.

Tür

Noch heute werden Türen zu bestimmten Gelegenheiten mit Kränzen geschmückt und am 6. Januar mit den Anfangsbuchstaben der Namen der Heiligen Drei Könige beschrieben. Wie auf dem Zettel steht, den die Sternsinger dabei überreichen, wird das Haus damit für das kommende Jahr gesegnet. Auch dem Kranz kam ursprünglich eine solche heilbringende, weil übelabwehrende Funktion zu. Er wurde früher aus bestimmten Pflanzen gebunden, denen eine antidämonische Kraft nachgesagt wurde, wie beispielsweise Tanne, Johanniskraut oder Wacholder. Zum Aufhängen bediente man sich häufig eines roten (→ Rot) Bandes, das die Wirkung erhöhen sollte.

Schier endlos waren die Möglichkeiten, eine Tür vor bösen Eindringlingen zu sichern. So befestigte man mancherorts an der Innenseite »Haussegen«, hängte außen eine tote Elster, eine Eule oder eine Fledermaus auf, nagelte ein Hufeisen oder zuweilen auch einen ganzen Pferdefuß daran.

Mit der Tür trieb man daneben allerlei Zauber, der in der Regel dazu diente, eine Krankheit oder sonst ein Übel zu heilen. Wenn ein Kind besonders weinerlich war, trug man es in Finnland dreimal im Uhrzeigersinn um eine ausgehängte Tür. Im Böhmerwald versuchte man zu verhindern, daß ein Baby nachts schrie, indem man eine seiner Windeln zwischen Tür und Türstock klemmte. Bei Zahnweh schrieb man in Mecklenburg den Vor- und Nachnamen des Kranken »in dreifacher Verstellung« auf ein Stückchen Papier, nagelte es an die Tür und hoffte, daß die Schmerzen nachlassen würden. Weniger appetitlich und nachahmenswert ist die aus Sachsen überlieferte Art und Weise, einen Schnupfen loszuwerden. Der Erkältete schmierte etwas von dem Nasenschleim auf die Türklinke und wartete ab. Der nächste, der die Klinke herunterdrückte, bekam, so glaubte er, selbst den Schnupfen – und er war ihn los.

Türkis

Seinen Namen erhielt der grünblaue Halbedelstein nach den türkischen Händlern, die ihn im Mittelalter von Persien nach Europa brachten. Im Orient war der Stein seit langem bekannt, schon die alten Ägypter bedienten sich seiner, vor allem in Form eines Skarabäus oder Horusfalken gearbeitet, als Amulett gegen den bösen Blick. In Westeuropa trug man ihn im Mittelalter als Schutz vor starken Blutergüssen, doch schrieb man ihm auch hier noch weitere Tugenden zu: Seinen Besitzer sollte er davor bewahren, vom Pferd zu fallen, schwindlig zu werden oder bei Bergwanderungen abzustürzen. Aus diesem Grund war er bei Jägern äußerst beliebt.

Darüber hinaus glaubte man, der Türkis besitze die Kraft, Feindschaften zu beenden und bei einem streitenden Ehepaar für Frieden zu sorgen. Die Verbindung zwischen Stein und Träger hielt man für so eng, daß man dachte, jener werde gelb, wenn dieser erkranke. Aus Frankreich wird berichtet, daß man den Türkis anstelle einer Uhr benutzen könne. Dazu braucht man ihn nur an einem Faden über ein mit Wasser gefülltes Glas zu halten. Die Anzahl der Male, die der Stein gegen den Glasrand schlägt, entspricht, so wird behauptet, der Anzahl der gegenwärtigen Stunden.

Der Türkis gilt als Stein der im Dezember Geborenen. Ihnen soll er Reichtum und Glück bringen.

U

Uhr

Einem weitverbreiteten und immer noch lebendigen Glauben zufolge bleibt die Uhr in dem Augenblick stehen, in dem der Hausherr stirbt. »Die Uhr« ist natürlich keine x-beliebige, sondern die Standuhr, das handgefertigte Erbstück der Familie. Ihr wurde eine fast sympathetische Beziehung zum Familienoberhaupt – und zwar nur zu diesem – nachgesagt.

Vielerorts war es Sitte, die Uhr anzuhalten, wenn ein Mensch im Sterben lag oder gerade gestorben war, wobei das Ticken der Uhr wohl unbewußt dem Schlagen des Herzens gleichgesetzt wurde. Die nachvollziehbare enge Assoziation von Lebenszeit und Uhr führte, wie unzählige Geschichten zeigen, dazu, jede Unregelmäßigkeit im Gang der Hausuhr als schlechtes Omen zu deuten. Schlug sie mehr Stunden an, als sie anzeigte, schlossen die Schlesier auf kommendes Unheil. Aus Hessen-Nassau ist überliefert, daß eines Nachmittags, als der Graf von Westerburg von der Jagd heimkehrte, die Turmuhr ohne ersichtlichen Grund elfmal schlug. Schon tags darauf soll im Ort die Pest ausgebrochen sein und elf Opfer gefordert haben.

Daneben gilt es als denkbar schlechtes Zeichen, wenn eine Uhr, die steht, plötzlich anfängt zu schlagen. Im Rittersaal des Schlosses zu Zeil hängt eine Uhr, von der berichtet wird, daß sie zu ticken anfängt, wenn der Tod des Fürsten naht; und beginnt die Pforzheimer Schloßuhr falsch zu laufen, sind, wie es heißt, die Tage eines Mitglieds des Fürstenhauses gezählt.

Trotz der Achtung, ja der ehrfürchtigen Scheu, mit der Uhren deshalb behandelt wurden, trieb man mit ihnen zuweilen auch allerlei Zaubereien. In Sachsen glaubte man beispielsweise, ein Dieb gebe seine Beute zurück, wenn man einen etwa noch vorhandenen Rest des Gestohlenen an das Uhrpendel bindet; und damit das Lotterielos »keine Ruhe habe« und dadurch den Gewinn bringe, klebte man es im Erzgebirge gleichfalls an das Uhrenpendel.

Umkreisen

Das Umkreisen – wovon und in welcher Form auch immer – war und ist auf der ganzen Welt bei den verschiedensten Gelegenheiten Brauch. Religiöse Bauwerke und Kultmale, Altäre, Häuser, Felder, Steine und Bäume umwandelt man, um einen magischen → Kreis um sie zu ziehen und auf diese Weise etwas von der den jeweiligen Objekten innewohnenden Macht auf sich zu übertragen. Beim Herumgehen wird ein Kontakt, eine Bindung hergestellt, deren Wirkung sich der Geist des Ortes, wie man glaubte, nicht entziehen kann. So umkreiste mancherorts an Weihnachten die Familie mit Opfergaben den Tisch oder das Haus, um die Hausgeister freundlich zu stimmen, und aus dem analogen Grund umwandelten Bauern an bestimmten Tagen des Jahres ihre Obstbäume.

Die magische Wirkung des Umkreisens erfüllte daneben den Zweck des Bannens. Gebannt wurden beispielsweise Krankheiten, wobei man sie auf diese Weise in Schach zu halten versuchte, um sie dann durch eine geeignete Zauberformel endgültig zu vernichten. Die alten Griechen und Römer umfuhren Geschwüre dreimal mit neun Gerstenkörnern und warfen diese dann ins Feuer: ein Brauch, der beispielsweise auch aus der Steiermark überliefert ist. Bei Bauchschmerzen strichen die Mecklenburger mit der Handfläche dreimal im Uhrzeigersinn um die wehe Stelle, und in Schlesien umkreiste man ein Überbein bei abnehmendem Mond mit dem Daumen und zwei Fingern.

Gebannt wurden durch mehrmaliges Umkreisen alle bösen Wesen, angefangen bei Dieben bis hin zu Geistern und Dämonen, wobei man letztere durch diesen Vorgang sowohl fernhalten wie herbeizitieren zu können glaubte. In Posen hieß es, wenn man mit einer Brotkruste im Mund um einen verdächtigen Menschen dreimal herumgehe, zwinge man ihn, in Wolfsgestalt zu erscheinen. Den Bannzauber durch Umkreisen pflegten vor allem Kutscher und Schmiede auszuüben, wenn Pferde nicht ruhig stehen bleiben wollten. Von einem Kutscher aus Rügen ist überliefert, daß er in einem solchen Fall um sein Pferd herumging, drei Kreuze machte und sagte: »Bliw stan, bliw stan, du Wädderhex, süst kriegst du wat up de

Ribben.« Dann rührte das Tier sich die nächsten zwölf Stunden angeblich nicht mehr vom Fleck.

Ungeziefer
Große Mengen von Ungeziefer wurden allgemein als Teufelswerk angesehen; verantwortlich machte man dafür entweder den Schadenzauber einer Hexe oder aber böse Geister, wobei letztere selbst die Gestalt der jeweiligen Plagegeister annehmen konnten. Hat man das Ungeziefer erst einmal im Haus, gibt es nach alter Vorstellung verschiedene Mittel, sich gegen sie zur Wehr zu setzen. In Oldenburg beispielsweise steckte man ein paar dieser Schädlinge einem fremden Kind heimlich in die Kleidung. Die Folge war, wie man glaubte, daß die Läuse (oder was es nun war), nach und nach dem Kind folgen würden. In Schwaben und in der Steiermark legte man drei Exemplare der Plagegeister zusammen mit ein paar Münzen in eine Schachtel und warf diese dann auf einen Weg: der Rest des Ungeziefers würde angeblich nachfolgen. Auch das gründliche Auskehren an bestimmten Tagen, vor allem Aschermittwoch, Karfreitag oder am ersten Mai, sollte alles Ungeziefer beseitigen (→ Kehren). Die Pennsylvania-Deutschen schütteten den Kehricht zur Sicherheit auf fremdes Land. Daneben veranstaltete man vielerorts mit Hämmern, Schellen oder Ketten möglichst großen Lärm (was Geister angeblich überhaupt nicht leiden können) – und in Böhmen und in der Oberpfalz blies man obendrein auf Wetterhörnern. Die Hessen schließlich pflegten sich von Läusen zu befreien, indem sie etliche in eine Flinte füllten und zum Schornstein hinausschossen.

Unsichtbarmachen
Götter, Geister und Dämonen, Zwerge, Hausgeister und Feen können sich nach weltweitem Glauben beliebig unsichtbar machen. Wie zahlreiche Märchen aus allen Teilen Europas zeigen, hielt man diese Fähigkeit weniger für eine angeborene Gabe dieser Wesen, sondern machte vielmehr eines ihrer Kleidungsstücke – und zwar vor allem die Kopfbedeckung, manchmal auch einen → Ring oder den → Gürtel – dafür ver-

antwortlich. Auf ihre Tarnkappe gaben die Geistwesen verständlicherweise gut acht. Wie in vielen Gegenden erzählt wurde, soll es allerdings eine bestimmte Gelegenheit geben, bei der Feen und Zwerge ihr Mützchen weniger gut hüten, so daß es einem auf der Lauer liegenden Menschen zuweilen gelingt, sich seiner zu bemächtigen: Die Rede ist von Tanzfesten, bei denen die übernatürlichen Wesen angeblich so ausgelassen sind, daß sie ihre Tarnkappen aus Freude in die Luft werfen und ein geschickter Zuschauer sie auffangen kann.

Weniger Glückliche konnten sich auf andere Weise unsichtbar machen, etwa mit Hilfe des Fingers eines Toten. In Schwaben füllte man einen Totenschädel mit Erde, steckte drei Erbsen oder Bohnen hinein und vergrub das Ganze in der Karfreitagsnacht unter der Traufe des Kirchendachs. Wuchsen hier nun Erbsen beziehungsweise Bohnen, so trocknete man sie. Unter die Zunge gelegt, sollten sie bewirken, daß man unsichtbar wurde. Daneben versuchte man es mit dem »Farnsamen« oder der »Farnblüte«, die in der Johannisnacht gesammelt werden sollten (→ Farn); aber auch die am ersten Mai mittags oder um zwölf Uhr nachts mit einem goldenen Werkzeug geschnittene Wegwarte erfüllt, so wußte man, diesen Zweck. Schließlich hieß es noch, daß sich der Besitzer eines Donnerkeils, also eines versteinerten Belemniten, durch diesen unsichtbar machen könne.

Untreue

Die Frage, ob der Ehe- oder Liebespartner auch treu ist, hat die Menschen natürlich von jeher ganz besonders beschäftigt. Anders als heute versuchte man die Antwort früher durch eine Vielzahl von Orakeln zu ermitteln – wobei ledige Mädchen durch sie überhaupt erst einmal herausfinden wollten, welcher ihrer Verehrer einen zuverlässigen Ehemann abgeben würde. Zu diesem Zweck drückten sie sich beispielsweise in der Silvesternacht so viele Apfelkerne gegen die Stirn, wie jeweils Heiratskandidaten vorhanden waren. Derjenige, dessen Kern am längsten haftenblieb, war angeblich von allen der treueste. Hatte ein Mädchen bereits einen Freund und war sich seiner Standhaftigkeit nicht sehr sicher, ging sie in der Thomasnacht in den Garten und suchte nach abgefallenen Birnen. Jede Frucht die sie fand, entsprach einem Kuß, den er einer anderen Frau gegeben hatte. Als Zeichen von Untreue werteten Mädchen es auch, wenn es beim Wäschetrocknen regnete oder wenn sie von Eiern träumten.

Bis vor kurzer Zeit spielte die Frage nach der Treue des Partners auch deshalb eine große Rolle, weil die Frauen oft irgendwo in Dienst, die Männer aber weit mehr als heute auf der Walz oder den Sommer über als Knecht oder Handwerker fern von zu Hause arbeiteten. So versuchte das Mädchen seinem Schatz, bevor er fortging, etwas in seine Kleider zu schmuggeln, das seine Treue garantieren sollte. In Baden steckte sie ihm etwa ein Rosmarinzweiglein zwischen Hut und Futter, im Erzgebirge versuchte sie es dagegen mit einem vierblättrigen Kleeblatt, das sie ihm in die Schuhe legte oder, noch besser, in die Unterhose einnähte. Auch schob sie als Präventivmaßnahme während der Dauer seiner Abwesenheit stets seinen Stuhl unter den Tisch und achtete darauf, daß sie beim Stricken immer eine Nadel fertig strickte, bevor sie eine Pause machte. Im Böhmerwald schließlich wußte die Frau den aushäusigen Ehemann dadurch zur Treue anzuhalten, daß sie die Hauskatze besonders gut fütterte.

Nicht immer allerdings konnte eine Frau durch solche Maßnahmen verhindern, daß ihr Freund oder Mann sie betrog. Die duldsame Gattin fand sich in einem solchen Fall mit ihrem Schicksal ab und tröstete sich mit dem Bewußtsein, daß ihn irgendwann zur Strafe Siechtum oder gar Tod ereilen und er, wie man in vielen Gegenden glaubte, dann zum Umgehen verdammt sein würde. Die weniger sanftmütige hingegen sann auf Rache. In Schlesien nahm sie eine geweihte Kerze, stach um Mitternacht dreimal hinein und sprach dabei: »Ich räche mich, ich steche dich, daß du ewig denkst an mich, Gott strafe dich am Herzen.« In Mähren genügte es dem betrogenen Mädchen dagegen, dem treulosen Liebhaber ins Gesicht zu spucken, denn es war davon überzeugt, daß ihn dann alle übrigen Frauen abscheulich finden würden.

V

Veilchen

Wie der Huflattich, das Scharbockskraut und die Anemone gehört auch das Veilchen (*Viola odorata*) zu den ersten Frühlingsblühern. Vermutlich seines wunderbaren Duftes wegen spielte es im Volksglauben eine große Rolle, und es erregte gar die Auf-

Waldveilchen. Zeichnung von Ditte Bandini

merksamkeit von Dichtern und hochgestellten Persönlichkeiten. Im zwölften Jahrhundert war es in Wien Sitte, in den Donau-Auen nach dem ersten Veilchen zu suchen. Der glückliche Finder benachrichtigte sofort Herzog Leopold VI., der mit seinem Hofstaat hinauszog, um den kleinen Frühlingsboten zu begrüßen und ein Mädchen auszuwählen, das dieses Veilchen pflücken durfte.

Wie von den Anemonen und anderen Blumen heißt es in vielen Gegenden Deutschlands, daß man die ersten drei Veilchen esse solle, um das ganze kommende Jahr über vor Krankheit und Fieber bewahrt zu bleiben. In Thüringen strich man mit Veilchen über die Lider, um keine »bösen« Augen zu bekommen. Wie alt der Glaube an die präventive Heilkraft dieser Blume bereits ist, zeigt folgende Anweisung aus einer lateinischen Rezeptsammlung des sechsten Jahrhunderts: »Damit du nicht krank wirst, pflücke das erste Veilchen, das du siehst, mit Mittelfinger und Daumen, erst dieses, dann ein anderes und ein drittes. So viele Jahre du das tust, so viele Jahre wirst du nicht erkranken.«

Ein im neunten Jahrhundert aufgeschriebenes Rezept empfiehlt, bei Kopfweh nur die Stirn mit einem Veilchen zu bestreichen und auf einen Zettel zu schreiben: »emigranius grani. oranio ani.inio.ioo« – so würden die Schmerzen umgehend verschwinden. Die Engländer warnten allerdings ausdrücklich davor, die ersten Veilchen ins Haus zu bringen, weil dies unweigerlich ein Unglück nach sich ziehe und die kleinen Enten und Küken daran stürben. Auch hieß es mancherorts, wer an diesen Veilchen rieche, bekomme Sommersprossen, während die Göttinger glaubten, der Geruch mache toll, und die Blümchen daher »dulle Vijoileken« nannten.

Wenn die Böhmen dachten, die Veilchen würden nach dem ersten Donner nicht mehr duften, ist möglicherweise Unkenntnis dafür verantwortlich zu machen, denn das duftende Veilchen blüht im allgemeinen nur im März. Alle später, also zur Zeit der ersten Gewitter blühenden Veilchenarten, wie etwa das Hundsveilchen und das Waldveilchen, ähneln dem Duftveilchen im Aussehen, sind aber völlig geruchlos.

Die Bauern knüpfen an die ersten Veilchen eigene Beobachtungen. So hieß es in Bayern, daß eine frühe Ernte in Aussicht stehe, wenn das erste Veilchen vor oder am Josephstag (19. März) gesichtet werde. Blühen die Veilchen dagegen noch an Medardi (8. Juni), so meinten die Franken, werden Korn und Gerste den Brand bekommen.

Verdorren

Dem Vertrocknen oder Verdorren eines Objekts wurde früher eine sympathetische Wirkung zugeschrieben. So glaubte man allgemein, Warzen oder ähnliche Übel würden verschwinden, wenn man sie mit einer schwarzen Nacktschnecke berühre und diese anschließend irgendwo aufspieße. So wie diese verdorre, hieß es, werde auch die Warze austrocknen. Analog dazu füllte man eine Schweinsblase mit dem Urin eines Rheuma- oder Gichtkranken, hängte diese im Freien auf und hoffte, mit dem Eintrocknen des Harns würde auch das betreffende Leiden nach und nach abnehmen. Bei Gelbsucht höhlte man eine Mohrrübe aus, füllte sie mit dem Urin des Kranken und hängte sie in den Schornstein – übrigens nicht nur in Böhmen und Bayern, sondern unter anderem auch in Indien, was zeigt, wie weit verbreitet diese Art von Krankheitszauber war.

Die Tiroler probierten es dagegen auf eine andere Art. Sie knickten Zweige eines äußerst magischen Baumes, des Wacholders, und zwar genau so viele, wie sie Warzen oder Hühneraugen hatten. Verdorrten die einen, vertrockneten die anderen. In der Pfalz wandte man diese Methode auch bei kranken Tieren an. Hier genügte es angeblich, drei Zweiglein eines Holunderstrauches zu brechen und im Namen des betreffenden Tieres zum Verdorren in den Rauch zu hängen.

Vergißmeinnicht

Das beliebte himmelblaue Blümchen (*Myosotis palustris*) soll, wie man in Pommern sagte, schon am Tag nach der Erschaffung der Welt seinen Namen nicht mehr gewußt haben, weshalb man es von da an Vergißmeinnicht nannte. Schon immer wurde es hauptsächlich mit der Liebe in Verbindung gebracht. In Sankt Gallen beispielsweise trugen junge Männer das Blümchen in der Hosentasche mit sich herum, weil sie glaubten, daß die Mädchen so größeren Gefallen an ihnen fänden. In Frankreich stellten Mädchen die Blümchen dagegen in Wasser und beobachteten – um auf die Liebe ihres Schatzes zu schließen –, ob sie sich lange frisch hielten oder gleich verwelkten. In Württemberg glaubte man, wenn man an Johanni

(24. Juni) ein Vergißmeinnicht mit drei Spatenstichen ausgrabe, bleibe man von allerlei Schaden verschont.

Die Letten schrieben dem Blümlein sogar antidämonische Kräfte zu und räucherten mit ihm, wenn ihre Kinder schlecht schliefen. Man war sich also prinzipiell einig, daß es mit der im Grund nicht sehr auffallenden Pflanze etwas Besonderes auf sich habe; wie aber der folgende aus dem sechzehnten Jahrhundert stammende Vers eines Geistlichen zeigt, herrschte hinsichtlich einer bestimmten Eigenschaft, die dem Vergißmeinnicht zugeschrieben wurde, nicht ganz so große Übereinstimmung:

»Diss Kräutlein Art und Eigenschafft
Nich viel man findt, sol geben Krafft -
Den Bulern und sie machen werth
Den Weibern, also gar verkehrt
Sind abergläubisch Leut fürwar
Und hilfft doch oftmals nit ein Haar.«

Vorzeichen

Wenn es auch heute noch allgemein üblich ist, von »guten« oder »schlechten Vorzeichen« zu sprechen, wurde auf derlei Dinge früher doch weit mehr geachtet. Eine Besonderheit fast aller Omina ist, daß sie ausgedeutet werden müssen. Zuweilen drängt sich ein Vorzeichen allerdings regelrecht auf. Beispielsweise soll die Glocke im Kirchturm des spanischen Städtchens Aragona plötzlich zu läuten anfangen, wenn ein Unheil droht – eine Sage, die Ludwig Tieck in einer seiner Erzählungen aufgegriffen hat. Auch andere ungewöhnliche Ereignisse, wie etwa das Erscheinen eines Kometen, das Auftreten einer Seuche oder einer Tierplage, fallen allgemein auf und werden entsprechend interpretiert.

Andere vorbedeutende Ereignisse werden dagegen oft nur dann beachtet, wenn eine besondere Situation uns dafür empfänglich macht. Beispielsweise spielt es für gewöhnlich keine allzu große Rolle, ob es an einem Tag regnet oder die Sonne scheint. Ist es aber unser Hochzeitstag, nehmen wir das eine vielleicht als schlechtes, letzteres aber sicher als gutes Omen für die künftige Ehe. Manche Omina sind uns inzwischen in

Fleisch und Blut übergegangen, wie die von links kreuzende schwarze Katze, das von der Wand fallende Bild und der zerbrochene Spiegel. Im Vergleich zu all denjenigen, die unseren Vorfahren absolut geläufig waren, ist die Anzahl derer, die wir kennen, allerdings verschwindend gering.

Wie die wenigen genannten Beispiele zeigen, können Vorzeichen alle Gegebenheiten des Lebens umfassen, sie können von Tieren, Pflanzen, vom Himmel, von der Erde, von anderen Menschen, übernatürlichen Wesen, Geistern Verstorbener und sogar bestimmten Handlungen und unbelebten Objekten kommen. Doch steht hinter vielen, wenn nicht den meisten Vorzeichen nach altem Glauben das Wirken von Geistern, die den Menschen ein Zeichen geben. Das Bild beispielsweise fällt nicht von selbst von der Wand, es wird, so heißt es, vom Geist eines Verstorbenen oder einem anderen Geistwesen bewegt, das damit auf ein künftiges Ereignis aufmerksam machen möchte. Das gleiche gilt etwa für einen bestimmten Baum im Garten, der ohne erkennbaren Grund verdorrt oder außer der Zeit blüht. Auch hier ist es nur vordergründig die Pflanze, die ein Zeichen gibt. In Wirklichkeit, so glaubte man, ist es ein darin lebendes Wesen, das mit dem Haus und seinen Bewohnern eng verbunden ist und diese vor etwas warnen oder auf etwas Negatives vorbereiten möchte. Nach alter Überzeugung sind die Geister aber genausogut imstande, selbst Menschengestalt anzunehmen – und nicht zu zählen sind die Berichte über das plötzliche Erscheinen einer weißen Frau, eines Ahnherrn, der »Klagemutter« oder einer ähnlichen Gestalt.

Weit weniger dramatisch – und in der Regel auch weniger gewichtig – sind hingegen Zeichen, die so sehr Teil des alltäglichen Lebens sind, daß sie nur von »Eingeweihten« als solche erkannt werden. Hierzu gehört etwa das → Niesen, das Jucken der Nase, das Stolpern und Umsehen und eine schier endlose Reihe weiterer scheinbar völlig »un-bedeutender« Begebnisse. Im wesentlichen ist aber für alle Vorzeichen, im Gegensatz zu den → Orakeln, kennzeichnend, daß der Mensch sie nicht aktiv befragen kann, sondern daß sie einfach geschehen. Dennoch ist es, wie man annahm, möglich, um ein Zeichen zu bitten – wie die folgende Geschichte deutlich macht:

»In einem Dorfe des Egerlandes lebte einmal vor vielen Jahren ein Hirt, der alte Martin, welcher bei den Bauern ringsum geachtet war und oft um Rat gefragt wurde. Es war um die Zeit, als Napoleon im Kriege gegen das deutsche Reich stand. Alles war in Angst; man wußte nicht, wohin sich Napoleon mit seinen Armeen wenden werde. Martin wollte es aber wissen. Am heiligen Abende, wie alle in die Mette fortgegangen waren und er allein zu Hause sich befand, nahm er eine Schüssel voll Sand, bestreute damit den Boden der Stube und murmelte dabei seine Beschwörungsformeln. Dann machte er in den Sand Punkte mit einem Stocke. Da ist Straßburg, da Dresden, da Berlin, da München – und so fort, bis er alle größeren Städte Deutschlands bezeichnet hatte. Als er fertig war, setzte er sich auf den Backofen und wartete ab, bis es zwölf schlug. Kaum war der letzte Schlag dieser Stunde verklungen, ging die Türe auf und eine Schar weißer Mäuse lief herein, marschierte in Reih und Glied wie Soldaten auf dem Sande herum und zog zuletzt wieder ab. Der alte Martin stieg vom Ofen herab, besah, welchen Weg die Mäuse genommen hatten und räumte den Sand wieder weg. Wie die Leute aus der Mette zurückkamen, erzählte er ihnen, wohin im Frühjahre die Franzosen ziehen würden. Und wirklich, wie er es vorausgesagt hatte, so traf es auch ein.«

W

Wacholder

Der Machandelbaum oder Kranewitt, wie der Wacholder (*Juniperus communis*) volkstümlich auch genannt wird, gilt überall dort, wo er wächst, sei es in Deutschland, im Himalaya oder in Sibirien, als einer der zauberischsten, magischsten, wirkmächtigsten Bäume überhaupt. Er ist es, dessen Rauch Schamanen einatmen, um in Trance zu fallen. Nur so können sie mit ihren Hilfsgeistern in Kontakt treten und sich auf ihren magischen Flug begeben. Noch immer suchen die Jäger im Himalaya vor jeder Jagd einen Wacholder auf, um ihm ein Opfer darzubringen und um die Erlaubnis zu erbitten, ein bestimmtes Tier zu töten. Und doch ist es nicht eigentlich er, der den Menschen zur Seite steht, sondern die in ihm wohnenden Geister, die Feen oder Peri, wie sie in weiten Teilen Asiens genannt werden. Wie lebendig dieser Glaube auch bei uns bis vor kurzer Zeit war, zeigt ein aus Waldeck überlieferter Brauch, demzufolge Eltern, wenn ihr Kind krank war, noch Anfang dieses Jahrhunderts Wolle und Brot zu einem Wacholder brachten und dazu sprachen:

»Ihr Hollen und Hollinen,
Hier bring ich euch etwas zu spinnen
Und was zu essen;
Ihr sollt spinnen und essen
Und meines Kindes vergessen.«

Alten Sagen zufolge beschützt dieser Baum den Eingang zu dem Reich der Zwerge. Da also, wie allgemein geglaubt wurde, Feen und andere Geistwesen ihre Hand über den Wacholder halten, diente dieser Baum auch zur Vertreibung alles Bösen. Mit Wacholderzweigen räucherte man an bestimmten Tagen des Jahres Haus und Stall, weil, wie die Bayern sagten:

»Eichenlaub und Kranewitt,
Dös mag der Teufl nit.«

In einem Kräuter- und Pflanzenbuch des siebzehnten Jahrhunderts heißt es etwas ausführlicher dazu: »Etliche schreiben diesem Holtze und den Beeren solche Wirkung zu, daß man bei einem Bezauberten, Besessenen oder sonst, wo es Gespenst hat, dieses Holtz auf glühende Kohlen soll werfen und einen Rauch damit machen, so wird durch Gottes Hilfe vieles böse Teifelwerke, Zauberei, Gespenster und böse Geister von den Menschen vertrieben.« Aus genau diesem Grund steckte oder band man Wacholderzweige an alles, was besonders geschützt werden sollte, ob es nun die Stalltür, ein Trinkgefäß oder, wie in neueren Zeiten in der Oberpfalz, die Dreschmaschine war. Wanderer aber, die nicht müde werden wollten, steckten sich ein Wacholderzweiglein an den Hut.

Dank der ihn bewohnenden Geister sollte der Wacholder helfen, Gestohlenes wiederzuerlangen. Der berühmte mittelalterliche Naturforscher, Philosoph und Theologe Albertus Magnus referierte eine im übrigen weitverbreitete Methode: Der Bestohlene sollte vor Sonnenaufgang zu einem Wacholderbusch gehen, einen Zweig gegen Sonnenaufgang mit der linken Hand auf die Erde biegen und einen Stein darauf legen. »Unter diesen Stein«, so wird der Bestohlene angewiesen, »und auf den Busch lege einen Hirnschädel von einem Übeltäter und sprich: Wacholder, ich tu dich bucken und drucken, bis der Dieb dem N.N. das gestohlene Gut wiedergebracht hat.« Anschließend sollte man den Busch wieder befreien und den Stein an seinen Platz zurücklegen.

Damit ist die Bandbreite dessen, wozu der Wacholder nützen soll, aber noch lange nicht erschöpft; die Egerländer meinten, mit seiner Hilfe Raben anlocken zu können. Dazu braucht man angeblich nur mit den Worten »nomos wostycos lamla: wosti« einen einjährigen Wacholderzweig zu schneiden und darauf die Buchstaben »Q:X:Z:Y:C:W« einzuritzen, wozu man sagen sollte: »Wuly, Maxe, Lamiam, Com Panimomla hai«. Und schon, heißt es, wimmelt die Stube vor Raben. Mit demselben Zweig lassen sich die Vögel dann angeblich auch dorthin dirigieren, wo man sie haben will. Rückgängig machen läßt sich der Zauber, indem man alle Buchstaben und Worte rückwärts liest.

So groß war nach volkstümlicher Auffassung die Macht des Wacholders, daß man vor ihm, wie die Steiermärker sagten, den Hut abnehmen sollte – oder wie es in einem Kräuterbuch des sechzehnten Jahrhunderts heißt: »In summa die würckung und tugent des Weckkolterbaumes seind zu beschreiben nit wol möglich.«

Waldgeister

Von jeher galten Wälder auf der ganzen Welt als bewohnt, und zwar von Geistern, die bei uns zulande je nach Region als Fanggen, Salige Fräulein, Moosleute, Nörgel oder einfach Waldmänner und Waldfrauen bezeichnet wurden. Im allgemeinen hielt man sie für freundlich und hilfsbereit. Eine Vielzahl von Sagen und Märchen berichtet davon, wie sie Verirrten halfen, Kranken beistanden und, wenn Not am Mann war, bei der Heuernte einsprangen. Sie galten auch als große Experten in Sachen Heilkräuter. Menschen, die sie mochten, teilten sie von ihrem Wissen mit. So rieten sie, als die Pest wütete, einmal: »Eßt Bibernellen und Baldrian, dann geht euch die Pest nicht an.« Wurde ihnen selbst in irgendeiner Weise geholfen, belohnten sie solche Dienste mit großzügigen Geschenken, die aber zunächst geringfügig erscheinen mochten. Eine Frau, die das Kind einer Waldfrau nährte, erhielt als Dank ein Stück Rinde. Sie warf einen Teil davon fort, der Rest verwandelte sich jedoch in Gold. Eine andere Frau erhielt von einem Waldmännchen einen Garnknäuel, der nie abnahm, bis sie ihn einer Freundin lieh: Prompt war seine Gabe erschöpft (→ Leihen). Wenn man diesen Waldgeistern mit Achtung und Respekt begegnete und ihnen zu bestimmten Zeiten auch Opfergaben darbrachte, so hatte man, wie man glaubte, nichts von ihnen zu befürchten. Machte man sich allerdings in irgendeiner Weise über sie lustig, verspottete oder beschimpfte sie gar, konnten sie ausgesprochen böse werden und den Frevler streng bestrafen – sei es, indem sie ihn mit Krankheit schlugen, ihn in die Irre führten oder anderes Unglück über ihn brachten.

Walnuß

Der Walnußbaum (*Juglans regia*) ist schon seit der Antike als ausgesprochener Hexenbaum verschrien. Bereits unter ihm zu schlafen soll übelste Folgen nach sich ziehen, da der Schatten des Baumes als so gefährlich gilt, daß nicht einmal Pflanzen in ihm aufkommen – was übrigens tatsächlich zutrifft. Dementsprechend heißt es in einem altjüdischen Buch: »Dieweil sich die teuffel zu neunt zusammengesellen, so ist es gefährlich wann einer unter einem Nußbaum schlaffet, dann siehe die Teuffel wohnen auf demselben, dann an einem jeden Zweig, der an einem Nußbaum ist, hangen neun Blätter.« An die Schädlichkeit des Nußbaumschattens glaubte man auch in Griechenland, in Frankreich und im früheren Jugoslawien. Im Emmental meinte man gar, wer sich unter einen Nußbaum lege, werde noch im selben Jahr sterben, und im Aargau dachte man, daß unter diesen Bäumen Tote wohnten, weshalb sie oft auf Friedhöfe gepflanzt wurden.

Zum einen wohl wegen dieser Verbindung zum Geisterreich, zum anderen aber auch wegen ihrer Nahrhaftigkeit und zu erotischen Vergleichen einladenden Form wurden die Walnüsse sehr oft zu den unterschiedlichsten Orakeln benutzt. In Mecklenburg und Westfalen beispielsweise legten verliebte Mädchen und Burschen an Weihnachten zwei Nußschalen in eine Schüssel mit Wasser. Schwammen die Schalen aufeinander zu und berührten sich, nahmen sie es als gutes Zeichen, wenn nicht, hielten sie es für ausgemacht, daß keine dauerhafte Verbindung zustande kommen werde. In England und Frankreich warfen Pärchen zwei Nüsse ins Feuer und freuten sich, wenn diese ruhig beieinander liegenblieben. Sprangen sie aber laut krachend auseinander, wußten sie, daß ihrer Liebe kein Glück beschieden war. Nüsse dienten zum Jahresende auch als eine Art Opfer, mit dem das Schicksal günstig beeinflußt werden sollte. So streute in Serbien und Kroatien der Familienvater an Weihnachten während des Abendessens Nüsse in alle vier Ecken des Zimmers und sagte dazu: »Gott gebe, daß wir noch viele Jahre erleben.« Allgemein kannte man den Brauch, an Silvester zwölf Nüsse zu essen und von der Beschaffenheit der Kerne auf die kommenden Monate zu schließen. Waren alle gut, sah man einem glücklichen Jahr entgegen.

Nüsse, Blätter und auch der Baum selbst sollten trotz der zwiespältig bis negativen Gefühle, die man letzterem entgegenbrachte, zuverlässig gegen so manche Krankheit helfen. In Nordamerika hielt man es für ausreichend, eine Walnuß bei sich zu tragen, um gegen Rheumatismus gefeit zu sein, und in Frankreich tat man das gleiche, um keine Hämorrhoiden zu bekommen. In der Mark Brandenburg pflegte man, wenn jemand Fieber hatte, auf ein Nußbaumblatt die Worte zu schreiben: »Gott sei mir gnädig. Gott helfe mir«, und das Blatt dem Kranken zu essen zu geben, wobei dieser nicht lesen durfte, was darauf stand. Allgemein galten die Blätter oder ein Absud von ihnen auch als Aphrodisiakum, und vermutlich war das der Grund, warum man beispielsweise in England und Belgien leichtfertigen Mädchen als »Schandmaien« einen Nußbaumast ans Fenster steckte.

Bemerkenswert schließlich ist der Glaube, daß bestimmte Nußbäume erst – oder überhaupt nur – in der Johannisnacht (24. Juni) blühen. So steht in einem Kräuterbuch des sechzehnten Jahrhunderts zu lesen: »Auff dem Rhein / nemlich zu Wesel ist ein Nußbaum gewachsen/der hat sein laub und nit ehe bracht/dann auff S. Johannstag/alsdann ist der baum mit laub und frucht den andern Nußbeümen gantz gleich gewesen/welches mich beduncket ein besonder geheimnuß der natur zu sein.«

Wäsche

Da die Kleidung in nahezu ständigem Kontakt mit dem Körper steht, ist sie mit dessen Fluidum »imprägniert« und muß, soll dem Eigentümer nichts Schlimmes geschehen, besonders vor dem Einfluß böser Geister geschützt werden. Deshalb gab es früher eine Vielzahl von Vorschriften, die beim Wäschewaschen und besonders dem anschließenden Trocknen zu beachten waren. Das Aufhängen von Wäsche war grundsätzlich an Tagen verboten, an denen die Dämonen und Hexen besonders aktiv sein sollen – also vor allem an Walpurgis (30. April), am Johannistag (24. Juni), in der Karwoche, an Pfingsten und in den Zwölften. Wie ernst dieses Verbot genommen wurde, zeigt sich daran, daß man in Mecklenburg davon überzeugt war, die Frau, die in den Zwölften Wäsche aufhänge, werde zwölf Jahre lang jedes Jahr einen Angehörigen verlieren. In anderen Regionen hielt man die Folgen zwar für weniger schlimm, aber oft genug zählte man bestimmte Krankheiten dazu.

Als es noch keine Waschmaschinen und Trockner gab, war das Wäschewaschen nicht nur eine zeitraubende Angelegenheit, auch die Witterung am Waschtag spielte eine weit größere Rolle als heute, denn nirgendwo hielt man es für gut, die Wäsche über Nacht draußen hängen zu lassen. Die Angst, daß sich Hexen oder böse Geister daran zu schaffen machen könnten, saß so tief, daß wenigstens die Kindersachen rechtzeitig abends hereingeholt wurden. In Baden und in der Oberpfalz fürchtete man, daß andernfalls das Kind, dem die Kleider gehörten, unruhig schlafen oder gar sterben werde. So war es also von allergrößter Bedeutung, daß am Waschtag die Sonne schien, und um dies zu bewirken, bediente man sich einer Reihe von Maßnahmen, von denen die einfachste darin bestand, daß alle im Haus ein freundliches Gesicht machten. In Schwaben mußten die Männer ihre Hosen höher schnallen, und in Preußen sagten die Waschfrauen folgendes Gebet:

»Sanct Andres, Sanct Bartolomes,
Die zweene Söhne Zebedes,
Der heilige Sanct Wentzel
Und der selige Sanct Stentzel
Sind gut vor's kalte Weh
Und behüten vor Regen und Schnee.
Die heiligen sieben Planeten,
Die trösten und in allen Nöthen:
Hachus, Maccus, Baccus die heiligen Wort
Behüten uns vor schlimm Wetter an allem Ort.«

Wassermann

Wie die Wälder werden auch die Gewässer seit Urzeiten und auf der ganzen Welt als von übernatürlichen Wesen bewohnt gedacht. Uns bekannt sind vor allem die → Nixen und der Wassermann. Im Gegensatz zu jenen wird der Wassermann allgemein als häßlich beschrieben. Grün soll er sein, lange zottige Haare, einen krausen Bart und spitze Zähne haben. Die Westfalen sagten, er sei am ganzen Körper behaart wie ein

Kupferstich aus dem 17. Jahrhundert, aus: J. Jonstonus: Historiae naturalis de piscibus et cetis

Ziegenbock, seine Kinder aber sähen vollends aus wie Haarklumpen. Von roten Mohrrübenfingern weiß man in Brandenburg und in Schlesien von Flossenfüßen zu berichten. Entweder ist er nackt, oder er trägt Binsenkleider, um seine Fischschuppen zu verdecken. Immer aber, darin war man sich einig, läuft ihm, wenn er auf dem Land ist, ein wenig Wasser aus den Taschen, dem Ohr, dem Ärmel oder von den Haaren herab, woran man ihn eindeutig erkennen kann. Weit mehr als den eher neckischen, fröhlichen Nixen wird dem Wassermann ein negativer Charakter nachgesagt, was schon aus den zahlreichen Volksbezeichnungen wie »Wasserteufel« und »Blutschink« deutlich wird. Da er nach weitverbreiteter Ansicht Kinder an einer Hakenstange ins Wasser zieht, nannte man ihn »Hakel-« oder »Häklimann«, »Häckelkerl« oder »Häggele«. Doch nicht nur auf Kinder soll er es abgesehen haben, auch am Ufer eines Gewässers Schlafende zieht er gern zu sich hinab. Zudem lockt er, wie man in Brandenburg glaubte, die Menschen mit bunten Tüchern oder Bändern, die er am Ufer oder an Brücken auslegt, in ihr Verderben.

Opfer des Wassermanns sollen sich dadurch von anderen Ertrunkenen unterscheiden, daß sie am ganzen Körper Kratz- oder Bißwunden und blaue Stellen haben. Es hieß übereinstimmend, der Wassermann eines Gewässers fordere einmal im Jahr ein Opfer, wobei als dafür bestimmter Tag meistens → Johanni (24. Juni) genannt wird. Am Bodensee meinte man, der heilige Johannes wolle einen »Schwimmer oder einen Klimmer« haben, weshalb an diesem Tage niemand baden oder auf einen Baum steigen solle. Vielfach wurde behauptet, der Wassermann hole sich nur solche Menschen, die sich über ihn lustig machten oder aber die Vermessenheit besäßen, den See oder Fluß, in dem er wohnt, durchschwimmen beziehungsweise seine Tiefe durch Tauchen ergründen zu wollen. Wiederholt heißt es, vom Grund des Gewässers habe eine Stimme gedroht: »Ergründst du mich, so schlünd ich dich!« oder aber: »Laß mich, oder ich faß dich!« Auch können es Nöcken, wie diese Geister auch genannt wurden, nach allgemeiner Ansicht nicht leiden, wenn man Steine in ihr Wasser wirft. Sie rächen sich dafür entweder durch ein prompt aufziehendes Unwetter oder schicken dem Frevler eine Krankheit. Vom Mummelsee heißt es, daß die Wassermännlein alle hineingeworfenen Steine sorgfältig aufsammeln und ans Ufer zurücklegen würden.

Überall war man davon überzeugt, daß Wassermänner als übernatürliche Wesen in die Zukunft schauen könnten. Eine bekannte niederländische Wahrsagerin beschwor vor ihren Prophezeiungen immer den Wassergeist, indem sie ihn aufforderte, ihr die richtigen Antworten zu offenbaren. Dann drehte sie sich dreimal um sich selbst und wußte anschließend angeblich alles, was man sie fragte. Über ihrer Tür aber hatte sie ein Schild angebracht, auf dem stand: »Der Necker allhier sagen kann, / Was man fragt, sei's Frau ob Mann«.

Wie gegen alles andere, gab es auch gegen die Gefahr, vom Wassermann in die Tiefe gezogen und ertränkt zu werden, mancherlei Amulette. Helfen sollten etwa in neun verschiedenen Häusern gebackenes Brot, Mehlteig, Dost, Edelweiß und frisch gebackene Semmelschnitten. Die Schlesier vertrieben den Wassermann angeblich durch eine mit der linken Hand erteilte Ohrfeige, anderswo behalf man sich mit lautem Singen oder Fluchen, und in den Alpen versuchte man es mit folgendem Spruch:

»Wassermann, plump
zieh mich nicht in Tump,
Zieh mich nich ze tief nei,
Doß ich nich stecken blei.«

Wegerich

Zu den Pflanzen, die sich durch keinerlei auffällige Merkmale als → Zauberpflanze zu erkennen geben, gehört der Wegerich (*Plantago*). Er ist ausgesprochen genügsam in seinen Ansprüchen, absolut unscheinbar und geruchlos – und doch wird er seit ältesten Zeiten in hohen Ehren gehalten. In einem angelsächsischen Neunkräutersegen heißt es beispielsweise:

»Und du, Wegerich, Mutter der Pflanzen,
Offen nach Osten, mächtig im Innern:
Über dich knarrten Wagen, über dich ritten Frauen,
Über dich schrien Bräute, über dich schnaubten Farren,
Allen widerstandest du und setztest dich entgegen;
So widerstehe auch du dem Gift und der Ansteckung
Und dem Übel, das über das Land dahinfährt.«

Der Wegerich galt bereits in der Antike nicht nur als Heilmittel gegen die Pest und Gifte aller Art, wie etwa dasjenige der Schlange oder des Skorpions – er sollte beispielsweise auch bei Fieber, Zahnschmerzen, Harnbeschwerden, Verletzungen und eingezogenen Splittern helfen. In Niederbayern bediente man sich seiner vor allem bei Kopfweh. Hierfür nähte man mit einem weißen Faden die Wurzel des Wegerichs in ein Stück Stoff ein, hängte sich das Beutelchen an einem blauen Band bei Mondaufgang um den Hals und nahm es bei Sonnenaufgang wieder ab. Waren die Kopfschmerzen verschwunden, mußte man das Beutelchen in einen Bach werfen, wobei es sich nirgendwo verheddern durfte. Daneben sollen in die Schuhe gelegte Wegerichblätter oder äußerlich aufgetragener Wegerichsaft verhindern, daß die Füße beim Wandern ermüden; weniger angenehm dürfte es allerdings sein, sich bei Ohrenschmerzen Wegerichwurzeln in die Ohren zu stecken.

Die »Tugenden« des Wegerichs sind damit keineswegs erschöpft, denn dank seiner großen Zauberkraft läßt er sich, wie Hildegard von Bingen schreibt, auch dazu benutzen, sich einer angehexten Liebe zu entledigen. Vierhundert Jahre später griff der Straßburger Chirurg Hieronymus Brunschweig das Rezept der Heiligen wieder auf: »Breitwegerichwasser ist gut so ein mensch etwa zauberey oder liebe gessen hat / der sol das Wasser 4 oder 5 tag/allen tag dreymal/jedesmal drey lot trincken/und darnach sol er ein starcke Purganz nemmen/so wird er zuhand ledig.«

Weide

Wie der Nußbaum gilt auch die Weide im Volksglauben vieler europäischer Länder als »böser« Baum, den Tote, dämonische Geister und Hexen mit Vorliebe aufsuchen. In der Schweiz etwa glaubte man, daß drei über die Schulter geworfene Weidenruten Geister herbeirufen würden. Obendrein galt die Weide als unfruchtbarer und vor allem als unfruchtbar *machender* Baum. In Island meinte man, eine Frau könne ihr Kind nicht gebären, wenn sich im selben Zimmer mit ihr ein Weidenzweig befinde. Gerade, weil er für einen teuflischen Baum gehalten wurde, ließ er sich, wie man dachte, hervorragend zur Durchführung »böser« Zauber benutzen. So schnitt sich etwa der böhmische Wilddieb eine Weidenrute und sprach dabei: »Ich schneide dich zu meinem Gebrauche.« Dann wartete er ab, bis sich der Jäger auf den Anstand begeben hatte, und machte in dem Moment eine Schlinge in die Rute. Sobald der Jäger schoß, zog er die Schlinge rasch zu, und der Schuß ging daneben.

In krassem Gegensatz zu all den negativen Ansichten über die Weide stehen die vielen Anlässe, bei denen man gerade dieses Baumes bedurfte. Bei zahlreichen Krankheiten nämlich suchte man die Weide auf, um sie zu bitten, das Leiden fortzunehmen. In Thüringen etwa ging jemand, der starke Zahnschmerzen hatte, bei zunehmendem Mond schweigend zu einer Weide und sprach:

»Guten Abend, liebe alte Weide,
ich bringe dir meine Zahnschmerzen heute
Und wünsche, daß sie bei dir bestehn
Und bei mir vergehn.«

Gichtkranke pflegten ein paar ihrer Haare oder Nägel in eine

Weide zu bohren, und Rheumatiker bestrichen in der Hoffnung auf Heilung die wehen Stellen mit zerriebener Rinde eines morschen Weidenbaumes. Gelbsuchtkranke wiederum trugen acht Tage lang ein Kränzchen aus Weidenzweigen am Arm, hängten dieses dann neun Tage in den Rauchfang und warfen es anschließend in ein fließendes Gewässer. Die ersten Weidenkätzchen schließlich wurden allenthalben gegessen, weil man glaubte, daß sie für das ganze kommende Jahr Kraft verleihen und obendrein vor Rheumatismus und Fieber schützen würden.

Wein

Wein galt früher als wahres »Lebenswasser« und Elixier. In zahlreichen Sagen wird der Held, als ihn die Kräfte im Kampf zu verlassen drohen, von freundlicher Seite durch Wein so gestärkt, daß er dem Riesen oder Drachen doch noch den Kopf abhauen kann. Die Wirkkraft des Weins läßt sich nach altem mecklenburgischem Glauben folgendermaßen verstärken: »Setze guten, klaren, roten Wein in einen Ameisenhaufen, lasse ihn ein ganzes Jahr darin stehen an einem Donnerstag im Glas wohl verwahrt; hernach nimm es an dem darauffolgenden Freitag des verflossenen Jahres wieder heraus und trink selbigen Wein, so wirst du Riesenstärke gewinnen und unerhörte Wunder tun.« Anders als heutzutage war Wein früher in vielen Gegenden ein Getränk, das ausschließlich bei feierlichen Anlässen auf den Tisch kam. Hierzu gehörten zunächst einmal Hochzeiten, bei denen es vielerorts Brauch war, daß Braut und Bräutigam zusammen ein Glas Wein tranken, um die Eintracht in der künftigen Ehe zu gewährleisten. In Thüringen pflegten Brautleute sogar aus einer Flasche zu trinken oder gemeinsam eine Weinsuppe auszulöffeln. In Hessen hieß es zu diesem Thema ein wenig direkter: »Wenn die Braut am Morgen des Copulationstages nicht Weinsuppe ißt, so bekommt sie keine Kinder.« Es ist durchaus möglich, daß dieser Brauch auf Zeiten zurückgeht, in denen die Eheschließung erst durch ein Glas Wein rechtskräftig gemacht wurde. So war es beispielsweise im Franken des siebzehnten Jahrhunderts Sitte, daß die Eltern am Ende des Verlobungsmahls den Brautleuten »zur Bestätigung solichen Werks« etwas Wein über die Hände gossen. Und die Summe, die der Bräutigam bei der Verlobung zu zahlen hatte, wurde dort entsprechend als »Wengkof« bezeichnet.

Überhaupt beschloß man Rechtsgeschäfte jedwelcher Art bei uns und bei den Angelsachsen mit einem Glas Wein, und bei Begräbnissen schütteten Verwandte und Nachbarn Wein in das offene Grab oder legten dem Toten, wie dies bei den Slowenen üblich war, gar eine Flasche Wein mitsamt einem Laib Brot als »Wegzehrung« unter den Kopf. Die Bulgaren gedachten an Allerseelen des verstorbenen Familienoberhaupts, indem sie Wein ins Feuer und auf den Herd gossen und dazu sprachen: »Freue dich, Hausherr!« Dann trugen sie Brot, ein wenig Hühnerfleisch und drei Gläschen Wein für ihn auf den Dachboden. Wie allgemein man davon ausging, daß die Geister Wein mögen, zeigt der seit der Antike zu beobachtende Brauch, stets ein paar Tropfen davon für sie zu verspritzen oder auf die Erde fallen zu lassen.

Seit ebenso alten Zeiten pflegte man dieses so wirkungsvolle Getränk zu den unterschiedlichsten Zaubereien zu benutzen, allen voran natürlich für Liebeszauber. In seinem 1710 erschienenen Buch ›Die christliche Weltweise‹ wandte sich Pfarrer Conlin gegen die »geilen Feginnen«, die in der Andreasnacht (30. November) den Heiligen folgendermaßen anzurufen pflegten:

»Bett, Bett ich tritt dich,
Heiliger Andreas ich bitt' dich,
Du wollest mir lassen erscheinen
Den Herzallerliebsten mein.
Wird er reich sein, so laß ihn mir erscheinen
Mit einem Glas Wein.
Ist er aber ein armer Mann,
So laß ihn erscheinen mit einer Kofens(Dünnbier-)kann'.«

Weiß

Weiß galt allgemein als die Farbe des Lichtes, weshalb Engel weiß gekleidet sein und viele Götter und Heilige auf weißen Pferden reiten sollen. Damit ist diese Farbe nach altem Glauben natürlich besonders geeignet, die »dunklen« dämonischen Mächte abzuwehren. Weiße Kleidung gewährt dem Träger einen besonderen Schutz, weiße Tücher wurden zum Vertreiben der Geister in den Schornstein gehängt, und in Syrien dienten weiße Steine als Amulett. In Japan achtete man stets darauf, den Göttern rein weiße Gaben darzubringen, und in Jamaika wurde bei schweren Krankheiten ein weißer Hahn für den Krankheitsdämon geschlachtet. Überhaupt sollten Opfergaben an die Geister auf der ganzen Welt »weiß« sein, wobei in diesem Zusammenhang vor allem Huhn, Reis, Milch, Butter und helles Brot genannt werden.

Daneben gilt die weiße Farbe als Symbol für Reinheit, und es ist nicht ganz klar, welche der beiden Zuschreibungen ursprünglich der Ansicht zugrunde lag, daß eine Braut weiß gekleidet zu sein habe. Da eine Hochzeit als äußerst gefährliche Angelegenheit galt, weil sie, wie man überall glaubte, neidische Geistwesen auf den Plan ruft, dürfte die antidämonische Wirkung wohl ein wesentlicher Gesichtspunkt gewesen sein. Daß die Zuordnung der Farbe Weiß zum Licht aber nicht ganz so eindeutig ist, zeigt die Sitte, Tote in weiße Tücher zu hüllen – und der nicht nur bei uns, sondern beispielweise auch bei manchen afrikanischen Völkern verbreitete Glaube, daß Gespenster in weißen Gewändern spuken. Die Pommern sagten, die Farbe der »Untererdschken« sei Weiß, und die Krankheitsdämonen, die seinerzeit die Pest gebracht haben sollen, trugen, wie es bei den Letten, den Esten, in Franken und Sachsen hieß, gleichfalls weiße Kleidung. Weiße Blätter an Erbsen, Bohnen, an Kohl und anderen Pflanzen wurden oft genug als Todesvorzeichen gewertet, und weiße Blumen wie Anemonen, Seerosen und Astern soll man nicht ins Haus bringen. So läßt sich also doch nicht einfach alles Weiße als licht und gut bezeichnen, wenn auch der Anblick weißer Tiere und bestimmter Objekte überwiegend als glückbringend gewertet wird: So soll ein Mädchen, das im Laufe eines Jahres hundert Schimmel zu Gesicht bekommt, noch im selben Jahr heiraten.

Wermut

Wie die meisten stark duftenden Pflanzen galt auch der unscheinbare Wermut (*Artemisia absinthium*) als Zauberkraut. An Walpurgis (30. April) gesammelt und unter drei Kreuzeszeichen an die Tür gehängt, sollte er nach rheinpfälzischem Glauben die in dieser Nacht umgehenden Geister und Hexen von Haus und Hof abhalten. Daneben diente der Wermut (wie heute noch) als Appetitanreger, und Schläge mit dem »Wörmkenstruck«, wie man ihn in Nordeutschland nannte, sollten alle möglichen Krankheiten verjagen. Am Körper getragen schützt die Pflanze angeblich auch gegen jede Art von Zauberei. Dementsprechend lassen sich Mäuse und andere »dämonische« Schädlinge vom Getreide abhalten, indem man, wie es in einem alten Kräuterbuch heißt, »Wermut gerings um die Frucht« legt.

Volksetymologisch wird der Pflanzenname unterschiedlich gedeutet. Eine Ansicht lautete, er werde wegen seiner wärmenden Kraft so genannt, andere leiteten seinen Namen von »wehren« und »Mut« her, weil er aufgrund seiner starken Kräfte den »Unmuth hinwegtreibt«. Schließlich wurde noch genau gegenteilig geäußert, der Wermut heiße so, weil er »allen muth durch sein bitterkeit hinweg nemme/und eine lust und begierde zu den ehelichen wercken vertreibt«.

Wespe

Als Gott die Biene erschaffen hatte, so heißt es, wollte es ihm der Teufel gleichtun, brachte aber nur die Wespe zustande. Diese Sage zeigt deutlich, welchen qualitativen Unterschied man zwischen diesen beiden Insekten machte. Antike Schriftsteller waren davon überzeugt, Wespen würden Bienen fressen und 27 Wespenstiche seien absolut tödlich. Bei uns zulande hielt man bereits sieben Stiche für ausreichend, um selbst eine Kuh zu töten, und in einer schwedischen Beschwörungsformel wird die Wespe als der »schlimmste Wurm auf Erden« bezeichnet. Kein Wunder also, daß man auch davon überzeugt war, Dämonen und Zauberer nähmen gern Wespengestalt an, um bestimmte Menschen zu plagen. So ist der → Angang einer Wespe von schlechter Vorbedeutung, und selbst im

Traum ein solches Insekt zu sehen, gilt als schlechtes Vorzeichen. Gegen den Stich der Wespe versuchte man sich durch mancherlei Maßnahmen zu schützen, vor allem aber durch das Hersagen eines Bannspruchs, wie etwa des folgenden, der aus dem Zürcher Oberland überliefert ist:

»Wispi, Wespi, wehr di,
Wenn d's Tüfels bist, bikehr di,
Wenn d's Herrgotte bist, so stichst mi nüd.«

Die Tiroler hatten sogar regelrechte »Wespenbanner«, die vermittels solcher Sprüche und bestimmter Gesten die Wespen angeblich dazu brachten, sich an ihre Hand zu heften und solange dort zu bleiben, bis sie wieder freigelassen wurden.

Immerhin wurde die Wespe nicht als vollkommen überflüssiges Lebewesen angesehen: Im Vogtland beispielsweise trugen verliebte junge Männer oder Mädchen deren Nest bei sich, um dadurch, wie sie hofften, die Liebe eines bestimmten Vertreters des anderen Geschlechts zu erringen.

Wiedergänger

Obgleich nach dem Volksglauben grundsätzlich bei jedem Toten die Möglichkeit besteht, daß er wiederkehrt und umgeht, weil er im Grab keine Ruhe findet, glaubte man dies doch vor allem von vorzeitig, unglücklich Gestorbenen oder Menschen, die ein ungesühntes Verbrechen auf dem Gewissen hatten. Zu solchen Untaten zählten nicht nur kriminelle Handlungen im engeren Sinne, sondern auch nicht eingelöste Versprechen, Untreue oder aber Selbstmord. Daneben sind es, so meinte man, vor allem im Kindbett gestorbene Frauen, die es aus Sehnsucht nach ihrem Baby immer wieder zu den Lebenden zurücktreibt, sowie alle, die aus einem unauslöschlichen Haßgefühl oder Rachedurst heraus denjenigen aufsuchen, dem sie diese negativen Emotionen verdanken.

Um das Umgehen eines Toten zu verhindern, behalf man sich in früheren Zeiten in der Hauptsache damit, daß man verdächtige Leichen verstümmelte. Messer oder Nägel wurden ihnen in den Kopf gesteckt, und schließlich war auch das Pfählen eine weitverbreitete Methode, die Toten in ihren Gräbern zu halten. In Schlesien bediente man sich hierfür eines

Schlehdorns, den man in das Herz der Leiche stieß. Wenn diese Mittel versagten, grub man den Störenfried wieder aus und verbrannte seinen Körper. Schützen schließlich konnte man sich gegen Wiedergänger, indem man ein Hufeisen oder Wagenrad über der Tür aufhängte, ein Messer auf die Schwelle legte oder aber, wie die Westfalen und Rheinländer, einfach ein Gefäß voll Wasser vor die Tür stellte.

Wiesel
Dem Wiesel kam bereits in der Antike eine große Bedeutung zu, und wie sehr es gefürchtet wurde, zeigen die zahlreichen Tabunamen, die man in ganz Europa verwendete, wenn es

Wiesel

sich nicht vermeiden ließ, von ihm zu sprechen (→ Tiernamen). In England bezeichnete man es als »Mäusehund«, in Oberösterreich als »Pfeifkatzel«, im Bayrischen als »Schöntierle« oder »Mühmchen« und im Italienischen hat sich der Volksname »donnola«, »kleine Frau«, längst eingebürgert. Tief verwurzelt war die hinter diesen freundlichen Bezeichnungen stehende Angst, das Wiesel werde denjenigen, der es bei seinem richtigen Namen rufe, verfolgen und mit seinem Giftatem anhauchen. Wenn man also eines Wiesels ansichtig wurde, sollte man beispielsweise sagen: »Schönes Dingl, behüt dich Gott.«

Ein schon seit der Antike bezeugter und in griechischen,

lateinischen, altfranzösischen und arabischen Texten überlieferter Aberglaube besagt, daß das Wiesel durch das Ohr begattet werde und durch den Mund gebäre – oder aber genau umgekehrt. Damit einher ging die Überzeugung, das Wiesel sei ein besonders lüsternes Tier, weshalb es in Bayern von einer »heimlich« Schwangeren hieß, das Wiesel habe sie angeblasen. Vielleicht spielt hier aber auch die Vorstellung mit hinein, das Wiesel sei entweder die Seele eines Schlafenden oder aber die eines Toten. Die Wenden beispielsweise meinten, es gäbe bestimmte Geister, die Golas, die in Wieselgestalt erschienen. Von Menschen, die mit einem ungestillten Rachegelüst gestorben waren, hieß es, sie kehrten als Wiesel auf die Welt zurück, um denjenigen, der ihnen im Leben etwas angetan hatte, grausam zu bestrafen (→ Wiedergänger).

Andererseits hielt man das Wiesel, wenn es sich in der Nähe des Hauses aufhielt, auch für eine Erscheinungsform des Hausgeistes (→ Kobold), hütete sich daher, es zu verfolgen oder gar zu töten, und stellte ihm regelmäßig ein Schüsselchen Milch hin. Als einem Seelentier schrieb man dem Wiesel eine Reihe von übernatürlichen Fähigkeiten zu, und man glaubte, es hüte verborgene Schätze. Demensprechend trugen manche Menschen ein Wieselherz bei sich in der Hoffnung, sie könnten damit einen Schatz aufspüren. Die heilige Hildegard weiß über das Wiesel noch eine andere bemerkenswerte Geschichte zu berichten. Sie sagt nämlich, das Wiesel kenne ein ganz besonderes Heilkraut: »Wenn es die Jungen oder ein anderes Wiesel erkrankt sieht, so holt es dasselbe, gräbt es in die Erde, bläst seinen Atem darüber und pißt darauf, um seine Kraft mit der des Pflänzchens zu vereinen. Wenn der Urin das Pflänzchen durchdrungen hat, so schleppt es dasselbe mit dem Maule weg und steckt es dem schon sterbenden Wiesel in das Maul, worauf dieses gesund wird.«

Wind

Nach alter praktisch weltweit verbreiteter Vorstellung ist heftiger Wind auf das Wirken erzürnter Götter oder niederer Geistwesen zurückzuführen. Ganz besonders gilt dies für den Wirbelwind, der bei fast allen Völkern als eine Art »Fahrzeug«

angesehen wurde, in dem Feen und andere übernatürliche Wesen über Land reisen beziehungsweise dessen Gestalt sie annehmen. In Westfalen sagte man beim Anblick eines Wirbelwindes, daß dort die Buschfräulein dahinflögen, und in Lauterbach meinten die Leute, die »Schlikawabern« fahre aus. Den Sturmwind erklärte man sich als »Wilder Jäger« oder »Wilde Jagd«, Scharen von ruhelosen Geistern, die dazu verdammt sind, unter Leitung eines Anführers bis in alle Ewigkeit zu jagen. Denn im Volksglauben sollen es vor allem ungerechte Richter, grausame Schloßvögte – oder aber eben leidenschaftliche Jäger sein, die nach dem Tod auf diese Weise zum Umgehen verurteilt sind. In der Schweiz hieß es in besonders stürmischen Nächten, daß der »Dürst« oder »Türst« (der höllische Jäger) jage und seine Hunde mit lautem »Hoho« anfeuere. Unvorsichtige aber, die ihm ins Gehege kämen, bringe er gnadenlos zur Strecke. Dieses »Dürstengejeg«, wie man es dort nannte, konnte auch tagsüber unterwegs sein, doch verhielt es sich dann mäuschenstill – zur Warnung allerdings schickte es einen bösen Wind voraus, damit man ihm rechtzeitig aus dem Weg gehen konnte.

Die Windsbraut stellte man sich demgegenüber als eine riesige Frau vor, die vom Wind gejagt und umworben wird. Man schrieb ihr menschliche Züge zu und glaubte, daß sie, wie alle Frauen, kehre und putze, weine und erzähle, streite und schwätze. Einer märkischen Sage zufolge ist die Windsbraut ein Edelfräulein, das aufgrund ihrer unbezwinglichen Jagdlust Felder und Fluren verwüstet hatte und deshalb dazu verurteilt wurde, auf immer vom Sturm gehetzt zu werden. Allgemein hielt man die Windsbraut für sehr empfindlich gegen Neckereien, und zahlreiche Sagen erzählen von unvorsichtigen Spöttern, die von der reizbaren Dame fortgerissen worden und auf Nimmerwiedersehen verschwunden seien. Überhaupt ist mit ihr nicht gut Kirschen essen, denn der Unglückliche, der in irgendeiner Weise mit ihr zusammenstößt, wird nach weitverbreitetem Glauben mit entzündeten Augen, Hautausschlag oder gar Blindheit gestraft.

In Schwaben sagte man, ein unerschrockener Mann könne die Windsbraut zwingen, wieder ihre menschliche Gestalt anzunehmen, indem er ein Kleidungsstück in den Wirbel wirft. Furchtsamere Gemüter sollten aber, um sie von sich abzuhalten, einfach ausspucken oder sie mit wüsten Schimpfworten, wie etwa »Saudreck«, »Windgelle«, »Säuwedel« oder »Windsau«, belegen. Am besten solle man jedoch ein Messer in den Wirbelwind werfen: eine Maßnahme, die in Nordafrika noch heute gebräuchlich ist. Aus dem Allgäu wird berichtet, daß einmal ein Messer mit deutlich hörbarem Knirschen in die Windsbraut eingedrungen und anschließend blutbefleckt zu Boden gefallen sei.

Im allgemeinen hielt man es aber für weit empfehlenswerter, sich mit dem Wind gut zu stellen, wobei die am weitesten verbreitete Methode darin bestand, ihn zu »füttern«. Zu diesem Zweck streute man dem »himmlischen Kind« Getreidekörner, Salz, Brot, Mehl oder ähnliches auf das Dach oder die Fensterbank und sagte ein Sprüchlein dazu, wie etwa das folgende aus dem Böhmerwald überlieferte:

»Da hast du, lieber Wind,
Für dich und auch dein Kind.«

Wolle

Obwohl sie einerseits – als tierische Substanz – als unrein galt, wurde der Wolle andererseits eine in jeder Hinsicht reinigende Kraft zugeschrieben. Heilige Stätten, Quellen, Bäume und Bauwerke wurden mit Wollfäden umhegt oder behängt, und Menschen banden sich Wolle um das Handgelenk oder trugen sie überhaupt als Amulett zum Schutz gegen alles Böse. Auch glaubte man, daß Wolle die Kraft habe, Krankheiten aus dem Körper zu ziehen, weshalb man beispielsweise bei Fieber einen blauen Wollfaden neunmal um eine Zehe des linken Fußes wickelte (→ Abbinden), damit dieser das Übel aufsauge. Anschließend nahm man den Faden, ging zu einem Holunder und band den Faden mit einem Zaubersprüchlein um einen Zweig. Für wie wirkmächtig Wolle gehalten wurde, zeigt auch die aus Lettland und Estland überlieferte Ansicht, daß sie gegen Schlangenbiß schütze. Eine dort gebräuchliche Beschwörungsformel lautete:

»Woll in den Mund dir!
Woll aufs Haupt dir!

Wollenhaar das Zünglein dir!
Wolle werde dir dein Hut!
Wolle ganz und gar du selber!
Fliehe von hinnen, du Feind und Gegner.«

Wucherblume

Die Weiße Wucherblume (*Chrysanthemum leucanthemum*) ist besser bekannt unter ihrem volkstümlichen Namen Margerite oder auch unter der Bezeichnung »Orakelblume«, die ihre Hauptfunktion im Volksglauben deutlich macht. Diese hübsche Blume mit den weißen kranzförmig angeordneten Scheibenblüten diente nämlich von Dänemark bis Italien, in Frankreich und Amerika als Mittel, auf eine bestimmte Frage die richtige Antwort zu erhalten. Am weitaus häufigsten ließ man sich von der Margerite natürlich in Liebesdingen beraten. Schon Fausts Gretchen zupft eine Blüte nach der anderen aus und sagt dabei: »Er liebt mich – liebt mich nicht.« Die Aussage, die bei dem letzten Blütenblättchen an die Reihe kommt, ist – wie allgemein bekannt – die richtige. Die Franzosen sprachen dagegen bei jedem ausgezupften Blütenblättchen: »Er liebt mich – ein bißchen – sehr – leidenschaftlich – bis zum Wahnsinn – überhaupt nicht.« Ein anderes Anliegen, für das Mädchen die Wucherblume in Anspruch nahmen, war der Stand, den der künftige Ehemann haben würde. Hierzu sagte man in Schleswig-Holstein bei jedem Blättchen: »Edelmann – Beddelmann – Baur – Soldat – König – Kaiser – Advokat.« Bayrische Burschen hingegen zählten ländlich derb: »Bäuerin – Kellnerin – Jungfrau – Stadtfrau – Drecksau!«

Doch sind, was die Themenwahl angeht, der Phantasie eigentlich keine Grenzen gesetzt. Erkundigen kann man sich etwa danach, ob ein zu erwartendes Kind ein Mädchen oder Junge wird, ob man in einem »Haus, Häusel oder Hütt'n« wohnen oder ob das Wetter gut oder schlecht werden wird. In der Schweiz pflegten Kinder die Blütenblättchen auszuzupfen, sich auf die Handfläche zu legen und dann in die Luft zu werfen. So viele Blättchen sie wieder auffingen, so viele Jahre, so glaubten sie, würden sie noch leben oder so viele Kinder würden sie später einmal bekommen. Im nüchternen Pilsen endlich schloß man aus dem Ergebnis dieses Versuchs – wie viele Läuse das betreffende Kind am Körper hatte!

Wünschelrute

Der Glaube an einen wunderwirkenden Zweig beziehungsweise Stab ist uralt und weit verbreitet. Moses soll mit einem solchen Stab Wasser aus einem Felsen geschlagen haben, Hermes und Merkur besaßen einen Zauberstab, und die Germanen kannten die »wunsciligerta« als Gabe des Wotan, deren Besitz alles irdische Glück verlieh. Zu einem wahren Kult entwickelte sich der Glaube an die Wünschelrute bei uns aber erst im fünfzehnten und sechzehnten Jahrhundert, als Bergleute, Brunnenmacher, Schatzgräber und Wahrsager sie zu ihren wichtigsten Utensilien zählten. Ursprünglich dürfte eine solche Rute stets aus einem organischen Material, nämlich aus Holz bestanden haben. Genannt werden hier Bäume wie Eiche, Birke, Kreuzdorn und Weide, doch weitaus am häufigsten wurde (und wird) sie aus einem Haselnußbaum geschnitten. Für am geeignetsten hielt man einen gabelförmigen Zweig, »Zwiesel« oder »Twiele« genannt, der in einem Jahr gewachsen ist, kein altes Holz an sich hat und dessen Gabelenden gleich lang sind. In Oldenburg erachtete man es außerdem für wesentlich, daß durch die beiden Enden die Mittagssonne gerade hindurchscheinen kann, oder daß die Rute (am Strauch) ebenso von den morgendlichen wie von den abendlichen Sonnenstrahlen beschienen wird. In Braunschweig hieß es, die Länge müsse ungefähr vierzig Zentimeter betragen. Geschnitten werden durfte die Rute – unter strengem Stillschweigen – nur in bestimmten Nächten, wobei hier am häufigsten die → Rauchnächte, Walpurgis (30. April) und Johanni (24. Juni) genannt werden. Die beste Nachtzeit war entweder um Mitternacht oder kurz vor Sonnenaufgang, zwischen drei und vier Uhr morgens. In Brandenburg und Schlesien ging man rückwärts auf den Strauch zu, zog die Rute zwischen den Beinen durch und schnitt sie ab, ohne sie anzusehen. Üblicherweise verzichtete man allerdings auf dieses komplizierte Verfahren und sagte dafür beim Schneiden einen Zauberspruch her, der in Westböhmen folgendermaßen lautete:

»Du Rute, ich mach' dich im Namen Gott des Vaters, Gott des Sohnes und des heiligen Geistes. Amen! Daß du mir anzeigest, um was ich dich fragen werde, und mir gehorsam seiest, wo Gold, Silber oder Edelsteine vergraben oder im Meere versenket liegt und wie weit in der Runde. Ich beschwöre, daß du mir anzeigest, so wahr als Gott Vater Himmel und Erde aus nichts erschaffen hat und so wahr Maria nur einen Sohn geboren hat, so wahr als Jesus Christus für uns am Kreuz gestorben ist und uns mit seinem Blut erlöst hat, so wahr als Johannes Jesum im Jordan getauft hat, daß du mir anzeigest, um was ich dich fragen werde. Du Rute, ich beschwöre dich, daß du mir pünktlich anzeigest, wo Schätze in Mauern oder in der Erde vergraben liegen, so wahr Gott Sonne und Mond und alles, was auf Erden ist, erschaffen hat, daß du mir die rechte Wahrheit anzeigest.«

Aus diesem langen Zauberspruch wird deutlich, zu welchem Zweck eine Wünschelrute hauptsächlich benötigt wurde. Damit sie die in der Erde verborgenen Schätze anzeigt, soll der Träger, wie es in Oldenburg hieß, je ein Gabelende zwischen Ring- und Mittelfinger einer Hand nehmen und die Rute in Brusthöhe so ausrichten, daß der Stiel nach vorne zeigt. Erreicht er einen Ort, wo Gold oder etwas anderes vergraben liegt, schlägt die Rute aus, das heißt, sie bewegt sich heftig auf und nieder. In anderen Gegenden Deutschlands glaubte man, die richtige Art, die Rute zu halten, sei so, daß die Daumen und auch der Stiel nach oben weisen. Kommt der Schatzsucher an einen entsprechenden Platz, soll sich die Spitze sofort selbsttätig mit Macht nach unten drehen.

Für die Benutzung einer Wünschelrute in Bergwerken wurden regelrecht Anleitungen gedruckt, die ausführten, wie man mit ihrer Hilfe beispielsweise Erzlagerstätten finden könne. Die heutzutage im Vordergrund stehende Funktion der Wünschelrute, Wasseradern ausfindig zu machen, scheint in früheren Zeiten – wenigstens bei uns zulande – eher von zweitrangiger Bedeutung gewesen zu sein.

Z

Zauberpflanzen
Eine der wesentlichsten Funktionen der Zauberkräuter ist nach altem Glauben die Abwehr böser Geister und Hexen, weshalb sie allgemein zumindest vor Tür und Fenster gehängt wurden. Gleichzeitig aber sagte man vielen von ihnen – ge-

Bittersüßer Nachtschatten.
Zeichnung von Ditte Bandini

nannt seien nur → Johanniskraut, → Bilsenkraut, Nachtschatten und Tollkirsche – nach, daß sie auch die Lieblingspflanzen ebendieser bösen Geister und Hexen seien. Daher mußten im Umgang mit ihnen besondere Regeln, wie bestimmte Pflückzeiten oder spezielle Rituale, beachtet werden, damit ihre positive Wirkung nicht in ihr Gegenteil umschlug. Einige Pflanzen, so die → Hauswurz, sollten verhindern, daß der Blitz in das Haus einschlug, wieder andere, wie der → Salbei und die → Petersilie, galten als Orakelpflanzen. Von großer Bedeutung war weiterhin, daß mit vielen von ihnen bestimmte aktive Zaubereien durchgeführt werden konnten, allen voran die Liebeszauber, dann Schadenzauber, solche, mit denen man Diebe bannen, sich unsichtbar machen, Schätze finden oder insbesondere auch Krankheiten vertreiben konnte.

Wie bestimmte Pflanzen in den Ruf kamen, heilkräftig zu sein, läßt sich zum Teil sicherlich durch die »Versuch-und-Irrtum-Methode« erklären – das heißt also dadurch, daß der Mensch im Laufe der Jahrtausende aufgrund eigener und weitergegebener Erfahrungen nach und nach herausfand, welche Pflanzen gegen welche Leiden helfen und welche nicht. Wenn man sich allerdings die Unmenge an existierenden Pflanzen – weltweit allein 250000 Arten Blütenpflanzen – vor Augen hält, wird klar, daß es ganz so einfach denn doch nicht funktioniert haben kann und vermutlich weitere, rational oder empirisch nicht zu begründende Faktoren eine Rolle gespielt haben (und spielen) müssen.

Erst recht gilt diese Überlegung für die sogenannten Zauberpflanzen, denn hier versagen alle wissenschaftlichen Methoden und man ist allein auf den Bereich des Glaubens verwiesen. Gleichwohl ist auffallend, daß sich viele der überlieferten Zauberpflanzen bestimmten Gruppen zuordnen lassen, die jeweils ein, meist aber mehrere Charakteristika zeigen. Hier ist zunächst einmal intensiver Duft zu nennen. Stark riechende Kräuter oder Bäume, wie beispielsweise → Holunder, Salbei, Liebstock und → Baldrian gelten in der Regel als zauberkräftig. Daneben spielen besonders auffällige und ungewöhnliche Blüten- und Wurzelformen eine Rolle, wie dies etwa bei den Wurzeln der Knabenkräuter oder denjenigen der → Alraune der Fall ist. Dornen sind ein weiteres Attribut, das Zauberpflanzen auszeichnet. So dient der Weißdorn einmal des starken Geruches seiner Blüten und zudem seiner Dornen wegen hervorragend der Abwehr böser Geister. Ein weiteres Kriterium ist eine ungewöhnliche Blütezeit, wie sie etwa bei der mitten im Winter blühenden Christrose zu beobachten ist, oder aber andere botanische Besonderheiten, wie beispielsweise das Schmarotzerdasein der → Mistel oder die Sporenblüten auf der Unterseite der Farnwedel (→ Farn). Daß die toxische beziehungsweise bewußtseinsverändernde Wirkung einer weiteren Anzahl von Pflanzen wie der Tollkirsche, des Bilsenkrautes und des Stechapfels gleichfalls ein Charakteristikum ist, scheint leicht nachvollziehbar. All diese Gründe, aus denen bestimmte Pflanzen in den Ruf kamen, zauberkräftig zu sein, dürfen aber nicht darüber hinwegtäuschen, daß sie unzureichend sind. Sie erklären nicht, warum völlig unscheinbare Pflanzen wie beispielsweise das → Eisenkraut, auf die keines der aufgezählten Kriterien zutrifft, als ganz besonders starke Zauberpflanzen gelten. Sie erklären gleichfalls nicht, warum Pflanzen, die einer bestimmten Gruppe, also etwa den starkduftenden, zugehören, im Volksglauben eine unterschiedliche Rolle spielen. So sind die dem Holunder zugeschriebenen Wirkkräfte keineswegs deckungsgleich mit denen des Weißdorns oder des Baldrians. Und wenn auch manche allgemeinere Aussagen auf viele Pflanzen zutreffen, gibt es doch für die meisten ganz spezielle Rezepte, deren Entstehung oft genug nicht nachvollziehbar sein dürfte und sicher für immer ein Geheimnis bleiben wird.

Zaunkönig

Als die Vögel sich versammelten, um einen König zu erwählen, beschlossen sie, daß derjenige unter ihnen die Krone erhalten sollte, der am höchsten fliegen könnte. Als der Adler schon meinte, gewonnen zu haben, mußte er feststellen, daß ihn der Zaunkönig übertrumpft hatte, weil er sich ohne Wissen des stolzen Aars in dessen Gefieder verkrallt hatte, mit ihm in die Höhe geflogen war und nun über ihm schwebte. Diese bekannte Geschichte macht deutlich, daß der Zaunkönig im Volksglauben bei aller Winzigkeit als gewitztes Kerlches galt, dem mit großer Sympathie begegnet wurde. Man hielt es daher für ein glückliches Zeichen, wenn ein Zaunkönig in der Nähe eines Hauses nistete, und als Frevel, ihn zu töten oder sein Nest zu zerstören. In Deutschland wie in Irland, in Frankreich wie in Island hieß es, Unglück, manchmal sogar der Tod, sei die Folge einer solchen Tat. Mancherorts wurde der Zaunkönig auch als magisches Tier betrachtet. So glaubte man beispielsweise im schweizerischen Sargans, daß sein Nest einen wunderwirkenden Stein enthalte: Wenn man die Gedanken anderer Menschen lesen wolle, bräuchte man nur diesen Stein zu suchen und stets bei sich zu tragen.

Ziege/Ziegenbock

Die Ziege gilt als ausgesprochen ambivalentes Tier. Einerseits ist sie seit ältesten Zeiten Haustier des Menschen und wurde von ihm, als Lieferant von Fleisch und Milch, Wolle und Leder in höchsten Ehren gehalten und häufig den Göttern als Opfer dargebracht. Andererseits ist der Ziegenbock, besonders, wenn er schwarz ist, nach altem Glauben ein dämonisches Tier, das mit den Geistern und namentlich dem Teufel in engster Verbindung steht. Vor allem er, manchmal aber auch die weibliche Ziege, soll den Hexen als Reittier dienen und beispielsweise die wilde Jagd begleiten (→ Wind), weshalb Gewitter und Unwetter in manchen Gegenden als »Gewittergeiß« oder »brüllende Ziege« bezeichnet wurden. Gespenstische Ziegenböcke, die Menschen verfolgen, ihnen auf den Rücken springen oder sie in die Irre führen, sind aus vielen Volkssagen bekannt, und ebensooft wird von ihnen berichtet, daß sie in Wirklichkeit böse Geister sind, die diese Tiergestalt gewählt haben.

Vielleicht wegen dieser Beziehung zur Welt der überirdischen Wesen glaubte man allgemein, daß eine Ziege alle Krankheiten an sich ziehe, weshalb sie beispielsweise in Sachsen in das Zimmer eines Kranken gebracht wurde und man sie in Ställen gern anderen Tieren beigesellte, damit diese gesund blieben. Wie viele Zauberpflanzen und -tiere, schützt auch die Ziege, ebenso wie der Bock, nach alter Überzeugung Haus und Bewohner vor allem Übel und vertreibt namentlich, wie es in Schlesien hieß, Schlangen und Gespensterspuk. Darüber hinaus galt jeder Teil von ihr als in höchstem Maße heilkräftig. Das Fell soll Wunden und das Hirn Epilepsie heilen, die Hörner, unter das Kissen gelegt, für Schlaf sorgen, die Asche der Klauen, mit Essig oder Schwefel angemacht, Kopfgrind beseitigen, das Blut den Schweiß treiben und abführen und die Lunge die Tobsucht mildern. Gegen Triefaugen kochte man ungesalzenen Ziegenkäse in Wasser und legte ihn dann auf die Augen, und zur Erleichterung der Geburt räucherte man der Schwangeren, während sie auf dem Geburtsstuhl saß, die Vulva mit Geißharn und Ziegenkäse.

Zwiebel

Die Zwiebel spielte im Volksglauben ebenso wie in der Volksmedizin keine geringe Rolle, und so gibt es schon für ihre Anzucht eine ganze Reihe von Regeln, die zu beachten sind, wenn man eine gute Ernte haben möchte. Ein hübscher schwäbischer Merkspruch lautete:

»Schtupf Zwiebel im Nui (Neumond)
Kriegscht Zwiebel wie Knui (Knie).«

In Bayern hieß es, der Vollmond ziehe die frisch gesteckten Zwiebeln wieder aus dem Boden, das heißt, lasse sie zu schnell ins Kraut schießen. In Oberfranken schwieg man aus dem gleichen Grund beim Stecken, schaute man nicht nach oben und richtete sich auch nicht auf. Für gut hielt man es demgegenüber in Unterfranken, sich beim Zwiebelstecken richtig schön zu ärgern, denn dann, so dachte man, würden die Zwiebeln schön scharf und »hitzig«.

Nach alter Vorstellung schützte die Zwiebel, wie der Knoblauch, Haus und Hof vor bösen Einflüssen und deren Bewohner vor Fieber und Seuchen, weshalb man sie in den Stall und vor die Türe hängte. Als im Jahre 1854 in München eine Cholera-Epidemie ausbrach, pflegten die Gesunden eine mit Nelken gespickte geschälte Zwiebel bei sich zu tragen, um vor Ansteckung bewahrt zu bleiben. Die Pennsylvania-Deutschen glaubten, durch diese Maßnahme vor den Blattern geschützt zu sein, und die Litauerinnen nähten sich, wenn sie starke Kopfschmerzen hatten, zwei oder drei Zwiebeln in ihre Unterröcke.

Mit der Zwiebel trieb man daneben allerlei → Orakel. Hierzulande und in Rußland, auf dem Balkan und in Frankreich sehr bekannt und beliebt war das an Weihnachten oder einem anderen Tag in den Zwölften durchzuführende Wetterorakel. Hierfür bestreute man zwölf Zwiebelschalen mit Salz und gab jeder einen Monatsnamen. Am nächsten Morgen wurden alle betrachtet und die Niederschläge der künftigen Monate danach berechnet, wieviel Wasser die Schalen jeweils gezogen hatten. Etwas umständlich erscheint dagegen die aus Wien überlieferte Methode, die richtigen Lottozahlen aus einer Zwiebel abzulesen. Zu diesem Zweck wurde die Zwiebel erst bei Vollmond ins Wasser gelegt und dann in die Erde gesteckt. Nach neun Tagen grub man sie wieder aus und betrachtete aufmerksam die Wurzeln, die sie gezogen hatte. Deren Verschlingungen sollten die künftigen Gewinnzahlen anzeigen.

Einfacher machten es sich da seit alten Zeiten Mädchen, die wissen wollten, welcher ihrer Verehrer ihr späterer Ehemann werden würde. Sie legten am Weihnachtsabend in die Ecken des Zimmers je eine Zwiebel und gaben jeder den Namen eines möglichen Kandidaten. An Dreikönige sahen sie dann nach, welche Zwiebel getrieben hatte, und sie wußten, welcher ihrer Auserwählten um sie anhalten würde. Hatte jedoch keine getrieben, stand, so wußten sie, für dieses Jahr keine Hochzeit in Aussicht.

Zweites Gesicht

Immer schon gab es Menschen, die von sich behaupteten – oder denen man die Fähigkeit zuschrieb –, in die Zukunft schauen zu können. Häufiger noch wird von Personen berichtet, die imstande sein sollen, Geister zu sehen, und zwar zumeist, ohne daß sie selbst es wollen. Oft erscheinen diesen »Spökenkiekern«, wie sie im Norden genannt werden, Leichenzüge im voraus, so daß sie vor allen übrigen Menschen wissen, wer demnächst sterben wird. Wie sehr man an diese Gabe glaubte, zeigt ein Bericht aus Dänemark. Hier heißt es, ein gewisser Jens Hansen sei jeden Sonntag vor das Scheunentor gegangen und habe alle diejenigen gesehen, die in der folgenden Woche sterben würden. Und jedesmal fragte ihn anschließend der Totengräber, wie viele Gräber er ausheben müsse.

Fast immer ist das, was der Spökenkieker oder »Schichter«, wie er etwa im Sauerland hieß, voraussieht, etwas Negatives, wie eben Todesfälle, Überschwemmungen oder Brände. Aus

Schleswig-Holstein wird von einem Mann berichtet, er habe den Brand eines bestimmten Hauses vorausgesehen und sei ganz bestürzt gewesen, als er dann vor einem anderen brennenden Haus stand. Er habe sich erst beruhigt, als ihm die Leute versicherten, das betreffende »richtige« Haus sei schon niedergebrannt. Manchmal ergibt das »Gesehene« zunächst keinen Sinn, aufgrund von Zufällen tritt aber das vorausgeschaute Ereignis zuletzt dann doch ein. Oft heißt es, wenn der Spökenkieker einen Brand sehe, warne er die Bewohner des betreffenden Hauses vor dem bevorstehenden Unglück. Auch kann er versuchen, diesen Brand, wenn schon nicht zu verhindern, so doch wenigstens hinauszuschieben. So wird von einer mit dem Zweiten Gesicht begabten Frau berichtet, sie habe in einem solchen Fall Dachstroh genommen und angezündet. So viele Halme sie dabei verbrannte, um so viele Jahre wurde der vorausgeschaute Brand verzögert. Ansonsten konnte der gewarnte Besitzer versuchen, durch Spenden an die Armen das drohende Unheil abzuwenden. Überwiegend jedoch war man davon überzeugt, daß einen das Schicksal – wie sehr man auch versuchte, ihm ein Schnippchen zu schlagen – doch einholen und das vom Schichter »gesehene« Ereignis genau so ablaufen würde, wie es sich ihm dargeboten hatte. Die folgende Geschichte stammt aus Hessen-Nassau, ist aber mit kleinen Variationen auch aus anderen Gegenden Deutschlands überliefert:

»Im Stedingerlande diente ein Knecht, der die Gabe hatte, Vorspuk zu sehen. Wenn ein Todesfall bevorstand, mußte er aus dem Bette und auf die Diele gehen, wo dann der Sarg stand, und jedesmal starb der, welchen er gesehen, in Jahresfrist. Als es ihn einmal wieder auf die Diele trieb, sah er den Sarg, aber den Toten, der darin lag, erkannte er nicht. Warte, dachte er, ich will dich schon wieder kennen, wenn ich dich antreffe, nahm ein Messer und schnitt dem Toten über der Stirn ein Büschel Haare ab. Als sie am nächsten Morgen beim Trinken saßen, sagte die Großmagd zum Knechte: Du, wer ist dir bei den Haaren gewesen? Der Knecht erschrak und sah, daß er der Tote gewesen sei, dem er das Haar abgeschnitten. Er kündigte sofort den Dienst, denn der Tote muß in dem

Haus sterben, das er gesehen, – und verdang sich anderswo. Aber nach einiger Zeit fühlte er eine große Sehnsucht nach seiner alten Herrschaft und machte sich, da er sich ganz wohl fühlte, auf, um dieselbe zu besuchen. Wie er aber im Hause war, starb er.«

Elli Schröder, die Großmutter der Verfasserin, war in ihrer pommerschen Heimat mit einer Spökenkiekerin namens Marie Klimowitzky bekannt. Über die Jahre wurde die Gabe der Hellsichtigkeit zur Belastung, und die Frau beschloß, sich ihrer zu entledigen. Wie sie Elli Schröder selbst erzählte, gelang es ihr schließlich auf folgende Weise: »Einmal ist ein Mann an ihre Tür gekommen, der hatte kein Geld und hatte Hunger, und er hat bei ihr gebettelt. Da hat sie ihm gesagt: ›Also, ich habe das Zweite Gesicht, und wenn Sie mir das abnehmen, dann gebe ich Ihnen Geld.‹ In einer Nacht bei abnehmendem Mond hat sie es dann weitergegeben, indem sie gesagt hat: ›Mir soll's helfen, und dir soll's nicht schaden.‹«

Zwölften → Rauchnächte.

Abbildungsnachweis

Seite 131, 263, 296 und 324: Zeichnungen von Ditte Bandini
Seite 149: Zeichnung von Elisabeth Sepi
Seite 169, 187, 241, 268, 284: © Archiv für Kunst und Geschichte, Berlin

Literatur

Andree, R.: Braunschweiger Volkskunde. Braunschweig 1896

Andree, R.: Ethnographische Parallelen und Vergleiche. Leipzig 1889

Bächtold-Stäubli, H. (Hrsg.): Handwörterbuch des deutschen Aberglaubens, 9 Bände. Berlin 1927 (Nachdruck Berlin 1987)

Bartsch, K.: Sagen, Märchen und Gebräuche aus Mecklenburg, 2 Bände. Wien 1879-1880

Bauernfeind, W.: Aus dem Volksleben. Sitten, Sagen und Gebräuche der Nordoberpfalz. Regensburg 1910

Baumberger, G.: St. Galler Land - St. Galler Volk. Einsiedeln 1903

Baumgarten, A.: Aus der volksmäßigen Überlieferung der Heimat, 3 Bände. Linz 1862-69

Baumgarten, A.: Das Jahr und seine Tage in Meinung und Brauch der Heimat. Linz 1860

Beckenstedt, E.: Wendische Sagen, Märchen und abergläubische Gebräuche. Graz 1880

Becker, A.: Frauenrechtliches in Brauch und Sitte. Kaiserslautern 1913

Becker, A.: Pfälzer Volkskunde. Bonn und Leipzig 1925

Bertsch, H.: Weltanschauung, Volkssage und Volksbrauch. Dortmund 1910

Birlinger, A.: Aus Schwaben - Sagen, Legenden, Aberglauben usw., 2 Bände. Wiesbaden 1974

Birlinger, A.: Volkstümliches aus Schwaben, 2 Bände. Freiburg i.Br. 1861-62

Blau, L.: Das altjüdische Zauberwesen. Berlin 1914 (2. Aufl.)

Boecler, J.W.: Der Ehsten abergläubische Gebräuche, Weisen und Gewohnheiten. Petersburg 1854

Bohnenberger, K.: Mitteilungen über volkstümliche Überlieferungen in Württemberg. Nr. 1, Stuttgart 1904

Brunner, K.: Ostdeutsche Volkskunde. Leipzig 1925

Buck, M.R.: Medizinischer Volksglauben und Volksaberglaube aus Schwaben. Ravensburg 1865

Busch, M.: Deutscher Volksglaube. Leipzig 1877

Byloff, F.: Das Verbrechen der Zauberei. Graz 1902

Diener, W.: Hunsrücker Volkskunde. Bonn 1925 (2. Aufl. 1962)

Dobeneck, F.L.: Des deutschen Mittelalters Volksglauben und Heldensagen, 2 Bände. Berlin 1815

Drechsler, P.: Das Verhältnis des Schlesiers zu seinen Haustieren und Bäumen. Progr. Zabrze 1901

Drechsler, P.: Sitte, Brauch und Volksglaube in Schlesien, 2 Bände. Leipzig 1903-06

Duller, E. Das deutsche Volk in seinen Mundarten, Sitten, Gebräuchen, Festen und Trachten. Leipzig 1847

Durmayer, J.: Reste altgermanischen Heidentums in unseren Tagen. Nürnberg 1883

Fehrle, E.: Badische Volkskunde. 1. Teil, Leipzig 1924

Fehrle, E.: Deutsche Feste und Volksbräuche. Leipzig und Berlin 1916 (2. Aufl. 1920)

Fehrle, E.: Zauber und Segen. Jena 1926

Finder, E.: Die Vierlande. Beiträge zur Geschichte, Landes- und Volkskunde Niedersachsens, 2 Bände. Hamburg 1922

Fischer, R.: Oststeierisches Bauernleben. Wien 1903

Fontaine, de la, E.: Luxemburger Sitten und Gebräuche. Luxemburg 1883

Fossel, V.: Volksmedizin und medizinischer Aberglaube in Steiermark. Graz 1886

Fox, N.: Saarländische Volkskunde. Bonn 1927

Francisci, F.: Cultur-Studien über Volksleben, Sitten und Bräuche in Kärnten. Wien 1879

Fricke, W.: Das mittelalterliche Westfalen oder die alten Sitten, Gesetze, Gerichte, Zustände und Gewohnheiten der Roten Erde. Minden i.W.

Frischbier, H.: Hexenspruch und Zauberbann. Ein Beitrag zur Geschichte des Aberglaubens in der Provinz Preußen. Berlin 1870

Fronius, F.F.: Bilder aus dem sächsischen Bauernleben in Siebenbürgen. Wien und Hermannstadt 1885

Geramb, V.V.: Deutsches Brauchtum in Österreich. Graz 1924

Gesemann, G.: Regenzauber in Deutschland. Braunschweig 1913

Götze, A.: Volkskundliches bei Luther. Weimar 1909

Grabinski, L.: Die Sagen, der Aberglaube und abergläubische Sitten in Schlesien. Schweidnitz, o.J.

Grohmann, J.V.: Aberglauben und Gebräuche aus Böhmen und Mähren. Leipzig 1864

Halberstadt, A.: Eine originelle Bauernwelt. Das Volksleben im Semmeringgebiete. Wien 1912 (2. Aufl.)

Haltrich, J.: Die Macht und Herrschaft des Aberglaubens in seinen vielfachen Erscheinungsformen. Schäßburg 1871

Haltrich, J.: Zur Volkskunde der Siebenbürger Sachsen. Kleinere Schriften. Wien 1885
Hartmann, H.: Bilder aus Westfalen. Osnabrück 1871
Heckscher, K.: Die Volkskunde des germanischen Kulturkreises. Hamburg 1825
Hellwig, A.: Verbrechen und Aberglaube. Skizzen aus der volkskundlichen Kriminalistik. Leipzig 1908
Herzog, H.: Schweizerische Volksfeste, Sitten und Gebräuche. Aarau 1884
Hesemann, H.: Beiträge zur Ravensburgischen Volkskunde. Greifswald 1909
Heßler, C.: Hessische Landes- und Volkskunde. Marburg 1906-07
Heyl, J.A.: Volkssagen, Bräuche und Meinungen aus Tirol. Brixen 1897
Hillner, J.: Volksthümlicher Glaube und Brauch bei Geburt und Taufe im Siebenbürger Sachsenlande. Progr. Schäßburg 1877
Hocker, N.: Deutscher Volksglaube in Sang und Klang. Göttingen 1853
Hoffmann-Krayer, E.: Feste und Bräuche des Schweizervolkes. Zürich 1913
Höfler, M.: Volksmedizin und Aberglaube in Oberbayern. Gegenwart und Vergangenheit. München 1893
Höhn, H.: Sitte und Brauch bei Geburt, Taufe und in der Kindheit. Stuttgart 1910
Höhn, H.: Sitte und Brauch bei Tode und Begräbnis. Stuttgart 1913
Hoops, H.: Niedersächsische Volkssitten und Bräuche. Zürich 1913
Hopfner, Th.: Griechisch-ägyptischer Offenbarungszauber. Leipzig 1922-24 (2 Bde.)
Hörmann, L. v.: Tiroler Volksleben. Ein Beitrag zur deutschen Volks- und Sittenkunde. Stuttgart 1909
Hovorka, O. v., und A. Kronfeld: Vergleichende Volksmedizin, 2 Bände. Stuttgart 1908-09
Jäckel, A.J.: Aphorismen über Volkssitte, Aberglauben und Volksmedizin in Franken mit besonderer Berücksichtigung Oberfrankens. Nürnberg 1861
Jahn, U.: Die deutschen Opfergebräuche bei Ackerbau und Viehzucht. Breslau 1884
Jahn, U.: Hexenwesen und Zauberei in Pommern. Breslau 1886
Jecklin, D. v.: Volkstümliches aus Graubünden. Chur 1916
Jensen, Ch.: Die nordfriesischen Inseln Sylt, Föhr, Amrum und die Halligen vormals und jetzt. Hamburg 1891
John, E.: Aberglaube, Sitte und Brauch im sächsischen Erzgebirge. Annaberg 1909
Jörger, J.: Bei den Walsern des Walsertales. Basel 1913
Kapff, R.: Festgebräuche. Mitteilungen über volkstümliche Überlieferungen in Württemberg. Stuttgart 1906
Kaut, G.: Hessische Sagen, Sitten und Gebräuche. Offenbach a.M. 1846

Kehrein, J.: Volkssprache und Volkssitte im Herzogtum Nassau, 3 Bände. Weilburg 1862
Klapper, J.: Schlesische Volkskunde auf kulturgeschichtlicher Grundlage. Breslau 1925
Kleeberger, C.: Volkskundliches aus Fischbach in der Pfalz. Kaiserslautern 1902
Knoop, O.: Volkssagen, Erzählungen, Aberglauben, Gebräuche und Märchen aus dem östlichen Hinterpommern. Posen 1885
Knortz, K.: Folkloristische Streifzüge. 1. Bd., Leipzig 1899
Köhler, J.A.E.: Volksbrauch, Aberglauben, Sagen und andere alte Überlieferungen im Voigtlande. Leipzig 1867
Kolbe, W.: Hessische Volkssitten und Gebräuche im Lichte der heidnischen Vorzeit. Marburg 2. Aufl. 1888
Krause, K.: Sitten, Gebräuche und Aberglauben in Westpreußen. Berlin 1913
Krauß, F.S.: Volksglaube und religiöser Brauch der Südslawen. Münster 1890
Kück, E.: Das alte Bauernleben der Lüneburger Heide. Leipzig 1906
Kück, E.: Wetterglaube in der Lüneburger Heide. Hamburg 1915
Kuhn, A.: Sagen, Gebräuche und Märchen aus Westfalen und einigen anderen besonders den angrenzenden Gegenden Norddeutschlands, 2 Bände. Leipzig 1859
Kühnau, R.: Die Bedeutung des Backens und des Brotes im Dämonenglauben des deutschen Volkes. Progr. Patschkau 1900
Lachmann, Th.: Überlinger Sagen, Bräuche und Sitten mit geschichtlichen Erläuterungen. Konstanz 1909
Lammert, G.: Volksmedizin und medizinischer Aberglaube in Bayern und den angrenzenden Bezirken. Würzburg 1869
Landsteiner, K.: Reste des Heidenglaubens in Sagen und Gebräuchen des niederösterreichischen Volkes. Krems 1869
Laube, G.E.: Volkstümliche Überlieferungen aus Teplitz und Umgebung. Prag 1869
Lauffer, O.: Niederdeutsche Volkskunde. Leipzig 1926
Lehmann, A. Altweibersommer, Berlin 1911
Lehmann, A.: Aberglaube und Zauberei von den ältesten Zeiten bis in die Gegenwart. Stuttgart 1898 (2. Aufl. 1925)
Lehmann, E.: Sudetendeutsche Volkskunde. Leipzig 1926
Leoprechting, K.: Aus dem Lechrain. München 1855
Liebrecht, F.: Zur Volkskunde. Heilbronn 1879
Lynker, K.: Deutsche Sagen und Sitten in hessischen Gauen. Cassel/Göttingen 2. Aufl. 1869
Maack, M.: Kultische Volksbräuche beim Ackerbau aus dem Gebiete der freien und Hansestadt Lübeck, aus Ostholstein und den Nachbargebieten. Wetzikon 1915

Mannhardt, W.: Die praktischen Folgen des Aberglaubens. Berlin 1879
Mülhause, E.: Die Urreligion des deutschen Volkes, in hessischen Sitten, Sagen usw. Cassel 1860
Müller, M.: Über die Stilform der altdeutschen Zaubersprüche bis 1300. Gotha 1901
Müller-Rüdersdorf, W.: Aberglaube und Volksmeinung im Isergebirge. Friedberg 1920
Pradel, F.: Griechische und süditalienische Gebete, Beschwörungen und Rezepte. Gießen 1907
Röhrich, Lutz: Lexikon der sprichwörtlichen Redensarten. Freiburg/Basel/Wien 3. Aufl. 1979
Seligmann, S.: Der böse Blick und Verwandtes, 2 Bde. Berlin 1910
Seligmann, S.: Die Zauberkraft des Auges und das Berufen. Hamburg 1922
Seyfarth, C.: Aberglaube und Zauberei in der Volksmedizin Sachsens. Leipzig 1913
Sommer, E.: Sagen, Märchen und Gebräuche aus Sachsen und Thüringen, Halle 1846. 1.Heft
Spee, J.: Volkstümliches vom Niederrhein. Köln 1875, 2. Heft
Spieß, M.: Aberglauben, Sitten und Gebräuche des sächsischen Obererzgebirges. Dresden 1862
Stauber, E.: Sitten und Bräuche im Kanton Zürich, 2 Bände. Zürich 1922-24
Stemplinger, E.: Sympathieglauben und Sympathiekuren in Altertum und Neuzeit. München 1919
Stoll, O.: Zur Kenntnis des Zauberglaubens, der Volksmagie und Volksmedizin in der Schweiz. Zürich 1908/09
Wallberger, J.: Berühmtes Zauberbuch. Frankfurt/Leipzig 1760
Wiedemann, F.J.: Aus dem inneren und äußeren Leben der Esthen. St. Petersburg 1876
Wirth, A.: Beiträge zur Volkskunde von Anhalt. Dessau o.J
Witzschell, A.: Sagen, Sitten und Gebräuche aus Thüringen. Wien 1878
Wlislocki, H. v.: Aus dem Volksleben der Magyaren. München 1893
Wlislocki, H. v.: Volksglaube und Volksbrauch der Siebenbürger Sachsen. Berlin 1893
Wolf, J.W.: Beiträge zur deutschen Mythologie, 2 Bde. Göttingen und Leipzig, 1852-57
Wossideo, R.: Mecklenburgische Volksüberlieferungen. Wismar 1897
Wrede, A.: Eifeler Volkskunde. Bonn 1922
Wrede, A.: Rheinische Volkskunde. Leipzig 1919 (2. Aufl. 1922)
Wüstefeld, K.: Eichsfelder Volksleben. Duderstadt 1919
Wuttke, A.: Der deutsche Volksaberglaube der Gegenwart. 3. Bearb. v. E.H. Meyer, Berlin 1900
Wuttke, R.: Sächsische Volkskunde. Leipzig 1903 (2. Aufl.)